나는 달려갈 길을 다 마칠 때까지 멈추지 않는다

존 비비어의 끈질김

RELENTLESS

Published by WaterBrook Press
12265 Oracle Boulevard, Suite 200
Colorado Springs, Colorado 80921, USA

존 비비어의 끈질김

지은이 | 존 비비어
옮긴이 | 유정희
초판 발행 | 2012. 1. 16
19쇄 발행 | 2022. 6. 14 .
등록번호 | 제3-203호
등록된 곳 | 서울시 용산구 서빙고동 95번지
발행처 | 사단법인 두란노서원
영업부 | 2078-3333 FAX | 080-749-3705
출판부 | 2078-3444

책값은 뒤표지에 있습니다.
ISBN 978-89-531-1685-6 03230

독자의 의견을 기다립니다.
tpress@duranno.com http://www.duranno.com

두란노서원은 바울 사도가 3차 전도 여행 때 에베소에서 성령 받은 제자들을 따로 세워 하나님의 말씀으로 양육
하던 장소입니다. 사도행전 19장 8-20절의 정신에 따라 첫째 목회자를 돕는 사역과 평신도를 훈련시키는 사역,
둘째 세계선교(TIM)와 문서선교(단행본·잡지) 사역, 셋째 예수문화 및 경배와 찬양 사역, 그리고 가정·상담 사역 등을
감당하고 있습니다. 1980년 12월 22일에 창립된 두란노서원은 주님 오실 때까지 이 사역들을 계속할 것입니다.

존 비비어의 끈질김

존 비비어 지음 | 유정희 옮김

두란노

내 속에 하나님의 일에 대한 열정을 지펴 주었다. 믿음 안에 굳게 서서 하나님이 내 앞에 두신 삶의 목적을 반드시 이루겠다는 의지를 강하게 해 주는 책이다.
조이스 마이어_ 「마음 전쟁 끝내기」 저자

존 비비어의 책은 우리가 그리스도 안에서, 그리스도를 위해 견고하고 열매 맺는 삶을 세우는 데 큰 도움이 된다! 또 하나의 벽돌을 쌓게 해 준 존에게 감사한다!
잭 헤이포드_ 킹즈대학교 총장

존 비비어는 우여곡절 많은 인생을 항해하는 데 필요한 가장 중요한 기준을 포착했다. 그는 모든 신자에게 안정을 목표로 삼지 말고 더 나아가 끈질긴 사람이 되라고 도전한다. 인생에서 큰 목표를 이루는 사람들은 끈질기게 노력한 사람들이다. 반드시 시간을 들여서 이 중요한 책을 주의 깊게 읽기를 바란다.
T. D. 제이크스_ 「담대한 믿음」 저자

존 비비어는 그리스도의 몸을 섬기는 일에 자신의 일생을 바쳤다. 모든 사람이 하나님께 받은 자신의 사명을 발견하고 그 안에서 형통하는 것을 보고자 하는 그의 열망이 그의 가르침 속에 명백히 나타나 있다. 그리스도를 향한 그의 사랑과 하나님 말씀의 깊은 계시를 들으면, 당신도 끈질기게 그리스도의 뜻을 좇게 될 것이다.
브라이언 휴스턴_ 힐송교회 담임목사

역경을 경험해 본 사람이라면 이 책을 반드시 읽어야 한다. 하나님은 삶 속에서 골짜기와 폭풍우를 허락하시어 우리가 그분의 목적을 이룰 수 있도록 준비시키신다. 이 책은 우리가 하나님의 은혜를 통해 그 길을 걸어가게 도와줄 것이다. 존은 하나님이 결코 우리를 포기하지 않으시니 우리도 하나님을 절대로 포기하지 말아야 한다는 진리를 영혼 깊이 되새겨 준다.

젠센 프랭클린_ 「영적 분별력」 저자

몇 년 전 '끈질김'이라는 단어가 써 있는 팔찌를 받았다. 그 후로 줄곧 내가 그리스도를 따른다는 것과 나의 삶을 향한 그분의 목적을 마음에 상기하기 위해 그 팔찌를 차고 다녔다. 이 책은 예수님에 대한 우리의 열정과 추구, 그리고 우리를 향한 주님의 놀랍고 위대한 사랑의 이야기를 들려준다. 이 가르침을 들음으로써 당신의 마음속에 하나님을 향한 갈망이 더 커질 것이다.

달린 첵_ 찬양사역자

애석하게도, 교회 안에 반짝 떴다가 사라지는 신자들이 너무나 많고, 끝까지 충성하는 사람은 별로 없다. 영감 넘치는 작가인 존 비비어는 거기서 벗어날 강력한 방법을 알려 준다. 당신의 믿음과 열정은 갑자기 멈추거나 흐지부지되지 않을 수 있다. 당신도 끈질긴 사람이 될 수 있다!

스티븐 퍼틱_ 엘리베이션교회 담임목사. 「태양아, 멈추어라」 저자이 책을 읽는 동안 존 비비어를 당신의 개인적인 영적 트레이너로 삼으라. 열정과 끈기로 믿음의 경주를 하도록 도와주는 지혜와 통찰이 가득한 책이다. 무사히 완주하고 싶다면 지금 이 책과 함께 시작하라!

매트 레드먼_ 찬양사역자

지금까지 읽은 책들 중 영적으로 가장 큰 도전을 주는 책이다. 존은 단순히 참고 견디며 살아가라는 것이 아니라 삶의 모든 영역에서 하나님의 권위로 승리하는 삶을 살라고 권면한다. 그것은 그리스도의 몸에 능력을 주는 시기적절한 메시지로서, 맹렬하고 담대하게 하나님의 소명을 이루어 가도록 재촉할 것이다. 하나님이 당신을 부르신 모든 삶의 영역에서 끈질기게 노력하여 끝까지 승리하고 싶은 열망이 있다면 반드시 이 책을 읽어야 한다.

스토벌 윔즈_ 셀러브레이션교회 목사

한 주제에 대해 글을 쓰는 것과 그 내용을 삶으로 살아 내는 것은 별개의 것이다. 놀랍게도 존 비비어는 하나님의 뜻을 끈질기게 추구할 때 따르는 강력한 결과를 글뿐만 아니라 자신의 삶으로 보여 준다. 그는 독자들이 영적인 수동성에서 벗어나 하나님의 뜻을 열정적으로 추구하도록 격려한다. 그것은 받아들일 가치가 있는 도전이다!

제임스 로비슨_ 라이프아웃리치 인터내셔널 대표

contents

그리스도 안에서
우리는 강하다

얼마 전 끈질김의 중요성을 생생하게 보여 주는 한 영화를 봤다. 마이클 더글러스와 발 킬머가 주연한 〈고스트 앤 다크니스〉(*The Ghost and the Darkness*)인데, 이 영화는 1800년대 말에 실제로 일어난 사건을 바탕으로 만든 것이다.

패터슨(발 킬머 분)이라는 뛰어난 대령은 우간다의 차보 강을 가로지르는 철도교를 건설하여 영국령 동아프리카 철도를 확장시키라는 임무를 맡고 건설 감독으로 파견되었다. 그런데 패터슨이 현장에 도착했을 때 철도교 건설 프로젝트는 예정보다 뒤처져 있었다.

일이 지연된 것은 노동자들이 계속해서 행방불명되는 사건 때문이었다. 노동자들은 야밤을 틈타 사라졌고, 다시는 나타나지 않았다. 패터슨 대령은 이유를 찾던 중 두 마리의 식인 사자들이 작업장에서 노동자들을 공격했다는 사실을 알게 된다. 그는 식인 사자의 광란의 살인을 중단시키기 위해 여러 방법을 시도했지만 사자들은 패터슨의 행보를 미리 예상하고 번번이 덫을 피해 갔다.

사망자가 30명에 달하자, 사건 해결을 위해 유명한 사냥꾼 찰스 레밍턴(마이클 더글러스 분)까지 합류한다. 그러나 찰스의 뛰어난 추적과 사냥 능력에도 불구하고, 사자들의 무차별적인 살인은 계속되었다. 밤마다 살인 사건이 일어나자, 노동자들은 사자들이 인간의 힘으로는 막을 수 없는 악령이라고 믿게 된다. 사망자 수가 130명을 넘어서자, 인부들은 불안과 공포에 사로잡혀 작업장에서 탈출한다. 패터슨과 레밍턴은 한동안 노동자들이 차보 강을 지나는 기차에 뛰어올라 달아나는 것을 무기력하게 바라볼 수밖에 없었다.

내 마음을 동요시킨 결정적인 순간이 바로 이때였다. 선이 분명하게 그어진 것이다. 한편에는 사람들이 일을 도중에 그만두도록 선동하며 두려움을 더 부추기는 겁 많은 감독관이 있었다. 그리고 다른 한편에서는 자신의 임무를 회피하거나 두려움에 휩싸여 패배하기를 거부하는 세 사람, 레밍턴, 패터슨, 패터슨의 보좌관이 마음을 합쳐 사자들에게 맞섰다.

그 세 사람은 시도하고 실패하기를 숱하게 반복한다. 세 사람 앞에 놓인 임무는 막중하고 지극히 위험하다. 그들의 목숨을 앗아갈 수도 있는 일이었다. 하지만 그들은 방해꾼들을 물리치고 다리를 완성하기로 결심하고, 우수한 무기로 자신을 무장한다. 레밍턴과 패터슨은 지혜롭게 행동하고, 조심하고, 마음을 단단히 먹고, 절대로 포기하지 않으면 결국 승리할 거라고 확신한다.

이 영화에 대해 더 자세히 이야기할 수 없지만, 이것만은 알았으면 한다. 세 사람이 결국 식인 사자들을 물리쳤다는 것이다. 하지만 승리는 많은 희생 끝에 이루어졌다.

노동자들은 돌아왔고, 이제 노동자들은 패터슨 대령을 다른 시각으로 보게 되었다. 패터슨은 죽음에 직면하고도 굴복하지 않은 사람이었다. 사람들은 패터슨을 매우 존경하며 지지했다. 그리고 불가능해 보이는 일을 이루어 냈다. 제때에 다리를 완공한 것이다!

하나님의 대사인 우리도 다리를 건설한다. 우리가 짓는 다리는 하늘과 땅을 연결하는 것이다. 그리고 우리도 똑같이 반대에 직면한다. 성경은 우리의 적을 배고픈 사자로 묘사한다. 우리의 원수는 거대하지만, '그리스도 안에서' 우리는 더욱 강하다.

우리에게는 이겨야 할 싸움이 있고 무너뜨려야 할 요새가 있다. 우리의 싸움과 요새는 종종 원수가 이 세상 사람들 안에 주입시킨 사고방식이나 행동 양식에 뿌리를 두고 있다.

당신은 겁에 질려서 목숨을 구하려고 달아나는 노동자들처럼 살 것인가, 아니면 용감하고 끈질기게 하늘의 명령을 수행할 것인가? 나는 당신 안에 끈질긴 태도를 갖게 하는 진리가 이 책 안에 있다고 믿는다. 이 진리가 당신을 강하게 할 뿐만 아니라, 긍정적인 변화를 일으킬 수 있는 능력을 갖추게 해 줄 것이다.

아주 오랫동안 하나님의 백성들은 지식이 없어서 포로가 되었고 패망했다(사 5:13, 호 4:6 참조). 올바른 지식은 믿음의 기반을 엮어내고, 우리는 그 믿음으로 어두운 세상에 변화를 일으킬 것이다.

당신은 당신의 영향력이 미치는 세상에 변화를 일으키도록 창조되었다. 우리 함께 절대 포기하지 않는 끈질김의 힘을 발견하자. 그리고 기도하는 마음으로 그 도전을 받아들이자!

Part 1

신앙은 끈질기게
전진하는 것이다

1

왜 내 인생은
표류할까?

일의 끝이 시작보다 낫고(전 7:8).

무슨 일이든 어떻게 '시작하느냐'보다 어떻게 '끝내느냐'가 더 중요하다. 그리스도인의 삶에서 궁극적인 끝은 마지막에 우리 주님께서 "잘하였다. 착하고 충성된 종아!"라고 칭찬해 주시는 때일 것이다. 이 땅에서의 생이 끝날 때 우리의 전부이신 주님께 칭찬을 들으려면 어떻게 해야 할까?

삶을 잘 끝마치려면 잘 살아야 한다. 그러려면 '절대로 포기하지 않는' 법을 배워야 한다. 즉 끈질긴 정신을 갖는 것이다. 한번은 하나님이 이 주제와 관련하여, 정신이 번쩍 들게 하는 환상을 보여 주셨다.

한 남자가 배를 타고 강의 거센 물살을 거슬러 노를 젓고 있었다. 그는 물의 흐름과 정반대로 나아가려고 무진 애를 썼다. 노를 젓는 일은 젖 먹던 힘까지 다해야 하는 정말 힘든 일이었지만, 그렇다고 불가능한 일은 아니었다.

많은 사람을 태운 화려한 배들이 종종 그 옆을 지나갔다. 그 큰 배에 탄 사람들은 웃고, 마시며, 편안해 보였다. 사람들은 가끔씩 물살과 싸우는 그 남자를 쳐다보며 비웃었다. 큰 배에 탄 사람들은 앞으로 나가기 위해 아무것도 하지 않았지만, 그 남자는 조금이라도 앞으로 나아가기 위해 힘든 싸움을 해야만 했다.

잠시 후 그 남자는 물살을 거슬러 가는 일에 지쳐 버렸다. 피곤하고 낙심한 그는 노를 내려놓았다. 배는 가속도 때문에 잠깐 올라가는 듯했지만, 곧 멈추었다. 그리고 나서 아주 슬프고 끔찍한 일이 벌어졌다. 뱃머리는 여전히 상류를 향해 있었지만, 배는 이제 강물의 흐름을 따라 하류로 떠내려가기 시작한 것이다.

곧 그 남자는 또 한 척의 커다란 임대용 낚싯배를 보았다. 사람들이 많이 타고 있는 이 배는 다른 배와 달랐다. 그의 노 젓는 배처럼 이 낚싯배 역시 뱃머리는 상류를 향해 있었지만 강물의 흐름을 따라 하류로 떠내려가고 있었다. 배에 탄 사람들도 편안해 보였다. 그 남자는 그 큰 낚싯배가 상류, 즉 자기가 가고자 하는 방향을 향하고 있었기 때문에 그 배로 뛰어들어 그들과 함께 가기로 했다. 그들은 끈끈한 유대감을 가진 그룹이 되었다. 하류를 향해 가는 다른 낚싯배들과 달리, 이 배는 뱃머리가 상류를 향해 있었다. 그러나 배는 안타깝게도 계속 아래로 아래로 흘러가고만 있었다.

이 환상은 무엇을 의미하는 것일까? 강은 세상을, 노 젓는 배는 우리가 이 세상에서 기능하며 살 수 있게 해 주는 인간의 몸을 뜻한다. 노 젓는 배에 탄 남자는 그리스도인이다. 그의 노는 하나님의 값없는 은혜를 상징한다. 큰 임대용 낚싯배는 하나의 목적을 가진 사람들을 나타내며, 강의 흐름은 이 세상의 흐름, 즉 악한 영이 좌우하는 세상 질서를 나타낸다.

이 남자에게는 은혜의 노를 저어서 물살을 거슬러 상류로 나아가 하나님나라를 확장시킬 수 있는 능력이 있다. 그의 육체적인 힘은 곧 그의 믿음을 나타낸다. 그런데 안타깝게도 그의 힘이 약해져서 점점 싸움에 지쳐 간다. 그는 필요한 것을 다 가졌지만, 그렇게 생각하지 않는다. 그래서 결국 기력이 다하여 노 젓기를 멈추고 만다.

그 사람이 노 젓기를 그만두자, 배는 순전히 가속도 때문에 잠깐 앞으로(상류로) 움직인다. 여기서 속임수가 등장한다. 얼마 동안 그는 여전히 자신의 삶 속에서 열매를 보는 것이다. 열매 맺기 위해 노력하지도 않는데 말이다. 그래서 이제 그는 긴장감이나 경계심 없이 편안하게 살면서 성공적인 신앙생활을 할 수 있다는 착각에 빠진다.

그러나 마침내 그 배는 멈춘다. 그 다음에는 하류로 떠내려가기 시작한다. 처음에는 천천히 움직이지만, 나중엔 물살을 따라 빠른 속도로 떠내려간다. 이 환상의 중요한 부분은, 그의 뱃머리는 여전히 상류를 향해 있지만 그는 물살을 따라 뒤로 떠내려간다는 것이다. 이제 그는 기독교 신앙의 겉모습은 가지고 있지만, 실은 세상의 길을 따라가는 것이다(요일 2:15-17 참조).

우리의 주인공은 결국 다른 배, 즉 그와 같은 다른 '신자들'의 무리를 발견한다. 큰 낚싯배에 탄 그들은 모두 스스로 교회에 속해 있다고 생각한다. 그들 또한 강의 상류를 바라보고 있기 때문이다. 그들은 교회의 이야기와 노래와 습관들을 너무나 잘 안다. 하지만 '열매 없는 그리스도인'의 삶에 안주해 버렸기 때문에 편안하며, 세상의 흐름을 좌우하는 악한 영에게 끌려간다.

이 '기독교의 배'에 탄 사람들은 더 이상 믿지 않는 세상에 의해 핍박이나 조롱을 받지 않는다. 그들은 세상에서 영향력 있는 사람들에게 인정받고 때로는 환영받는다. 또한 그들은 사도 바울이 모든 그리스도인에게 권면한 것처럼 "푯대를 향하여 그리스도 예수 안에서 하나님이 위에서 부르신 부름의 상을 위하여 달려가"(빌 3:14)려고 애쓰지 않는다. 이렇게 정처 없이 떠도는 그리스도인들은 세상의 방식에 거의, 또는 전혀 저항하지 않는다.

사도 요한의 글을 곰곰이 묵상해 보자.

세상에서 통용되는 모든 것, 즉 자기 마음대로 살려 하고, 모든 것을 자기 뜻대로 하려 하고, 잘난 체하는 욕망은, 아버지와 아무 상관이 없습니다. 그런 것은 여러분을 그분께로부터 고립시킬 뿐입니다. 세상과 세상의 멈출 줄 모르는 욕망도 다 사라지지만, 하나님이 바라시는 일을 행하는 사람은 영원히 남습니다(요일 2:16-17, 메시지).

앞에서 이야기한 환상에는 세 종류의 사람, 신자, 비신자, 그리고 기만하는 사람이 나온다.

- 신자는 하나님나라의 발전을 위해 믿음의 싸움을 싸우며 앞으로 나아간다.
- 비신자는 자신의 바람들이 공허한 욕망임을 깨닫지 못한 채 세상의 흐름을 따라간다.
- 기만하는 사람은 '그리스도인의 겉모습'과 성경 말씀의 남용을 통해 자기 마음속의 이기적인 동기를 감춘다.

이 환상은 오늘날 신앙인들의 모습을 충격적으로 묘사하지만, 이로 인해 우리 각 사람은 아주 중요한 질문을 하게 된다. '나는 어떤 사람에 가까운가?' 하나님의 말씀은 우리에게 이렇게 명령한다.

여러분 자신을 스스로 점검해 보십시오. 여러분은 자신이 믿음 안에서 흔들림이 없는지 스스로 확인해 보고, 모든 것을 당연한 것으로 여기며 적당히 지내는 일이 없게 하십시오. 여러분 자신을 주기적으로 점검하십시오. 여러분에게 필요한 것은, 예수 그리스도께서 여러분 안에 계신다는 전해 들은 이야기가 아니라, 직접적인 증거입니다. 그 증거가 있는지 시험해 보십시오. 만일 그 시험에 실격했다면, 방법을 강구하십시오(고후 13:5, 메시지).

나는 앞서 말한 환상의 의미를 깨달은 후, 히브리 그리스도인들을 향해 쓰인 다음 구절의 의미가 마음에 더 깊이 다가오는 경험을 했다. "여러분은 나른한 손과 힘 빠진 무릎을 일으켜 세우고, 똑바로 걸으십시오. …… 하나님의 은혜에서 떨어져 나가는 사람이 아무도 없도록 주의하십시오"(히 12:12-13, 15, 새번역). 우리는 하나님의 자녀로서 하나님의 영광을 위해 끝까지 잘 달려가기를 간절히 바라야 한다. 혹여 가다가 지쳐서 노를 손에서 놓아 버리고, 이 세상의 흐름을 따라 표류함으로써 하나님의 은혜에서 멀어지기를 눈곱만큼이라도 원해서는 안 된다.

우리는 성경 말씀을 보며, 사람들이 끝을 잘 맺었을 때와 잘 맺지 못했을 때 무슨 일이 벌어졌는지 분명히 알아야 한다. 솔로몬을 보자. 솔로몬은 다윗의 아들이며, 당대에 가장 지혜롭고, 부유하고, 권력 있는 사람이었다. 그는 이전 세대와 그 후의 많은 세대 가운데 누구도 오르지 못한 높은 자리에 올랐다. 하지만 솔로몬은 집권 후반부에 흔들려서, 손에서 노를 놓아 버렸다.

솔로몬에게는 여러 명의 이방인 아내들이 있었기 때문에, 집안에서 오직 여호와께 순종하는 것을 놓고서 엄청난 갈등이 있었을 것이다. 솔로몬은 거짓 평화를 유지하려고 여호와께만 충성하지 않고, 자신이 총애하는 아내들이 섬기는 이방 신들을 위해 제단을 쌓고 심지어 숭배하기까지 했다.

그 결과 솔로몬도 자신의 어리석음 때문에 큰 고통을 당했지만, 그의 자녀들과 손주들은 더 큰 영향을 받았다. 솔로몬에게 맡겨졌던 강력한 통일 왕국은 점차 쇠락의 길을 걷다가 분열되어서, 결국은 끝을 잘 맺지 못했다. 만일 솔로몬이 끈질기게 지조를 지켰다면 이스라엘의 역사는 상당히 달라졌을 것이다.

이제 솔로몬과 세례 요한을 비교해 보자. 세례 요한은 단호하고 굳은 태도로 진리를 붙잡았으며, 용감하게 그 진리를 선포했다. 그러다가 요한도 솔로몬처럼 역경에 부딪혔다. 하지만 요한의 경우엔 훨씬 더 안 좋은 결과가 생길 수 있었다. 요한이 선포한 진리를 받아들이지 않은 사람이 유대의 왕이었기 때문이다. 세례 요한은 투옥, 고문, 그리고 죽음까지 갈 수도 있었다. 하지만 그렇게 가혹하고 극단적인 결과가 예상되는데도 진리에 대한 요한의 태도는 변하지 않았다. 요한의 삶은 한결같았고, 그가 선포하는 메시지도 변함이 없었다. 세례 요한의 유산은 솔로몬의 유산에 비해 탁월하다.

우리도 역경에 직면해 있다. 우리는 세상의 헛되고 피상적인 가치와 진지하게 싸우고 있다. 세상 정사와 권세의 영향력은 실로 막강하다. 현혹되기 쉬우며 매혹적이다. 때로 우리는 너무나 쉽게 지쳐서, 인내심을 버리고, 포기하고, 세상 주류를 따라가도 괜찮다고 생각하고 싶은 마음이 굴뚝같아진다.

우리가 끝까지 완주하려면 반드시 끈질긴 믿음을 가져야 한다. 우리가 끈질긴 믿음을 가질 때 우리는 어둠의 세계에 진정한 위협이 되는 존재로 인식된다.

끈질김은 저절로 생기지 않는다

끈질김은 단호하고, 집요하고, 굴복하지 않는 자세나 태도를 묘사한다. 간단히 말해서, 뜻을 굽히지 않는 것이다. 뜻을 굽힌다는 것은 좀 더 관대하고, 느슨해지는 것, 양보하는 것이다. "끈질긴"(relentless)의 몇 가지 동의어로는 "확고한, 엄격한, 가혹한, 타협하지 않는, 막을 수 없는,

완강한, 끈덕진" 등이 있다. 또한 "끊임없는, 강인한, 외곬수의, 꿋꿋한, 엄중한" 등의 표현들도 있다.

끈질김은 악하고 완강한 세력을 묘사할 때도 쓸 수 있지만, 여기서는 이 단어를 긍정적이고 경건한 의미로 볼 것이다. 따라서 우리는 용감하고, 단호하고, 주어진 임무를 반드시 끝내는 사람에게 이 용어를 사용할 것이다. 끈질긴 마음은 단기적으로든 장기적으로든 원하는 목표를 끝까지 완수하는 마음자세다. 아무것도 끈질긴 사람을 단념시키지 못한다.

끈질긴 그리스도인이란, 하나님을 향한 믿음과 소망과 순종을 절대로 포기하지 않는 사람이다. 어떤 역경이 닥쳐도 말이다. 모든 면에서 잘 끝마치려고 노력하는 끈질긴 그리스도인은 가장 참된 의미에서 하나님나라의 역사를 만드는 사람이다.

> 끈질긴 그리스도인이란, 어떤 역경이 닥쳐도 하나님을 향한 믿음과 소망, 순종을 절대 포기하지 않는 사람이다.

나는 끈질기고 단호하게 살지 못했다. 끈질긴 정신보다는 포기하는 마음일 때가 더 많았다. 직설적으로 말하면, 나는 쉽게 포기하는 사람이었다. 나는 1979년 퍼듀대학교에 다닐 때 하나님의 자녀가 되었다. 학기를 마치고 집으로 돌아온 나는 잔뜩 흥분한 상태에서 곧바로 가톨릭 신자인 부모님께 내가 새로 발견한 신앙에 대해 말씀드렸다. 과연 우리 어머니의 반응은 어땠을까? "존, 이건 네 새로운 취미 중 하나에 불과한 거야. 다른 일도 다 그랬던 것처럼, 네 믿음도 곧 시들해질 걸."

어머니의 말씀이 비수처럼 가슴에 꽂혔다. 내가 가슴이 아팠던 건 어머니의 부정적인 말 때문이거나 그 말이 모멸적인 비난으로 들렸기 때문이 아니다. 사실은 정반대였다. 어머니의 말이 정확히 옳았기 때문이다.

나는 뭐든지 쉽게 그만두는 전력이 있었다.

　내가 미혼일 때는 결혼생활을 지속하지 못할 것 같은 두려움에 시달렸던 적도 있다. 나는 어떤 여성과 두세 번쯤 데이트를 하고 나면 더 이상 만나고 싶지 않았다. 그 여성들은 정말 매력 있고, 재능 있고, 훌륭한 성품을 갖추고 있었지만, 나는 그녀들에게 금방 싫증이 났다. 나중에 다른 남성들이 이 여성들과 잘 교제하는 것을 보았다. 하지만 나는 한 사람을 꾸준히 만나질 못했다.

　데이트에서만 그런 것이 아니었다. 나는 피아노를 배우기 시작했다가 6개월 만에 제발 그만두게 해 달라고 졸랐다. 부모님은 허락하지 않으셨다. 그러나 내가 도통 관심을 보이지 않자, 피아노 선생님이 결국 우리 부모님을 설득해서 피아노를 그만두게 했다.

　그 후에는 부모님께 기타를 배우게 해 달라고 졸랐다. 나는 큰맘 먹고 비싼 기타를 사서 열정적으로 연습하기 시작했다. 하지만 그 뜨거운 마음도 겨우 몇 달 만에 식어 버렸다.

　운동도 마찬가지였다. 나는 야구를 하다가 2년 만에 그만두었다. 그 다음엔 농구를 했지만 그것도 한 시즌밖에 안 나갔다. 그 다음은 골프, 그것도 한철이었다. 육상도 시들해지기는 마찬가지였다.

　목록을 대자면 끝이 없다. 나는 책도 끝까지 읽는 법이 없었다. 고등학교 때는 처음부터 끝까지 읽은 책이 어니스트 헤밍웨이의 「노인과 바다」뿐이었다. 그 책은 필독서였고, 짧은 데다가 내가 낚시를 좋아했기 때문에 그나마 끝까지 읽을 수 있었다. 그뿐인가? 내가 특별한 관심을 보이며 구입한 비싼 장비도 점차 사용하지 않아 녹이 슬거나 벽장에 처박혀 있기가 일쑤였다.

　즉 우리 어머니의 평가가 정확했던 것이다. 과연 나는 또다시 그런 패턴을 반복할 것인가? 나는 새로 발견한 하나님에 대한 신앙과 열정을 곧 버릴 것인가? 다른 모든 일시적인 관심사처럼 내 성경책과 성경공부 교재들도 결국 벽장 속으로 들어갈 것인가? 나는 그 기로에 서 있었다.

좋은 소식을 전하자면, 예전에 그렇게 쉽게 그만두던 내가 지금까지 30년 넘게 예수 그리스도에 대한 열정을 불태우고 있다는 것이다. 현재 나는 부모님께 나의 신앙에 대해 처음 말씀드렸던 대학생 때처럼, 아니 그때보다 훨씬 더 헌신적인 삶을 살고 있다. 전능하신 하나님이 쉽게 포기하고 싫증 내던 나를 변화시켜 주신 것이다. 하나님은 성령님을 통해 내 안에 끈질김의 미덕이 자라나게 하셨다.

예수 그리스도를 당신의 구주로 영접했다면, 당신에게도 끈질김의 미덕이 생길 수 있다. 하지만 끈질김은 그냥 생기는 게 아니라 개발해야 하는 것이다. 당신 안에 끈질김의 미덕을 형성하도록 돕는 것이 이 책의 목적이다. 즉 당신이 끝까지 강건할 수 있도록, 하나님이 값없이 주신 끈질김의 능력을 어떻게 하면 더 향상시킬 수 있는지 보여 주려는 것이다.

이길 능력을 주시는 분

당신이 누구인지 아는가? 또한 하나님이 이 땅에서 그분의 뜻을 이루기 위해 당신을 얼마나 필요로 하시는지 아는가? 하늘에 계신 아버지가 당신을 의지하신다는 사실이 놀라운가?

하나님은 특별히 당신을 위한 인생 행로를 계획해 놓으셨다! 당신의 일생은 당신이 태어나기도 전에 계획되어 있었다. 시편 기자는 "내 형질이 이루어지기 전에 주의 눈이 보셨으며 나를 위하여 정한 날이 하루도 되기 전에 주의 책에 다 기록이 되었나이다"(시 139:16)라고 말했다. 하나님은 당신의 부모님이 당신을 잉태할 생각을 하기도 전에 당신에 관한 책을 쓰셨다. 유명인사와 작가들만 자신의 인생 이야기가 담긴 책을 갖고 있는 게 아니다. 당신의 이야기도 책에 기록되어 있다.

당신은 이렇게 항변할지도 모른다. "저에 대해 뭘 안다고 그런 말씀을 하세요! 제 인생은 제가 잘못 내린 선택 때문에 만신창이가 된 거라고요."

아니다. 천 번을 물어도 아니다! 하나님이 우리 삶을 계획하셨다. 그리고 하나님이 만들어 주신 즐거운 길을 걸어가기 위해 우리가 올바른 선택을 해야 하는 것이다. 잘못된 선택이 우리를 둘러 가게 할 수 있지만, 진정한 회개는 잘못된 방향을 다시 바로잡아 줄 수 있다.

당신은 다시 이렇게 질문할지 모른다. "저에게 일어났던 끔찍한 일들은 잘못된 선택의 결과가 아니었어요. 삶은 저에게 너무나 가혹했지요. 그런 낙심과 어려움들은 하나님이 계획하신 건가요?"

다시 말하지만, 아니다! 우리는 타락한 세상에 산다. 그래서 예수님은 우리가 고난과 시련을 당할 거라고 말씀하셨다. 좋은 소식은, 하나님께서 당신이 태어나기도 전에 어떤 종류의 악이 당신을 덮칠지 아셨기 때문에 그분의 지혜로 피할 길을 만들어 두시고 결국 승리하게 하셨다는 것이다. 이것이 하나님의 말씀에서 끈질긴 그리스도인들을 '이기는 자들'이라고 부르는 이유다.

히브리서 12장 1절은 우리 각 사람에게 "인내로써 우리 앞에 당한 경주를 하자"라고 권면한다. 하나님은 당신과 나, 그분의 자녀들 앞에 달려갈 길을 두셨다. 당신이 그 경주를 잘 완주하려면 끈질기게 달려야 할 것이다. 다른 방법으로는 완주할 수가 없다. 흥미로운 사실은 이것이 이 구절에서 강조하는 유일한 미덕이라는 것이다. 저자는 "행복하게 달리자"라든가 "목적을 가지고 달리자" 또는 "진지한 마음으로 달리자"라고 말하지 않는다. 내 말을 오해하지 말라. 행복, 목적, 진지함, 또 그 외의 미덕들은 모두 그리스도인에게 매우 중요한 것들이다. 하지만 여기서 말하는 핵심 가치는 바로 '끈질김'이다.

잘 끝마치려면 집요함과 인내심이 필요하다. 나는 메시지 성경의 히브리서 12장 1절 번역이 마음에 든다. "달려가십시오. 절대로 멈추지 마십시오!" 우리가 완주하는 것은 우리 자신에게뿐만 아니라 우리가 영향을 미쳐야 할 사람들에게도 중요하다. 하나님이 우리 앞에 두신 길에서 돌아서거나 떠나지 말아야 한다. 당신이 하나님의 자녀라면, 필요한 것을 다 가진 것이다! 하나님은 당신 안에 할 수 있는 능력을, 성령님을 두셨다. 당신도 변함없이 꾸준히 나아간다면 사도 바울처럼 "나의 달려갈 길을 마치고 믿음을 지켰으니"(딤후 4:7)라고 말할 수 있을 것이다.

당신의 가정에서, 직장에서, 학교에서, 또 재정이나 건강, 다른 부분에서 역경을 만날지도 모른다. 당신의 상황은 전혀 희망이 없어 보일 수도 있다. 게다가 거센 물살이 그만 포기하고 하류로 흘러가도록 압력을 가한다. 그러나 좋은 소식이 있다. "사람으로는 할 수 없으되 하나님으로는 그렇지 아니하니 하나님으로서는 다 하실 수 있느니라"(막 10:27)라는 것이다. 하나님께는 불가능한 일이 없다. 단, 예수님이 이 약속에 중요한 조건을 붙이셨다. "믿는 자에게는 능히 하지 못할 일이 없느니라"(막 9:23). 불가능한 일이 가능해지는 것을 보려면 끈질긴 믿음이 반드시 필요하다.

하나님은 당신을 "주께서 보시기에 위대한 사람"(눅 1:15, 우리말성경)이라고 부르기 원하신다. 하나님은 당신을 위해 엄청나게 좋은 삶을 준비해 놓으셨다. 또한 하나님은 당신이 마지막까지 믿음의 유산을 남기고 다른 사람들을 이롭게 하는 중요한 사람이 될 것을 예견하고 계신다. 하지만 이 모든 것은 당신이 끈질긴 그리스도인이 되느냐에 달렸다.

당신은 이렇게 생각할지도 모른다. '하지만 솔직히 말해서 저는 단호한 성격이 아닙니다. 힘든 순간에도 끝까지 참고 버텨 본 일이 없어요.'

그러나 지금까지 당신이 어떻게 살아왔는지는 중요하지 않다. 예수 그리스도의 은혜가 있기에, 당신은 과거를 반복하지 않아도 된다. 당신은 끈질긴 그리스도인이 될 수 있고 끝까지 잘할 수 있다. 당신은 하나님 보시기에 위대한 사람이 될 몸이다. 이것이 하나님의 약속이다!

우리가 예수님의 길을 따르는 한, 우리 각 사람을 기다리고 있는 역경을 피할 길은 없다. 위험이 크지만, 영원한 상급은 값을 매길 수가 없을 정도로 더 크다. 당신의 사나운 원수는 당신의 영향력을 파괴하고 하나님이 맡기신 사명을 망치려고 한다. 당신은 사탄에게 위협적인 존재이고 반드시 막아야 할 존재다. 당신이 '죽은' 상태일 때 사탄은 행복해할 것이다. 하지만 십자가에서 일어난 일로 인해 사탄은 영원히 패배했다! 우리는 사탄과의 모든 싸움에서 이미 이긴 것이다!

그러나 이 땅에 사는 동안에는 여전히 원수와 끈질기게 싸워야만 한다. 당신은 이 세상에 변화를 일으키도록 창조되었다. 당신은 하나님을 위해 통치하도록 정해진 왕의 자녀다. 하나님나라의 열쇠가 당신의 주머니 속에 있다! 하나님과 친밀하게 동행하며 확고한 믿음을 지키려고 노력하면, 하나님이 당신을 거스르는 강한 물살을 이기는 데 필요한 모든 힘과 지침을 주실 것이다.

다음 장으로 넘어가기 전에, 우리 함께 이 여정을 하나님께 맡기자.

나는 하나님을 위해 통치하도록 정해진 왕의 자녀다. 하나님께서 나에게 세상 물살을 거스르는 데 필요한 모든 힘과 지침을 주실 것이다!

사랑하는 하나님, 이 책을 읽을 때 주의 성령의 도움으로 저를 깨우쳐 주소서. 제가 바라는 것은 단지 정보나 영감을 얻는 것이 아닙니다. 하나님이 제 삶에 부여하신 소명의 풍성함과 중대함을 알기 원합니다. 저에게 허락하신 소명을 이루기 위해 하나님이 제 안에 주신 능력을 알기 원합니다.

　이 책의 내용을 통해 저를 강건하게 하셔서 진리 안에 굳게 서게 하시고, 하나님이 저를 통해 이루시려는 일을 훼방하려고 일어나는 모든 역경과 끈질기게 싸우게 해 주소서. 하나님이 바로 이러한 때를 위해 저를 태어나게 하셨습니다. '끈질김'의 메시지를 통해 하나님의 거룩한 계획의 실현을 도우며 하나님의 이름을 영화롭게 하고 하나님의 마음에 기쁨을 드리는 자로 준비되게 하소서. 예수 그리스도의 이름으로 기도합니다. 아멘.

2

나는 '다스리는 자'로
부름 받았다

하나님의 말씀은 살아 있고 활력이 있어(히 4:12).

우리가 하나님의 말씀을 정확히 읽었다면, 대부분은 지금과는 완전히 다른 모습으로 살고 있을 것이다. 때로 우리에게 가장 힘든 도전은 단순히 지금보다 하나님의 말씀을 더 믿는 것이다. 당신의 형편이 좋지 않더라도, 마찬가지로 달라질 수 있다. 지금 당신의 상태는 최종적인 것이 아니다. 절대로 변하지 않는 것은 단 하나, 하나님의 말씀뿐이다. 예수님은 말씀하셨다. "천지는 없어지겠으나 내 말은 없어지지 아니하리라"(눅 21:33). 하늘을 바라보라. 태양은 항상 우리에게 빛과 온기를 주었다는 사실을 기억하라. 그런데 그 태양이 사라져도 하나님의 말씀이 거짓으로 판명되는 일은 없을 것이다. 하나님의 말씀은 영원하다!

우리의 전능하신 아버지가 "내가 내 말을 지켜 그대로 이루려 함이라"(렘 1:12)라고 말씀하신다. 하나님이 이루려 하신다는 말에 주목하라. 언제 이루실 것인가? 답은 간단하다. 누군가가 하나님을 믿을 때다. 예수님은 "믿는 자에게는 능히 하지 못할 일이 없느니라"(막 9:23)라고 단언하신다. 그러니 끈질기게 믿자!

앞으로 두 장에 걸쳐서 굉장히 중요한 진리를 탐구하고 전개해 나갈 것이다. 그것은 끈질긴 그리스도인으로서 살려고 노력하는 우리에게 정말 필요한 진리다. 미리 말해 두는데, 주제를 약간 벗어나는 것처럼 보일 수도 있지만 나를 믿고 함께해 달라. 틀림없이 그 모든 것이 우리의 여정에 도움이 될 것이다.

이것을 염두에 두고, 신약 성경에서 가장 강력한 말씀 중 하나를 살펴보도록 하자.

은혜와 의의 선물을 넘치게 받는 자들은 한 분 예수 그리스도를 통하여 생명 안에서 왕 노릇 하리로다(롬 5:17).

여기서 "생명 안에서 왕 노릇 하리로다"라는 말씀에 주목해 보자. 우리는 하나님의 자녀로서 왕 노릇을 해야 한다! 이것은 단지 인간의 말이 아니다. "모든 성경은 하나님의 감동으로 된 것"(딤후 3:16)이라는 사실을 알기 때문이다. 그러므로 하나님은 말 그대로 우리가 그분의 아들의 능력을 통해 이 생명 안에서 왕 노릇 할 것이라고 말씀하시는 것이다. "언젠가 천국에서 왕 노릇 할 것이다"라고 말씀하시지 않는다는 것을 명심하라. 하나님은 분명히 우리가 그리스도를 통해 삶 속에서 왕 노릇을 해야 한다고 말씀하신다.

내가 갖고 있는 사전에서 "왕"의 주된 정의 중 하나는 '특정한 분야에서 으뜸이 되거나 탁월한 사람'이다. "통치"라는 단어는 '권세 또는 광범위한 영향력'으로 정의된다. 즉 왕으로서 통치한다는 것은 특정한 영역에서 높은 권세와 영향력을 가진다는 뜻이다. 우리는 어떤 영역에서 타의 추종을 불허하는 최고가 되어야 하는가? 바로 생명의 영역에서다.

> 우리는 생명의 영역에서 타의 추종을 불허하는 최고가 되어야 한다. 이 땅에서의 삶은 우리를 뛰어넘을 수 없다. 우리가 그 삶을 다스려야 한다.

다시 말하면, 이 땅에서의 삶은 우리를 뛰어넘을 수 없다. 우리가 그 삶을 다스려야 한다. 이것은 하나님의 말씀이며, 당신에게 주신 하나님의 약속이다! 이것을 마음속에 굳게 새기기를 바란다.

하나님은 세상을 우리에게 맡기셨다

오랫동안 들어온 기본 전제에 대해 생각해 보자. 상황이 어려워지거나, 손해를 입거나, 심지어 생명의 위협을 당할 때 선량한 사람들은 종종 '하나님이 다스리신다'라는 확신을 붙잡으려 한다. 이 확신은 선하신 하나님이 우리에게 닥친 모든 역경도 궁극적으로 유익하게 만드실 것이므로 우리가 적과 싸울 이유가 없다는 것이다.

그런데 사실 하나님은 우리가 다스리게 하셨다. 시편 기자는 "하늘은 여호와의 하늘이라도 땅은 사람에게 주셨도다"(시 115:16)라고 말한다.

전능하신 하나님은 주권적인 창조주이시다. 그분이 인간에게 세상에 대한 통치권을 주기로 결정하셨다. 많은 사람이 생각하는 것처럼 만일 하나님이 계속 세상에 대한 통치권을 갖고 계셨다면, 아담이 금지된 열매를 자기 입으로 가져가려 할 때 하나님은 그 열매를 빼앗으며 "이게 무슨 짓이냐!" 하고 호통치셨을 것이다.

"지금 네가 하려는 짓이 어떤 결과를 초래할지 모르느냐? 모든 고통과 고난, 질병, 굶주림, 가난, 살인, 절도 등의 끔찍한 일들이 너와 네 후손들에게 일어날 거라는 사실을 모르느냐? 지진, 태풍, 전염병, 가뭄, 야생동물들의 위협은 어떻고? 모든 자연이 타락하게 되리라는 걸 모르는 거냐? 그리고 가장 중요한 것은, 내가 인류를 다시 구원하기 위해 하나뿐인 내 아들을 보내 끔찍한 죽음을 당하게 해야 한다는 걸 모르느냐?"

하지만 하나님은 아담을 말리지 않으셨다. 세상을 인간에게 맡기셨기 때문이다. 창조주 하나님은 권한을 주었다가 마음에 안 들면 다시 뺏는 신실하지 않은 사람들과는 다르다. 하나님이 인간에게 어떤 것을 주시면, 그것은 영원한 선물이다. "하나님의 은사와 부르심에는 후회하심이 없느니라"(롬 11:29)라는 말씀처럼 말이다.

어떤 사람은 이렇게 받아칠지 모른다. "하지만 시편 24편 1절에 보면 '땅과 거기에 충만한 것과 세계와 그 가운데에 사는 자들은 다 여호와의 것이로다'라는 말씀이 있지 않습니까?" 이 질문에 대한 대답으로 지난 몇 년 동안 우리 가정에 일어난 일을 이야기해 보겠다.

우리 장모님은 얼마 전까지 플로리다의 아파트에서 혼자 사셨다. 아내와 나는 장모님이 우리 집 가까이에 사시길 정말로 원했는데, 마침 어느 날 아내가 우리 집에서 5분 거리도 안 되는 곳에 좋은 연립주택이 매물로 나온 것을 발견했다. 정말 완벽한 집이었다! 그래서 우리는 연립주택을 한 채 사서 장모님을 그 집에 사시게 하고 그 공간을 '메신저 인터내셔널'(Messenger International)의 사역 공간으로 해야겠다고 생각했다.

우리는 장모님께 제안했고 장모님은 흔쾌히 수락하셨다. 연립주택을 구입하고, 장모님이 자립심을 가지실 수 있도록 매달 명목상의 임대료를 받기로 했다. 그 집에 들어오신 지 2년이 된 지금, 장모님은 정말 잘 지내고 계신다.

그동안 나는 한 번도 장모님께 집을 어떻게 꾸미셔야 한다든지, 가구 배치를 어떻게 하셔야 한다든지, 살림을 어떻게 하셔야 한다든지 입도 뻥긋한 적이 없다. 그날그날 해야 할 일들은 장모님이 알아서 꾸려 가신다. 나는 그 연립주택의 소유자로서 권리증서를 가지고 있지만, 그 집을 장모님께 임대했기 때문에 장모님이 그 집과 관련된 일들을 관리하셔야 하는 것이다. 장모님은 언제든 내게 도움을 요청하실 수는 있지만, 그러기 전에는 절대로 내가 간섭하지 않을 것이다.

마찬가지로 세상은 하나님의 것이다. 그분이 소유주이시다. 하지만 하나님은 이 땅을 인간에게 임대하셨다. 하나님이 우리를 창조하시고 우리에게 세상의 '집'을 주셨을 때 하신 말씀을 보자.

하나님께서 인간을 만드시되 자신의 형상으로 만드셨다. 그들을 남자와 여자로 만드시고, 축복하시며, 말씀하셨다. "자녀들을 많이 낳아라. 온 땅에 너희 후손들이 살게 될 것이며 그들이 세상을 다스릴 것이다. 내가 너에게 책임을 맡기노라"(창 1:27-28, TEV).

하나님이 그분의 큰 집을 우리에게 맡기셨다. 이 땅에서의 삶을 관리하는 사람은 하나님이 아니라 우리다.

사탄이 아담과 하와를 꾀어 하나님의 말씀에 불순종하게 하고 사탄의 거짓말을 믿게 만들자, 에덴동산에 큰 문제가 발생했다. 이로써 우리는 사탄이라는 새로운 주인에게 우리 자신을 내어 주게 된 것이다. 우리 자신뿐만 아니라 우리의 책임 아래에 있는 모든 것을 내어 주었다. 온 인류의 후손과 자연까지 악한 자의 지배를 받게 된 것이다.

이렇게 새로운 주인에게 속하게 된 사실이 나중에 일어난 사탄과 예수님의 만남을 설명해 준다. 마귀는 예수님을 높은 산으로 데려가 세상의 모든 나라를 보여 주며 제안했다. "이 모든 권위와 그 영광을[그 모든 것의 위엄과 탁월함과 장엄함과 은혜를] 내가 네게 주리라 이것은 내게 넘겨 준 것이므로 내가 원하는 자에게 주노라"(눅 4:6, AMP).

세상의 모든 나라가 언제 사탄에게 넘겨졌는가? 그것은 수천 년 전 에덴동산에서 아담이 하나님께서 맡기신 땅에 대한 통치권을 포기했을 때 일어난 일이다. 하나님께서 인간에게 주신 것이 이제는 하나님의 대적의 손 안에 들어간 것이다. "또 [분명히] 아는 것은 우리는 하나님께 속하고 [우리 주변의] 온 세상은 악한 자 안에 처한 것이며"(요일 5:19, AMP)라고 기록된 것도 이 때문이다.

하나님은 아담이 포기한 것을 다시 인류의 손에 되돌려 놓길 원하셨다. 하지만 하나님이 신의 모습으로 오셔서 그것을 다시 빼앗으실 수는 없었다. 하나님이 인간에게 권위를 주신 것을 취소하신 게 아니라, 아담이 공식적으로 그것을 포기한 것이기 때문이다. 인간이 잃어버렸으니 인간이 되찾아야 했다. 그래서 예수님이 '사람의 아들'로 오셔야만 했다. 예수님은 한 여자에게서 나심으로써 100퍼센트 인간이 되셨다. 또 성령으로 말미암아 잉태되셨으므로 100퍼센트 하나님이셨다(그래서 죄의 저주를 받지 않으셨다). 하지만 우리는 분명히 이렇게 들었다. "때가 되자, 그분은 하나님과 동등한 특권을 버리고 종의 지위를 취하셔서, 사람이 되셨습니다!"(빌 2:7, 메시지)

예수님은 하나님 아버지께 온전히 순종하며 사셨다. 예수님이 결백하시고 의지적으로 십자가를 받아들이셨기 때문에 그분의 피로 아담이 잃어버린 것을 다시 살 수 있었다. 성경은, 예수님이 "통치자들과 권세들을 무력화하여 드러내어 구경거리로 삼으시고 십자가로 그들을 이기셨느니라"(골 2:15)라고 말한다. 아담이 포기한 권위는 오로지 예수님의 것이 되었다. 그래서 예수님이 명백하게 "하늘과 땅의 모든 권세를 내게 주셨으니"(마 28:18)라고 말씀하신 것이다.

언젠가 예수님이 다시 오시면, 아담이 타락하기 전의 모습으로 모든 자연을 회복시켜 주실 것이다. 사도 바울은 "피조물[자연]이 허무한[헛된, 절망스러운] 데 굴복하는 것은 자기 뜻이 아니요 …… 그 바라는 것은 피조물도 썩어짐의 종 노릇 한 데서 해방되어 하나님의 자녀들의 영광의 자유에 이르는 것이다"(롬 8:20-21, AMP)라고 말했다.

자연은 여전히 허무한 데 굴복하고 있다. 우리 육신은 늙어 죽고, 육적인 세상은 타락하고 부패했으며, 맹수들은 더 약한 동물들을 잡아먹고, 뱀들은 독을 품고 있고, 질병은 만연해 있고, 지진과 태풍은 세상을 파괴하고 있다. 하지만 그 모든 것을 변화시키실 수 있는 분이 계시다.

바로 그리스도시다.

예수님과 하나 될 때 일어나는 일

이제 문제는 '그리스도는 누구인가?' 하는 것이다. 여기에서 하나님 자녀들은 또 새로워지지 못한다. 많은 그리스도인이 '그리스도' 하면, 예수 그리스도만을 생각하는 것이다. 마치 '그리스도'가 예수님의 성인 것처럼 말이다. '그리스도'라는 이름이 우리의 구세주를 가리키는 것은 맞지만, 하나님의 말씀에 어떻게 나와 있는지 살펴보자.

바울은 "이제 여러분들은 모두 함께 그리스도의 몸이며, 한 사람 한 사람은 그 몸의 꼭 필요한 지체입니다"(고전 12:27, NLT)라고 말한다. 우리 믿는 자들은 다 함께 그리스도의 몸을 이룬다. 우리 각 사람은 꼭 필요한 "몸의 지체"다. 예수님이 머리이시고, 우리는 몸이다.

개개인을 보면, 어깨 위에 머리가 하나 있지만 양쪽 손과 양쪽 발, 양쪽 무릎, 양쪽 팔, 가슴, 위, 간, 두 개의 신장 등이 있다. 당신은 머리를 몸과 구별된 존재로 생각하는가? 당연히 그렇지 않을 것이다. 당신은 하나의 존재이며 한 사람이다. 당신이 내 머리를 보면 "존 비비어"라고 부를 것이다. 잠깐 내 머리가 감춰져 있어서 몸만 보았다 해도, 당신은 여전히 그것을 보고 "존 비비어"라고 부를 것이다. 내 머리와 몸은 하나다.

마찬가지로, 그리스도의 머리와 몸은 하나다. 예수님은 머리이시고, 우리는 그 몸의 각 부분이다. 그러므로 신약 성경에서 "그리스도"라는 단어가 나오면, 십자가에서 돌아가신 예수님만 생각할 게 아니라 우리 자신을 보아야 한다. 성경에서 "거룩하게 하시는 이와 거룩하게 함을 입은 자들이 다 한 근원에서 난지라"(히 2:11)라고 말하는 것도 이 때문이다.

예수님은 이렇게 기도하셨다. "내가 비옵는 것은 이 사람들만 위함이 아니요 또 그들의 말로 말미암아 나를 믿는 사람들도 위함이니 아버지여, 아버지께서 내 안에, 내가 아버지 안에 있는 것 같이 그들도 다 하나가 되어 우리 안에 있게 하사"(요 17:20-21).

당신은 예수님과 하나다. 말 그대로, 하나!

나는 지금 성경의 한두 구절을 맥락과 상관없이 인용하는 게 아니다. 이 흥미진진한 진리를 확실히 믿고 이해할 수 있도록 다른 구절도 예로 들어 보겠다. 다음 성경 구절들을 전에 한 번도 본 적이 없는 것처럼 주의를 기울여 읽고 깊이 생각해 보기 바란다.

- 베드로는 우리가 하나님의 말씀으로 거듭났으므로 "신성한 성품에 참여하는 자"가 될 것이라고 기록했다(벧전 1:23, 벧후 1:4 참조). 여기서 "성품"이라는 단어는 '한 사람의 타고난, 또는 본질적인 특성이나 성격'을 말한다. 내가 두 사람이 아니라 한 사람이기 때문에 내 손과 머리의 유전적 구성이 동일한 것처럼, 우리는 예수님과 본질적 특성이 같다.
- 사도 요한은 "우리가 다 그의 충만한 데서 받으니"(요 1:16)라고 말한다. 베드로와 요한의 말을 토대로, 우리가 예수님의 본질적 특성이나 영적인 유전적 구성을 충만하게 받았다는 것을 알게 된다.
- 나중에 요한은 그의 첫 번째 서신에서 이렇게 말한다. "주께서 그러하심과 같이 우리도 이 세상에서 그러하니라"(요일 4:17). 요한은 이 구절에서 현재 시제를 썼다. 예수님이 "그러하심"과 같이 "우리"도 그러하다. 바로 지금, 오늘 말이다!
- 바울은 "너희 몸이 그리스도의 지체인 줄 알지 못하느냐"(고전

6:15)라고 말한다. 바울이 이렇게 질문하는 것은 이 지식이 기본이라는 사실을 나타낸다. 당신은 이 기본적인 사실을 잊고 있는가? 교회로서 우리는 이 말씀을 진심으로 믿는가?

이제 '그리스도'라는 단어에 우리도 포함된다는 사실을 알았으니, 우리가 그리스도 안에서 가지고 있는 권위와 능력의 수준에 대해 알아보자. 바울은 에베소서에서 그리스도를 따르는 모든 사람이 "하나님의 능력이 헤아릴 수 없고 무한하고 크고 위대함을"(엡 1:19, AMP) 깨닫게 되기를 열정적으로 기도했다.

이 구절 속에는 중요한 의미가 담겨 있다! 당신은 영광의 하나님이 헤아릴 수 없고 무한한 능력을 갖고 계신다는 사실에 동의하는가? 그분의 능력이 우주의 모든 위대함과 권위와 능력을 훨씬 능가하는 것을 믿는가? 당신이 주저하지 않고 이 주장을 지지할 거라고 확신한다.

하지만 당신 자신에 대해서도 그와 같이 말하겠는가? 더 중요한 것은, 진심으로 그것을 믿겠는가? 만약 말하지도, 믿지도 못한다면 당신은 무심코 당신 자신과 그리스도를 분리시킨 것이다. 당신은 그리스도의 한 부분, 그 몸의 한 지체가 아닌가? '존, 당신 혼자 너무 앞서 나가는 거 아니에요?'라고 생각할지도 모르겠다. 하지만 정말 그런가? 앞에서 인용한 성경 구절의 앞부분을 보면 "믿는 우리 안에서, 또 우리를 위해서 베푸신 하나님의 능력이 헤아릴 수 없고 무한하고 크고 위대함을"(엡 1:19, AMP) 알게 될 것이다.

바울은 항상 우리를 언급했다. 왜 그런가? 예수 그리스도를 믿는 자로서 당신은 그리스도의 일부분이기 때문이다. 따라서 그리스도가 가지신 그 능력은 바로 당신이 가지고 있는 것이다!

에베소서에 나오는 바울의 기도를 계속 살펴보자.

> 그의 능력이 그리스도 안에서 역사하사 죽은 자들 가운데서 다시 살리시고 하늘에서 자기의 오른편에 앉히사(엡 1:20).

당신은 주 예수 그리스도가 십자가에 못 박혀 죽으시고, 장사되었다가, 죽은 자들 가운데서 살아나셨고, 지금 가장 높은 권위의 자리에 앉아 계신다고 믿는가? 당신이 진정한 그리스도인이라면 틀림없이 그 사실을 믿을 것이다. 하지만 당신 자신에 관해서도 이 모든 사실을 믿는가? 그리스도인들은 대부분 자신을 이런 관점에서 보지 않을 것이다. 하지만 바울은 이렇게 말한다.

> 무릇 그리스도 예수와 합하여 세례를 받은 우리는 그의 죽으심과 합하여 세례를 받은 줄을 알지 못하느냐 그러므로 우리가 그의 죽으심과 합하여 세례를 받음으로 그와 함께 장사되었나니 이는 아버지의 영광으로 말미암아 그리스도를 죽은 자 가운데서 살리심과 같이 우리로 또한 새 생명 가운데서 행하게 하려 함이라(롬 6:3-4).

이 구절은 물세례를 말하는 게 아니라, 우리가 거듭날 때 성령에 의해 그리스도의 몸 안으로 '들어가는' 것을 말하는 것이다(고전 12:13 참조). 우리가 그분 안으로 들어가는 순간 우리의 역사는 바뀌었다. 우리는 그분과 함께 죽었고, 그분과 함께 장사되었고, 그분과 함께 부활했으며, 새로운 존재로서 그분처럼 산다! 우리는 그리스도 안에 있다! 우리가 그리스도다! 우리는 그분의 몸이다! 우리는 그분과 하나다!

에베소서 1장 20절에 의하면, 우리는 그리스도의 일부분이므로 지금 통치자의 자리에 앉아 있다. 그 자리는 하나님 아버지의 자리를 제외하고 우주에서 가장 높은 자리다. 그에 대해 바울은 다음과 같이 말했다.

> 모든 통치와 권세와 능력과 주권과 이 세대와 세상뿐 아니라 오는 세대와 세상에 일컫는 모든 이름 위에[수여할 수 있는 모든 칭호보다 더] 뛰어나게 하시고(엡 1:21, AMP).

주 예수님이 이 세상과 우주에 있는 모든 통치와 권세와 능력보다 훨씬 더 높은 자리에 앉아 계심을 믿는가? 그리스도인이라면 당연히 그렇게 믿을 것이다. 하지만 다시 묻겠다. 당신 자신에 관해서도 그렇게 믿는가? 아마 당신 스스로에 대해서는 이런 관점에서 바라보지 않았을 것이다. 그렇다면 당신은 다시 한 번 생각이나 믿음에 있어서 당신 자신을 그리스도와 분리시킨 것이다. 당신은 다른 몸의 지체인가? 아니다. 당신은 그리스도의 몸이다! 바울의 확신이 담긴 말을 주의 깊게 보라.

> 또 만물을 그의 발아래에 복종하게 하시고 그를 만물 위에 교회의 머리로[교회 전체의 책임자로] 삼으셨느니라 교회는 그의 몸이니 만물 안에서 만물을 충만하게 하시는 이의 충만함이니라[만물을 온전케 하시고, 모든 곳에서 만물을 그분 자신으로 충만하게 하시는 이가 그 몸 안에 온전히 살아 계심이라](엡 1:22-23, AMP).

우리는 그리스도의 몸이며, 예수 그리스도의 충만함이며, 그분과 온전히 하나가 되었다. 바울은 만물이 그의 발아래 복종하게 되었다고 말한다. 만일 당신이 그리스도의 몸의 일부분이라면 심지어 발가락이라도, 이 세상 모든 통치와 능력과 주권보다 훨씬 더 위에 있는 것이다. 그리스도 안에서 당신의 권위는 회복되었다. 회복된 권위는 아담이 잃어버린 권위보다 더 크다.

나는 그리스도의 몸이며, 그리스도의 충만함이며, 그분과 온전히 하나가 되었다. 그리스도 안에서 나의 권위가 회복되었다!

하나님은 우리가 이 엄청난 사실을 이해하기 힘들어할 것을 미리 아신 것 같다. 그래서 바울에게 영감을 주셔서 에베소서 2장에서 명백하게 밝히셨을 가능성이 크다. 하나님은 의심의 여지를 남기지 않으셨다. 그 뒤로도 계속 장과 절이 있다는 사실을 기억하라. 이것은 하나의 편지요, 이어지는 생각이다.

또 함께 일으키사 그리스도 예수 안에 [우리가 있음으로] 함께 하늘에 [같은 자리에] 앉히시니(엡 2:6, AMP).

머리는 몸에서 분리되지 않는다. 우리는 모두 함께 하늘나라에서 권세와 능력의 자리에 앉아 있다. 우리보다 높은 권세나 능력을 가지고 있는 악령, 타락한 천사, 사탄은 없다. 우리는 그리스도 안에서의 지위와 권세로 인해 가장 높은 곳에서 다스린다! 할렐루야!

다스림은 하나님의 명령이다

지금까지 강조한 내용을 기억하며, 이 장 앞부분에서 보았던 성경 구절을 다시 한 번 살펴보자. "은혜와 의의 선물을 넘치게 받는 자들은 한 분 예수 그리스도를 통하여 생명 안에서 왕 노릇 하리로다"(롬 5:17).

잠시 "그리스도를 통하여 생명 안에서 왕 노릇 하리로다"라는 구절에 초점을 맞추자. 우리는 그리스도의 몸의 지체로서 생명과 경건에 반대되는 모든 것을 다스리며 대적해야 한다. 만약 우리가 자신의 권위를 포기하거나 행사하지 않으면 문제가 생긴다.

여러 해 전에 우리 교회 담임목사님이 많은 성도 앞에서 내가 설교 사역을 시작할 거라고 알리셨다. 그리고 며칠 후 나이가 지긋한 한 사역자가 내 아내에게 다가와 말했다. "리사, 당신의 남편을 위한 하나님의 말씀이 있습니다."

그때 우리는 매우 젊었고, 지금도 그렇지만 성장하고 싶은 마음이 간절했다. 아내는 "그 말씀을 제게 알려 주시면 남편에게 전하겠습니다"라고 대답했다.

그 사역자는 이렇게 말했다고 한다. "만일 존이 하나님께서 주신 권위 안에서 행하지 않는다면 다른 누군가가 그 권위를 빼앗고 그것을 이용해 존을 대적할 거라고 전하십시오."

그 말씀은 마치 광선검처럼 나를 꿰뚫는 듯했다. 그리고 몇 년이 지난 뒤 그의 말이 진리라는 걸 알게 됐다. 이것은 나뿐만 아니라 그리스도 안에 있는 모든 사람에게 해당되는 진리다. 나는 종종 많은 사람이 하나님을 진실로 사랑하지만 반대 세력과 상황에 지배당하는 것을 보며 마음이 아팠다. 주 예수님이 그들을 자유롭게 하기 위해 어마어마한 대가를 치르셨는데, 그들은 여전히 매여 있는 것이다. 자연 재해, 질병, 마귀의 영향력, 불리한 상황 등 나열하자면 끝이 없다. 이러한 세력들이 선한 사람들을 지배하며 제압하고 있다. 그리스도인들은 이 세상에서 왕인데, 그리스도 안에서 자기가 누구인지도 모르고 사는 것이다.

그러나 이제 당신은 다른 사람들을 돕기 위해 자신에게 주어진 능력과 권위를 안다. 당신은 곤경에 처한 사람들을 하나님나라의 선한 삶으로 인도할 수 있는 것이다.

사도 요한은 그리스도의 몸의 지체인 우리 모두에게 강력하게 말했다. "하나님 안에 있다고 하는 사람은 자기도 그리스도께서 사신 것과 같이 마땅히 그렇게 살아가야 합니다"(요일 2:6, 새번역).

예수님은 "아버지께서 나를 보내신 것 같이 나도 너희를 보내노라"(요 20:21)라고 말씀하실 때 이미 그것을 주장하셨다. 예수님은 자신이 통치하신 것처럼, 우리도 통치하기를 원하신다. 예수님은 폭풍이 몰아치자 바람과 바다를 향해 명령하셨고, 이에 바람과 바다는 예수님께 복종했다. 광야에서 무리를 먹일 음식이 필요했을 때 예수님은 그들이 가진 적은 것을 가지고 수천 명을 먹이셨다. 그리고 처음에 갖고 있던 것보다 훨씬 더 많은 음식을 남기셨다.

예수님이 바다를 건너셔야 하는데 배가 없을 때에는 물 위를 걸으셨다. 또한 혼인잔치에서 포도주가 바닥나자 물이 포도주로 변하게 하셨다. 예수님은 그 입의 말씀으로 무화과나무가 말라 죽게 하셨다. 그리고 병든 자를 낫게 하셨다. 이 세상의 어떤 문제도 생명을 다스리시는 분께는 아무 문제가 되지 않았다.

악한 통치자들은 예수님을 잡을 수 없었다. 성난 군중들은 높은 언덕에서 예수님을 밀어 버릴 수 없었다. 예수님은 유유히 그들 한가운데로 걸어가셨다. 귀신 들린 사람들도 예수님을 두렵게 하지 못했다. 예수님은 그들을 자유롭게 해 주셨다. 나열하자면 끝이 없다. 그래서 요한은 예수님의 생애 이야기를 마치며 "예수께서 제자들 앞에서 이 책에 기록되지 아니한 다른 표적도 많이 행하셨으나 …… 만일 낱낱이 기록된다면

이 세상이라도 이 기록된 책을 두기에 부족할 줄 아노라"(요 20:30, 21:25)
라고 기록했다.

예수 그리스도는 생명 안에서 왕 노릇 하셨다. 그분은 반대와 역경을 다스리셨다. 세상에 하늘나라를 가져다주셨다. 우리가 따를 목표를 정해 주셨다. 그리고 지금은 우리가 더 많은 일을 하기를 기대하신다. "내가 진실로 진실로 너희에게 이르노니 나를 믿는 자는 내가 하는 일을 그도 할 것이요 또한 그보다 큰일도 하리니"(요 14:12).

그러면 이제 그 다음 질문으로 넘어가자. 우리는 어떻게 생명 안에서 왕 노릇 할 수 있는가? 그 능력은 어디서 오는가?

3

매일 '은혜의 능력'으로 살라

은혜와 의의 선물을 넘치게 받는 자들은
한 분 예수 그리스도를 통하여 생명 안에서
왕 노릇 하리로다(롬 5:17).

우리는 생명 안에서 왕 노릇 해야 한다. 이 세상이 우리를 다스리면 안 된다. 우리가 이 세상에서의 삶을 다스려야 한다.

그렇다면 여기서 우리가 할 수 있는 다음 질문은 이것이다. '과연 나에게 그럴 만한 능력이 있는가?'

치와와와 회색 곰을 생각해 보자. 치와와는 몸집이 작고 앙칼지게 짖는 사나운 개다. 치와와는 자기 영역에서 당신을 쫓아내려고 끊임없이 짖어 댈 것이다. 당신의 발목을 물 수도 있다. 당신이 부드럽게 그 개를 밀어내려고 해도, 그 개는 끈질기게 당신에게 달려들 것이다. 하지만 당신이 치와와의 그런 행동에 지쳐서 마지막 수단으로 세게 한 대 차고 소리를 꽥 지르면, 치와와는 겁을 먹고 종종걸음을 치며 달아날 것이다.

그에 반해, 회색 곰이 똑같이 당신을 몰아내려고 마음먹고 있는데 마침 당신에게 소총이 없다면, 당신은 큰 곤경에 처할 것이다. 그 곰은 쉽게 당신을 제압할 뿐만 아니라 목숨을 빼앗아갈 수도 있다.

잘 알다시피, 이 세상에는 우리가 소명을 완수하는 것을 원치 않는 세력들이 있다. 그렇다면 우리에게 그들을 이길 힘이 있다는 것을 어떻게 아는가? 초자연적인 적들과 싸울 때 우리는 치와와 같은가, 아니면 회색 곰 같은가? 원수들을 제압할 힘은 어디에서 오는가?

그 답은 로마서 5장 17절에서 발견된다. 즉 우리는 '하나님의 넘치는 은혜'로 인해 통치할 수 있다.

은혜는 실제적 능력이다

'넘치는 은혜'라는 주제에 관해 거대한 분리가 복음주의 그리스도인들 사이에서 일어나고 있다. 2009년에 우리 선교회에서는 다양한 교파와 독립교회에 속하여 그리스도를 따르는 신자들 수천 명에게 설문조사를 했다. 질문 내용은 "하나님의 은혜를 세 가지 이상으로 정의하거나 묘사해 보라"라는 것이었다. 압도적으로 많은 응답자가 하나님의 은혜를 (1)구원, (2)과분한 선물, (3)죄 사함으로 정의했다.

많은 그리스도인들이 우리가 오직 은혜로 구원받는다는 사실을 이해한다는 것은 매우 기쁜 일이다. 구원은 물로 세례를 받거나, 교회에 다니거나, 종교적인 율법을 지키거나, 선한 행위들을 더 많이 함으로써 얻는 것이 아니다. 에베소서 2장 8-9절은 "너희는 그 은혜에 의하여 믿음으로 말미암아 구원을 받았으니 이것은 너희에게서 난 것이 아니요 하나님의 선물이라 행위에서 난 것이 아니니 이는 누구든지 자랑하지 못하게 함이라"라고 분명히 말한다.

선량한 사람들이 하나님의 은총을 얻으려고 노력하는 모습을 보면 참으로 안타깝다. 사람들이 하나님과 올바른 관계를 맺기 위해 자신의 행위나 공로에 의존하는 가슴 아픈 상황을 너무나 많이 보았다. 사람들이 당신에게 아무리 선하다고 말해 줘도, 에베소서 2장 8-9절은 인간의 노력으로는 인류에게 닥칠 심판을 피할 수 없다고 말한다. 구원은 오직 믿음으로 얻는 것이다. 구원은 하나님의 아들의 죽음과 부활을 통해 우리에게 주시는 하나님의 선물이기 때문이다.

믿음으로 하나님의 영원한 구원의 선물을 받은 사람들이 그 후 마치 자신의 노력으로 하나님의 지속적인 은혜를 받을 수 있는 것처럼 살아가는 것도 슬픈 일이다. 이런 신자들은 더 오래 기도하고, 더 자주 금식하고, 자선 행위나 기독교와 관련된 봉사를 더 많이 해야 한다고 생각한다.

사도 바울은 바로 이런 실수에 대해 갈라디아 교회를 질책해야만 했다. "나는 여러분이 의도한 것이라고는 생각하지 않지만, 그런 일이 실제로 일어나고 있습니다. 여러분이 종교 활동에 기대어 살려고 하는 순간, 여러분은 그리스도에게서 떨어져 나간 것이며, 은혜에서 떨어져 나간 것입니다"(갈 5:4, 메시지). 오늘날 선한 의도를 가진 많은 그리스도인이 이와 똑같은 덫에 걸려 넘어지는 것은 매우 안타까운 일이다.

그 설문조사가 보여 주는 또 한 가지 사실은, 많은 그리스도인들이 하나님의 은혜로 우리의 죄들이 뿌리 뽑혔다는 사실을 안다는 것이다. 에베소서 1장 7절은 이 놀라운 진리를 확증해 준다. "우리는 그리스도 안에서 그의 은혜의 풍성함을 따라 그의 피로 말미암아 속량 곧 죄 사함을 받았느니라." 우리의 죄를 영원히 사해 주시는 것은 하나님의 값없는 선물이다. 하나님께 감사드리자!

하지만 그 설문조사가 보여 준 비극적인 사실이 있다. 설문에 응한 수천 명 중 '은혜는 하나님의 능력 주심'이라고 믿는 사람은 단 2퍼센트밖에 없었다. 하지만 하나님은 자신의 은혜를 이렇게 묘사하셨다. "내 은혜가 네게 족하도다 이는 내 능력이 약한 데서 온전하여짐이라"(고후 12:9).

예수님이 하신 말씀이 붉은 색으로 표기되어 있는 성경에서 이 구절을 찾아보면, 위의 말씀이 붉은 색으로 쓰인 것을 볼 것이다. 이 말씀은 비록 사도 바울이 전했더라도 그의 말이 아니다. 주님이 직접 하신 말씀인 것이다. 하나님은 그분의 은혜를 능력으로 정의하신다.

위의 고린도후서 12장 9절에 쓰인 "약한"이라는 단어는 '무능함'을 의미한다. 하나님은 "네 힘으로 감당할 수 없는 상황을 만날 때 나의 은혜[능력]가 가장 크게 나타난다"라고 말씀하시는 것이다.

이것은 바울이 마게도냐 신자들에 대해 한 말에서도 나타난다. "하나님께서 마게도냐 교회들에게 주신 은혜를 우리가 너희에게 알리노니 …… 내가 증언하노니 그들이 힘대로 할 뿐 아니라 힘에 지나도록 자원하여"(고후 8:1, 3).

하나님의 은혜로, 마게도냐의 그리스도인들은 그들의 능력을 넘어서는 일을 할 수 있었다. 그것이 은혜요, 하나님의 능력 주심이다.

그 전에 바울은 똑같은 청중을 향해 이렇게 말한 바 있다. "우리가 세상에서 행할 때, 특히 여러분에 대해 행할 때는 더욱더 하나님의 순수하심과 진실하심으로 행했고 육체의 지혜로 하지 않았고 하나님의 은혜로 [은혜의 능력으로] 행했다는 것입니다"(고후 1:12, 우리말성경). 은혜는 다시 한 번 하나님의 능력으로 나타난다.

베드로도 똑같이 하나님의 은혜를 정의한다. "은혜와 평강이 너희에게 더욱 많을지어다 그의 신기한 능력[은혜]으로 생명과 경건에 속한 모든 것을 우리에게 주셨으니"(벧후 1:2-3). 여기서도 "은혜"가 "하나님의 신기한 능력"으로 언급된다. 베드로는 우리가 하나님의 뜻대로 살기 위해 필요한 모든 것을 하나님의 은혜의 능력을 통해 얻을 수 있으며, 이는 우리가 믿음으로 받은 것이라고 말한다.

헬라어를 살펴봄으로써 좀 더 깊이 들어가 보자. 신약 성경에서 "은혜"를 뜻하는 단어로 가장 자주 사용되는 헬라어는 "카리스"(charis)다. 제임스 스트롱은 「완벽 성서 성구 사전」(*Exhaustive Concordance of the Bible*)에서 이 "카리스"를 "선물, 혜택, 은총, 은혜로운, 후함"으로 정의했다. 이 첫 번째 정의와 로마서, 갈라디아서, 에베소서의 성경 구절들을 함께 보면, 그리스도인들에게 익숙한 은혜의 특징을 분명히 볼 수 있다. 하지만 스트롱은 거기서 멈추지 않는다. 스트롱은 계속해서 "은혜"를 "마음에 미치는 거룩한 영향력, 그리고 그것이 삶 속에 나타나는 것"이라고 정의한다.

이 정의에서 우리는 마음속에서 행해진 일이 외적으로 나타난다는 것을 알 수 있다. 이는 은혜의 능력을 강조하는 것이다. 성경은 바나바가 안디옥 교회에 이르렀을 때 "하나님의 은혜[의 증거]를 보고 기뻐하"(행 11:23)였다고 말한다. 바나바는 은혜에 대해 들은 것이 아니라, 그 은혜의 증거를 보았다. 사람들의 삶 속에 나타나는 마음의 능력을 본 것이다.

야고보가 "행함이 없는 네 믿음[은혜]을 내게 보이라 나는 행함으로 내 믿음[은혜]을 네게 보이리라"(약 2:18)라고 말하는 이유도 바로 이 때문이다. 내가 "믿음"이라는 단어에 "은혜"를 끼워 넣은 것은, 우리가 믿음으로 하나님의 은혜에 들어갈 수 있기 때문이다(롬 5:2 참조). 야고보는 "네가 믿음을 통해 은혜를 받았다는 참된 지표인 능력의 증거를 내게 보여 달라"고 말하고 있다.

존더반의 「성경 용어 백과사전」(Encyclopedia of Bible Words)은 "카리스"에 대해 이렇게 설명한다. "이 은혜는 우리를 의롭다고 여김으로써 하나님과 우리의 관계에 막대한 영향을 미치는 역동적인 힘이다. 은혜는 우리의 경험에도 영향을 미친다. 은혜는 항상 하나님이 우리 안에 능력을 주셔서 우리의 무력함을 이기게 하심으로 나타난다."

은혜에 관한 신약 성경의 모든 구절을 주의 깊게 읽어 보고, 또 몇 시간에 걸쳐 내가 구할 수 있는 모든 헬라어 사전을 연구하고, 헬라어를 유창하게 구사하는 사람들과 이야기를 나눠 보고 나서, 은혜의 간략한 정의를 다음과 같이 내려 보았다.

은혜는, 하나님이 값없이 권능을 주셔서 우리의 자연적인 능력을 넘어서는 능력을 갖게 해 주시는 것이다.

설문조사에 응답한 그리스도인들 중에 하나님의 은혜의 능력을 이해하는 사람이 겨우 2퍼센트밖에 안 된다는 사실이 왜 그렇게 비극적인 것일까? 가상 시나리오를 가지고 설명해 보겠다.

우리가 어떤 조사를 하다가 아프리카 적도 근처의 오지에 사는 소수 부족을 발견했다고 하자. 우리는 이 부족이 가장 가까이 있는 샘에서 깨끗한 물을 얻기 위해 매일 3킬로미터를 걸어가야 한다는 사실을 알게 됐다. 그들은 자기 가족에게 깨끗한 물을 가져다주기 위해 이 무거운 물을 들고 다시 마을로 돌아와야 했다.

마을 사람들에게 먹을 것이 필요할 때면, 동물들이 그 마을을 지나가다가 "당신들의 저녁식사입니다. 자, 저를 찌르세요"라고 말하지 않는다. 부족민이 동물이 있는 곳으로 가서 사냥을 해야만 한다. 때로는 영양 같은 동물들을 죽인 후 그 무거운 것을 짊어지고 그들의 작은 마을까지 13-16킬로미터를 걸어와야만 한다.

그곳에서 구할 수 없는 물품이 필요할 때마다 그들은 이웃 마을까지 56킬로미터 이상을 걸어가 물건을 사거나 교환한 후, 또 같은 거리를 걸어서 자기 마을로 와야 한다.

우리는 이 모든 사실을 알게 된 후 그들에게 선물을 주기로 결심한다. 우리는 그들에게 아량을 베풀어 필요한 도움을 줄 것이다(이것은 앞에서 스트롱이 나열한 은혜의 정의들이다). 그래서 그들에게 새로 나온 랜드로버 자동차를 사 주기로 한다.

우리는 자동차를 구입하여 배에 실어 아프리카 해안까지 나른 다음, 직접 차를 몰고 그들의 마을로 간다. 근처에 차를 세운 후, 마을 안으로 들어가 추장과 부족 사람들을 데리고 나와 랜드로버를 보여 준다. 우리는 활짝 웃으며 "이것은 여러분께 드리는 우리의 선물입니다"라고 말한다.

우리는 추장에게 조수석에 앉아 보라고 한다. 우리 중 한 사람이 운전대를 잡고 시동을 건다. 우리는 기쁘게 외친다. "추장님, 이 랜드로버는 정말 훌륭하답니다! 에어컨도 있어요! 밖의 온도가 40도가 넘어도, 이 버튼을 누르고 동그란 손잡이를 돌려 22도로 맞추기만 하면 돼요. 그러면 밖이 아무리 더워도 안에서는 쾌적한 22도를 경험하게 될 겁니다."

그러고 나서 이렇게 말한다. "그리고 이 랜드로버에는 난방기도 있어요. 밖이 추우면 이 버튼을 누르고 동그란 손잡이를 돌려 23도에 맞추세요. 그러면 밖의 온도가 영하로 내려가도 안은 따뜻할 겁니다."

"또 이 랜드로버에는 디지털 위성 라디오가 있어요. 그게 무슨 말인지 아세요? 이 차 안에서 전 세계의 생방송을 들을 수 있다는 거예요." 당신이 영국 BBC의 생방송을 틀자 추장이 깜짝 놀란다.

"이게 다가 아니랍니다." 당신은 계속해서 말한다. "이 랜드로버 안에는 DVD 플레이어도 있어요." 우리는 급히 DVD들을 꺼낸다. 하나를 플레이어에 넣고 재생 버튼을 누르자, 아름다운 컬러 화면으로 영화가 나오고 추장은 또 한 번 크게 놀란다.

우리 둘은 랜드로버에서 내린다. 추장이 "이렇게 큰 선물을 받았는데 저희는 뭘 드려야 할까요?"라고 묻는다.

"아무것도 필요 없습니다." 우리는 그를 안심시킨다. "이건 우리가 당신의 부족에게 드리는 선물입니다. 여러분 모두를 사랑합니다!"

추장과 그의 부족 사람들은 매우 고마워한다. 우리는 그곳을 떠난다. 하지만 몇 달 후, 그 부족 사람들이 여전히 물을 구하러 매일 왕복 6킬로미터를 걸어 다닌다는 소식을 듣는다. 그들은 여전히 긴 거리를 걸어가 사냥을 했고 무거운 짐승을 마을까지 가지고 왔다. 그리고 물품을 구하려고 이웃 마을까지 56킬로미터를 걸어갔다. 왜 그랬을까? 랜드로버가 운송수단이라는 가장 기본적인 정의를 그들에게 말해 주지 않았기 때문이다. 우리는 가장 중요한 특징 한 가지를 제외한 모든 것을 추장에게 설명해 주었다. 즉 이 랜드로버는 당신이 가야 하는 곳은 어디든지 데려다 주며 당신을 위해 짐을 날라 줄 것이라는 사실을 말해 주지 않은 것이다.

이와 마찬가지로, 많은 목회자가 하나님의 은혜의 가장 중요한 기능적 정의가 하나님의 능력 주심이라는 것을 성도들에게 말해 주지 않았다.

예수님의 충만함을 주신다

당신은 이렇게 반박할지도 모른다. "은혜의 가장 중요한 기능적 정의가 하나님의 능력 주심이라고요? 어떻게 그런 말을 할 수 있죠?"

나는 최근에 기도하면서, 하나님이 이렇게 질문하시는 것을 느꼈다. "아들아, 내가 나의 책, 신약 성경에서 은혜를 어떻게 소개했느냐?" 나는 12권 넘는 책을 저술했기 때문에 그 질문은 나에게 정말 중요한 의미가 있었다. 나는 책에서 독자들이 익숙하지 않을 만한 새로운 용어를 소개할 때마다 가장 기본적인 정의를 제시했다.

예를 들어, 내가 추장에게 랜드로버에 대해 알려 주는 편지를 쓴다면, 첫 단락에 이렇게 쓸 것이다.

추장님, 신형 랜드로버를 당신들께 선물로 드립니다. 랜드로버의 주된 기능은 사람이나 짐을 원하는 곳까지 옮겨 주는 것입니다. 이제 당신의 부족민들은 더 이상 매일 무거운 물을 등에 지고 긴 거리를 걸어다니지 않아도 됩니다. 부족민 중 한 사람이 차량을 운전하고 가서 물을 길어 오면 되지요. 또 사람들은 더 이상 사냥해서 잡은 무거운 짐승을 가지고 힘들게 걸어서 마을로 돌아오지 않아도 됩니다. 게다가 당신의 부족민들은 이웃 마을에 물품을 구하러 50킬로미터가 넘는 거리를 걸어가지 않아도 될 것입니다. 거기까지 차를 몰고 가서 물품을 가져오는 데 10분도 안 걸릴 거예요.

제일 먼저 랜드로버의 주된 목적을 설명하는 것이 중요하다. 왜냐하면 추장과 그의 부족민들은 이제껏 자동차를 한 번도 본 적이 없기 때문이다. 그 다음에 편지의 두 번째 단락에서 에어컨과 난방기에 대해 설명할 것이다. 세 번째 단락에서는 위성 라디오 방송에 대해, 네 번째 단락에서는 DVD 플레이어에 대해 설명할 수도 있다. 그러고 나서 그것이 선물이라는 것을 다시 한 번 강조하며 편지를 끝맺을 것이다.

그것을 염두에 두고, 다시 하나님이 내게 하신 질문으로 돌아가 보자. "내가 나의 책, 신약 성경에서 은혜를 어떻게 소개했느냐?"

나는 "모르겠습니다"라고 대답했다. 그리고 컴퓨터 앞으로 가서 성경 용어 색인을 열어 보고는, 하나님이 신약 성경에서 은혜를 어떻게 설명하셨는지 알게 됐다. 하나님은 요한복음 1장 16절에서 "우리가 다 그의 [예수님의] 충만한 데서 받으니 은혜 위에 은혜러라"라고 말씀하신다.

요한이 "은혜 위에 은혜러라"라고 기록한 사실에 주목하자. 내게는 아테네에 사는 그리스인 친구가 있다. 그는 그리스어를 주 언어로 사용할 뿐만 아니라 고대 그리스어인 헬라어도 공부한 사역자다. 나는 헬라어에 관해 모르는 게 있으면 늘 그 친구를 찾아간다. 그는 이 구절에서 요한이 말하는 것은, 하나님이 우리에게 "가장 풍성한 은혜"를 주셨다는 것이라고 했다. 다시 말해서, 사도는 넘치는 은혜, 풍성한 은혜는 우리에게 예수 그리스도의 충만함을 주는 것이라고 말했다! 들었는가? 예수 그리스도 자신의 충만함이다! 그것은 능력을 말하는 것이다.

지금 하는 말을 확실히 이해하기 바란다. 만일 내가 사업이 잘 안 돼서 힘들어하는 사업가에게 이런 말을 건네며 다가간다고 하자. "우리는 당신에게 빌 게이츠의 완벽한 능력을 줄 수 있는 새로운 과학적 수단을 갖고 있습니다." 그 사업가가 어떻게 반응할 것 같은가? 그는 이렇게 소리칠 것이다. "바로 제가 원하던 거예요! 제발 그렇게 해 주세요!" 빌 게이츠의 완벽한 능력을 받은 후에 그는 전에는 생각하지 못했던 기업 투자를 하고 신상품을 개발해 내기 시작할 것이다.

물론 은혜는 우리 중 누구에게도 빌 게이츠의 완벽함을 주지 않았다. 그런 은혜는 너무 작다. 하나님의 은혜는 우리에게 예수 그리스도의 완전함을 주었다!

베드로는 하나님의 은혜가 우리를 "신성한 성품에 참여하는 자"가 되게 해 준다고 말했다(벧후 1:2-4 참조). "성품"이라는 단어는 한 사람의 본질적 특성이나 성격을 나타낸다. 따라서 하나님의 은혜는 예수님 자신의 본질적 특성과 성격을 온전히, 값없이 우리에게 준 것이다! 요한이 "주께서 그러하심과 같이 우리도 이 세상에서 그러하니라"(요일 4:17)라고 말하는 이유가 이것이다. 이 말씀의 중요성을 알겠는가?

이것은 우리가 생명 안에서 왕 노릇 할 능력과 잠재력이 있다는 사실을 뒷받침해 준다! 하나님의 능력은 우리를 정확히 예수님처럼 재창조했다. 우리는 말 그대로 그리스도 안에 있다. 우리는 그의 몸이다. 우리는 세상에서 그리스도다. 우리는 그리스도인들이다. 그래서 요한이 그토록 담대하게 "그의 안에 산다고 하는 자는 그가 행하시는 대로 자기도 행할지니라"(요일 2:6)라고 말한 것이다.

이 말씀을 마음에 잘 새겨 놓으라. 우리는 예수님이 이 땅에서 사신 것처럼 살아야 한다. 이것은 성경의 제안이 아니라, 명령이다!

우리도 예수님처럼 살 수 있다

"그의 안에 산다고 하는 자는 그가 행하시는 대로 자기도 행할지니라"(요일 2:6). 예수님처럼 행하려면 먼저 "예수님은 어떻게 행하셨는가?"라는 질문을 해야 한다.

첫째, 예수님은 놀라울 만큼 경건하고 순결하게 사셨다. 예수님은 세상 욕망에 지배받지 않으셨다. 예수님은 부자연스럽고 불경건한 욕망들을 다스리셨다. 이와 관련하여 사도 바울은 우리에게 하나님을 기쁘시게 하는 방법을 알려 준다.

> 거룩함을 온전히 이루어 육과 영의 온갖 더러운 것에서 자신을 깨끗하게 하자(고후 7:1).

재미있는 사실은, 성경이 "하나님이 너희를 깨끗하게 해 주실 것이다"라고 말하지 않는다는 것이다. 분명히 말해 두겠다. 예수님의 보혈은 우리의 모든 죄를 깨끗하게 해 주시며, 그것이 구속의 은혜다. 하지만 여기서 사도 바울이 이야기하는 것은 우리의 성화에 관한 것이다. 다시 말해서, 이미 우리에게 이루어진 일을 삶으로 나타내라는 것이다. 사도 바울은 우리에게 구속의 결과로 나타나야 할 외적인 변화에 대해 말한다.

위의 구절에서 "온갖"이라는 단어를 눈여겨보았는가? 우리는 몸과 마음을 더럽게 하는 '어떤 것들'이나 '대부분의 것들'로부터가 아니라, '온갖 것들'로부터 우리 자신을 깨끗하게 해야 한다. 베드로는 다음과 같은 말로 이 사실을 단언한다. "오직 너희를 부르신 거룩한 이처럼 너희도 모든 행실에 거룩한 자가 되라"(벧전 1:15). 우리가 이 말씀을 진지하게 받아들이고 그것을 희석시키지 않는다면, 하나님을 기쁘게 해 드리며 섬기는 방법은 바로 예수님처럼 경건하게 행하는 것이다. 그러려면 어떻게 해야 하는가? 하나님의 은혜로 행해야 한다.

예를 들어 보겠다. 고등학생 때 나는 매우 죄인이었다. 무슨 뜻일까? 죄를 짓는 것은 나의 본성인데, 게다가 아주 실제적으로 죄를 범했다는 뜻이다.

어느 날 우리 아버지가 누나와 나에게 시내에 있는 극장에 가서 찰턴 헤스턴 주연의 영화 〈십계〉(*The Ten Commandments*)를 보겠냐고 물으셨다. 인구가 3천 명 정도 되는 우리 마을의 극장은 동시에 15개 영화가 상영되는 그런 곳이 아니었다. 한 번에 한 영화만 볼 수 있었다. 당시엔 오늘날 쉽게 접할 수 있는 온갖 미디어가 없을 때였다. 오직 조그마한 화면의 컬러 텔레비전만 있었다. 그래서 누군가가 큰 화면으로 영화를 보여 주겠다고 하면, 무조건 흔쾌히 따라나섰다.

극장에 앉아서 영화를 보는데, 갑자기 땅이 갈라지면서 모세를 반대했던 다단과 그의 악한 친구들을 삼켜 버리는 장면이 나왔다. 그들은 산 채로 바로 지옥으로 떨어졌다. 매우 실제적인 죄인이었던 나는 커다란 화면으로 이 장면을 보다가, 미친 듯이 회개하기 시작했다. 나의 모든 악하고 정욕적인 행동들을 하나하나 떠올리며 용서를 구했고, 다시는 그런 일을 하지 않겠다고 하나님께 약속했다. 나는 극장을 떠날 때 완전히 다른 사람으로 변해 있었다! 하지만 그것도 일주일밖에 안 갔다. 그러고 나서 다시 못된 짓을 저질렀다. 왜 그랬을까? 회개를 했지만 은혜가 없었기 때문이다.

대학에서 몇 년을 보낸 후, 한 친구가 나에게 전도 책자를 보여 주었다. 그때 나는 예수 그리스도를 나의 구주로 영접했다. 비로소 나는 하나님의 자녀가 되었다. 하지만 나는 그리스도를 영접하기 전과 똑같이 죄악된 삶을 계속 살았다. 이것은 가르침과 성경 지식이 없어서였다. 나는 그리스도인으로서 내가 사용할 수 있게 된 능력을 전혀 알지 못했다.

몇 년이 지났다. 전에 몇 번 읽은 적이 있었던 한 성경 구절이 갑자기 생생하게 떠올랐다. "거룩함을 따르라 이것이 없이는 아무도 주를 보지 못하리라"(히 12:14). 이 말씀이 무거운 벽돌처럼 나를 내리쳤다. 나는 '하나님을 보고 싶은데, 그러려면 거룩한 삶을 살아야 한다는 거잖아!'라고 생각했다. 하지만 불행히도 나는 이 말씀을 제대로 이해하지 못했다.

그래서 율법주의자가 되었다. 나는 율법적인 논리로 주변 사람을 판단하기 시작했다. 그들에게 거룩하게 살라고 요구했지만, 나는 그들이 그렇게 살 수 있는 능력을 줄 수가 없었다. 나는 여전히 권능을 주시는 하나님의 능력이 아니라 인간의 힘과 의지로 거룩한 삶을 살려고 했다. 그래서 아내와 친구들, 그리고 나에게 가까이 다가오는 모든 사람을 불편하게 만들었다.

얼마 후, 기도할 때 주님이 내게 이런 말씀을 하셨다. "아들아, 거룩함은 네 육신의 행위가 아니다. 그것은 내 은혜의 산물이다." 바로 그거였다! 내가 그것을 놓쳤던 것이다. 나는 내 삶 속에 하나님이 임재하시며 능력을 주시는 것이 은혜이고, 내 힘으로는 이룰 수 없는 일을 할 수 있게 해 주시는 것이 은혜라는 것을 깨닫게 되었다. 내 힘으로는 이룰 수 없는 일이란 육체나 영혼을 더럽히는 모든 것에서 나 자신을 깨끗하게 하고 완전히 거룩해지는 것이다. 히브리서 저자가 다음과 같이 말하는 이유도 그 때문이다. "은혜를 받자 이로 말미암아 경건함과 두려움으로 하나님을 기쁘시게 섬길지니"(히 12:28).

우리 자신의 능력으로는 자신을 깨끗하게 할 수 없으나, 은혜가 있으면 할 수 있다.

우리가 전국적으로 조사한 것에 의하면, 미국에 사는 그리스도인들 중 무려 98퍼센트가 자신의 힘으로만 경건한 삶을 살려고 애쓴다고 추론할 수 있다! 오직 2퍼센트만이 은혜가 하나님의 능력이라는 사실을 아는 것이다. 우리는 믿음으로 하나님께 은혜를 받는데, 모르는 것은 믿을 수가 없다. 우리에게 능력이 있다는 것을 알아야, 그로부터 유익을 얻을 수 있다.

나 자신의 능력으로는 나를 깨끗하게 할 수 없으나, 은혜가 있으면 할 수 있다.

한번은 아주 좋은 카메라를 산 적이 있었다. 포장을 뜯고 카메라를 꺼내자마자, 예전 카메라로 사진을 찍던 습관대로 사진을 찍기 시작했다. 나는 그냥 초점을 맞추고 원하는 사진을 찍어 댔다.

좋은 카메라를 사고 몇 년이 지난 후, 어느 날 한 친구가 유독 아름다운 야경, 풍경, 동작, 근접 사진을 잘 찍는 이유가 궁금해졌다. 친구에게 물어 본 결과 그 이유를 알아냈다. 그런데 친구의 카메라에 있는 기능이 내 카메라에도 모두 있었다. 나는 사용 설명서를 꺼내 카메라의 모든 기능에 대한 사용법을 익히기 시작했다. 곧 나는 훨씬 더 멋진 사진을 찍을 수 있었다! 내가 가진 것에 대해 잘 몰랐기 때문에 그 혜택을 누리지 못했던 것이다.

이것은 그 불행한 98퍼센트의 사람들도 마찬가지다. 그들은 인생의 매뉴얼, 성경을 보며 은혜가 그들에게 무엇을 주었는지 발견하지 못했다. 그들은 많은 사람이 본을 보이며 가르친 대로 그저 흉내만 냈을 뿐이다. 그들은 자신이 가진 잠재력을 몰랐다. 그래서 스스로를 제한했다.

우리가 자신의 힘으로 성화된 삶을 살려고 할 때 어떤 일이 일어날까? 둘 중 하나다. 엄격한 길을 이야기하지만 마음속으로는 다르게 사는 위선적인 율법주의자가 되거나, 아니면 '내가 죄를 범해도 은혜가 다 덮어 준다'라는 비성경적인 신념을 굳게 붙잡고 계속 안일한 삶을 살아가는 사람이 된다. 그래서 우리는 '예수님처럼 사는 것'을 멋진 목표로 여기지만, 비현실적이라고 생각하는 것이다.

이런 사고방식으로, 일부 신자들과 교사들이 잘못된 교리를 만들어 냈다. '예수 그리스도의 구속은 우리를 하나님의 자녀로 만들어 준다. 하지만 우리는 모두 여전히 죄인이며, 인간성에 매여 있다'라는 것이다. 우리 삶이 구원받지 못한 다른 사람의 삶과 별 다를 바 없다는 것, 그 결과 우리의 불경하고 정욕에 가득 찬 행동이 용서받고 덮어진다고 생각하는 것은 잘못이다. 그것은 우리를 잘못된 평안으로 인도한다.

그러한 생각은 복음이 신약 성경에서 선포하는 바가 아니다. 좋은 소식은 예수님이 우리를 죄의 '형벌'에서 자유롭게 하기 위해 대가를 치르셨을 뿐만 아니라 죄의 '권세'에서 자유롭게 하기 위해서도 똑같이 값을 치르셨다는 것이다! 이것은 바울의 말에서 명백히 나타난다. "죄가 너희를 주장하지 못하리니 이는 너희가 법 아래에 있지 아니하고 은혜 아래에 있음이라"(롬 6:14).

율법은 사람들을 규제할 수 있을 뿐이다. 반면에 은혜는 능력을 부여하여, 우리 자신의 힘으로는 자유로워질 수 없었던 것에서, 즉 죄에서 우리를 자유롭게 해 준다. 그래서 바울은 고린도의 그리스도인들에게 "하나님의 은혜를 헛되이 받지 마라"(고후 6:1)라고 권면하는 것이다.

바울은 서구의 여러 교회에서 가르쳐 온 것과 같은 '은혜를 헛되이 쓰는 것'에 대해 말하는 게 아니다. 그런 은혜는 이런 식이다. "나는 마땅히 살아야 할 삶을 살고 있지 않다. 하지만 나는 구원받았으므로 하나님의 은혜가 덮어 주니까 괜찮다." 많은 경우에 거기서 더 나아가 이렇게 생각하거나 말하기도 한다. "나의 구원은 내 행위에 있지 않고 예수님이 나를 위해 행하신 일에 근거하므로, 나는 하고 싶은 대로 할 수 있다. 나는 은혜로 보호받는다." 그래서 사실상 경건한 삶을 살아야 한다는 확신이 없다. 우리가 이 은혜를 헛되게 만들 수 있을까? 그럴 수 없다. 이런 사고방식은 하나님의 은혜의 목적과 능력을 완전히 와전하는 것이다.

우리가 10년 후에 아프리카의 그 작은 부족을 찾아가 상태를 점검하기로 했다고 하자. 우리는 랜드로버를 선물해 주었던 그 지역을 찾아간다. 그런데 정말 이상하게도 그 차가 똑같은 자리에 주차되어 있다. 차에는 먼지가 가득 쌓여 있고, 주변엔 풀들이 무성하게 자라 있다. 차 문을 열고 계기판을 살펴본 순간, 주행기록계가 10년 전 우리가 그 차를 선물한 그날과 똑같다는 사실을 발견한다. 그때 우리는 서로를 바라보며 "그들은 10년 전에 우리가 준 선물을 헛되게 썼어!"라고 말하지 않겠는가?

마찬가지로, 바울은 우리가 하나님의 놀라운 은혜의 가장 중요한 축복과 유익을 놓치지 않기를 바라며 이렇게 썼다. "하나님의 은혜를 헛되이 받지 마라 …… 거룩함을 온전히 이루어 육과 영의 온갖 더러운 것에서 자신을 깨끗하게 하자"(고후 6:1, 7:1).

인간의 모든 필요를 채우는 은혜의 능력

앞에서 "그의 안에 산다고 하는 자는 그가 행하시는 대로 자기도 행할지니라"(요일 2:6)라는 성경의 명령을 보았다. 앞에서도 말했듯이, 이 구절은 제안이 아니라 명령이다. 하나님은 우리가 예수님처럼 행하기를 기대하신다. 그렇다면 우리는 예수님이라면 어떻게 하셨을까를 물어야 한다.

예수님이 인간의 필요를 채워 주셨다는 사실은 복음서에 분명히 나타나 있다. 예수님은 아픈 사람을 낫게 해 주시고, 속박된 사람들을 구원해 주시고, 적은 음식으로 배고픈 무리들을 먹이시고, 심지어 죽은 자를 살리셨다. 그리고 우리에게 "아버지께서 나를 보내신 것같이 나도 너희를 보내노라"(요 20:21)라고 말씀하셨다.

우리는 하나님의 은혜의 선물을 통해서 예수님이 하신 일을 할 수 있다! 성경은 초대 교회에 대해 이렇게 기록했다. "사도들이 큰 권능으로 주 예수의 부활을 증언하니 무리가 큰 은혜를 받아"(행 4:33).

왜 하나님은 "큰 권능"과 "큰 은혜"를 결부시키시는가? 은혜는 곧 하나님의 능력이기 때문이다!

당신은 이렇게 생각할지도 모른다. '그런데 이건 사도들에 관한 얘기잖아요. 난 사도나 목회자가 아닌데요.' 그렇다면 '평범한' 사람에 대해 이야기해 보겠다. 예루살렘 교회에는 식당이 하나 있었고, 그 식당에서 일하던 사람 중에 스데반이라는 사람이 있었다. 그는 사람들을 위해 식당 봉사를 했다. 하지만 성경은 이렇게 말한다. "스데반이 은혜와 권능이 충만하여 큰 기사와 표적을 민간에 행하니"(행 6:8).

스데반은 어떻게 놀라운 기적을 행할 수 있었을까? 스데반은 하나님의 은혜의 능력으로 기적을 행했다! 그는 예수님이 하신 일을 했을 뿐이다. 거저 받은 은혜의 능력으로 사람들의 필요를 채워 준 것이다.

이와 똑같은 은혜의 선물을 모든 신자가 받을 수 있다. 그것은 당신의 것이고, 또 나의 것이다. 이런 이유로 예수님은 우리에게 "너희는 온 천하에 다니며 만민에게 복음을 전파하라 …… 믿는 자들에게는 이런 표적이 따르리니 …… 병든 사람에게 손을 얹은즉 나으리라"(막 16:15, 17-18)라고 명령하셨다.

예수님은 "사도들에게만 기적을 행할 능력(은혜)이 주어질 것이다"라고 말씀하지 않으셨다. 또 "사도들에게만 하나님의 자녀가 되는 은혜(능력)가 주어질 것이다"라고 말씀하지도 않으셨다. 하나님의 말씀은 분명히 "영접하는 자 곧 그 이름을 믿는 자들에게는 하나님의 자녀가 되는 권세를 주셨으니"(요 1:12)라고 말한다. 우리는 이 말씀을 믿는다.

그런데 똑같은 성경이 "[사도들만이 아니라] 믿는 자들에게는 이런 표적이 따르리니[기적을 행할 능력, 은혜의 선물이 주어질 것이니]" 우리도 예수님처럼 행할 수 있다고 말한다! 하나님의 능력 안에서 우리는 질병, 고통, 사랑하는 사람에게 닥칠 여러 삶의 역경을 다스릴 수 있다.

우리도 예수님처럼 행할 수 있다. 하나님의 능력 안에서 우리는 질병, 고통, 사랑하는 사람에게 닥칠 여러 삶의 역경을 다스릴 수 있다.

지혜를 주는 은혜의 능력

예수님은 놀라운 지혜와 이해, 통찰력, 독창성, 창의성을 가지고 행하셨다. 예수님의 지혜는 최고의 교육을 받은 사람들도 깜짝 놀라게 했다. 그분의 지혜는 어디서 왔는가?

> 아기가 자라며 강하여지고 지혜가 충만하며 하나님의 은혜가 그의 위에 있더라(눅 2:40).

예수님에게 특별한 지혜가 있던 건 바로 은혜 때문이었다.

여기서 좋은 질문이 제기된다. 만일 많은 그리스도인이 배워 온 것처럼 하나님의 은혜가 오직 죄 사함과 천국에 들어가기 위한 것이라면, 왜 예수님께 은혜가 필요했을까? 예수님은 죄를 짓지 않으셨기에 용서받을 필요가 없으셨다.

예수님은 하나님의 아들이시지만 인간으로 태어나 이 세상에 사셨다. 예수님은 하나님으로서의 신적인 특권을 모두 벗어 버리셨다(빌 2:7 참조). 따라서 예수님이 지혜와 이해, 통찰력, 독창성, 창의성을 갖고 행하기 위해선 하나님의 은혜의 능력이 필요했다.

나는 예수님의 지혜와 독창성과 신중함과 창의성을 사랑한다. 그것은 말 그대로 한 여자의 생명을 구했다. 요한복음 8장에 보면 종교적인 열성분자들이 간음한 여자를 잡아 온 이야기가 나온다. 그들은 그 여자를 성전 광장으로 끌고 가 예수님 앞에 패대기쳤다(그녀와 부적절한 관계를 맺은 남자에게는 왜 똑같이 하지 않았는지 그 이유가 궁금하다). 그들은 "모세는 율법에 이러한 여자를 돌로 치라 명하였거니와 선생은 어떻게 말하겠나이까?"라고 물었다.

그런 대립 상황에서는 창의적인 지혜가 필요하다. 예수님은 쪼그리고 앉아 땅에 글씨를 쓰기 시작하셨다(개인적으로는 예수님이 이 지도자들의 숨겨 둔 연인들의 이름을 적고 계셨을 거라고 믿는다. '한나, 라헬, 이사벨……'이라고 적고 계셨을지도 모른다). 지도자들이 질문을 계속 하자, 예수님은 글씨를 쓰시다가 그들을 올려다보며 이렇게 말씀하셨다. "그래, 그러면 너희 중에 죄 없는 자가 먼저 돌로 치라." 그러고 나서 계속 땅에 글씨를 쓰셨다.

이 독실한 체하는 지도자들이 자기들과 불륜관계인 여자들의 이름을 보고 얼굴이 붉게 달아오르는 장면을 상상해 보고 싶다. 이런 이유에서인지, 아니면 예수님이 매우 예리한 최후통첩을 보내셨기 때문인지, 그들은 모두 손에 들었던 돌을 내려놓고 급히 그곳을 떠났다. 성경은 "그들이 이 말씀을 듣고 양심에 가책을 느껴 어른으로 시작하여 젊은이까지 하나씩 하나씩 나가고 오직 예수와 그 가운데 섰던 여자만 남았더라"(요 8:9)라고 말한다.

그때 예수님이 일어나 그 여자에게 물으셨다. "여자여 너를 고발하던 그들이 어디 있느냐 너를 정죄한 자가 없느냐?" 그녀는 자기를 고발하던 자들이 모두 가 버렸다고 말했다. 그러자 예수님은 "나도 너를 정죄하지 아니하노니 가서 다시는 죄를 범하지 마라"라고 하셨다(10-11절 참조).

예수님의 지혜와 창의성이 그녀의 목숨을 구했다. 예수님이 그녀를 정죄하지 않으셨다는 사실에 주목하라. 예수님은 유일하게 죄가 없는 분이셨으므로, 그때 그 말씀에는 자비가 나타난 것이었다. 예수님은 율법을 따라 그녀에게 합당한 심판을 내리지 않으셨다. 다만 "가서 다시는 죄를 범하지 마라"라고 말씀하셨다. 여기서 은혜가 나타난다.

은혜는 우리가 받을 자격이 없는 것을 주는 것이고, 자비는 우리가 마땅히 받아야 할 것을 주지 않는 것이다. 하나님의 자비는 그녀를 정죄하지 않았고, 하나님의 은혜는 그녀가 간음이라는 치명적인 덫에 다시 빠지지 않도록 능력을 주었다.

또 다른 상황에서, 예수님은 갈릴리 바닷가 근처에 계셨다. 그날은 그곳 어부들에게는 최악의 날이었다. 하루 종일 고기를 한 마리도 잡지 못한 것이다. 만일 당신이 대형 상점을 운영하는데 종일 물건을 하나도 팔지 못했다면 심정이 어떻겠는가? 그날은 가히 당신의 최악의 날이라고 해도 될 것이다. 하지만 예수님의 창의적인 지혜의 한마디가 그날을 그들 일생 중 가장 성공적인 날로 바꾸어 놓았다! 예수님은 어부가 아니었다. 그분은 목수셨다. 하지만 그분에게는 은혜가 있었다! 정말로 큰 지혜와 능력이 있었다!

예수님의 통찰력은 놀라웠다. 사탄이 유다를 통해 그의 사악함을 드러내기 전에, 이미 예수님은 자신의 제자 중 한 사람에게 마귀가 역사하고 있다는 걸 아셨다. 또 나다나엘을 만나기 전에 그가 거짓 없는 사람이라는 것을 아셨다.

사회를 변화시키는 은혜의 능력

예수님의 삶에 임한 하나님의 은혜는 예수님이 속한 사회를 변화시킬 수 있는 능력을 주었다. 예수님은 가나의 혼인잔치에 가셨다. 혼인예식은 작은 행사가 아니었다. 온 마을 사람이 참여하는 잔치였다. 그런데 포도주가 일찍 바닥이 나는 바람에 잔치의 흥이 깨질 위기였다. 그럴 경우 이 양가 가족들이 앞으로 몇 년 동안 느낄 수치심을 상상할 수 있겠는가? 하지만 예수님에게 있는 하나님의 은혜로 인해 그 혼인잔치는 완전히 새로운 차원의 훌륭한 잔치가 되었다.

또한 예수님은 구조적인 악에 기생하여 기득권을 누리던 지도자를 만나셨다. 예수님에게 있는 하나님의 은혜를 만남으로 삭개오는 그 사회를 좀 더 살기 좋은 곳으로 만들겠다고 맹세했다. 사람들은 더 이상 그 세리에게 사기를 당하지 않았을 것이다.

뿐만 아니라 삭개오는 "내 소유의 절반을 가난한 자들에게 주겠습니다"라고 큰소리로 외쳤다. 삭개오로 인해 복지의 혜택에서 소외된 사람들도 살 길을 찾았을 것이다! 그리고 그것이 끝이 아니었다. 삭개오는 자기가 속여서 빼앗은 것을 4배로 갚겠다고 맹세했고, 그럼으로써 그 지역의 경제를 활성화시켰다(눅 19:1-8 참조).

예수님에게 있는 하나님의 은혜 덕분에 정부에서 더 이상 부양할 필요가 없어진 모든 장애인을 생각해 보라. 그뿐만 아니라 이 사람들은 그 사회에서 생산적인 시민들이 되었다. 우리는 복음서에 기록된 내용, 그 이상을 짐작해 볼 수 있다. 요한은 예수님이 3년간 공적인 사역을 하시는 동안 행하신 은혜의 기적을 책에 모두 기록할 수 없다고 말했다.

예수님이 "나를 믿는 자는 내가 하는 일을 그도 할 것이요 또한 그보다 큰일도 하리니"(요 14:12)라고 약속하신 것을 명심하라. 어떻게 그런 일이 가능할 수 있을까? 하나님이 거저 주시는 과분한 은혜의 선물을 통해서다. 예수님이 하나님의 은혜의 선물을 통해 세상을 바꾸셨던 것처럼, 우리도 사회를 바꾸어야 한다!

＊

어두운 세상 권세자들은 우리가 이 지식을 얻지 못하게 하는 것을 주된 목표로 삼아 왔다. 우리가 사용할 수 있는 놀라운 능력에 대해 무지한 이상, 원수는 우리가 멋진 교회 건물을 세우거나, 책을 출판하거나, 사람들이 많이 모이는 큰 집회를 열거나, 텔레비전이나 위성 방송에 나오는 것을 두려워하지 않는다.

어둠의 세력이 두려워하는 것은 그리스도인들이 자기 안에 있는 능력을 발견하고, 그 능력으로 예수님처럼 담대하고 창의적으로 세상을 변화시키는 것이다. 원수는 우리가 이 생명 안에서 왕 노릇 하는 것을 두려워한다.

1517년 10월 31일, 마르틴 루터는 독일 비텐베르크에 있는 올세인츠 교회 문 앞에 95개조 반박문을 게시했다. 루터의 행위는 종교개혁에 불을 붙였다. 그 후로 교회는 달라졌다. 그것은 한 사람을 통한 성령의 역사였다. 그의 논제들을 요약하자면, 의인은 믿음으로 살리라는 것이다. 루터는 끊임없이 사람들을 속박했던 기존 교회의 면죄부에 반대했다.

우리는 낡은 나무문이 아니라 그리스도인들의 가슴에 반박문을 붙이고 있다. 우리의 메시지는 이것이다. "은혜는 단순히 하나님이 우리 죄를 덮어 주시는 것만이 아니다. 하나님의 은혜는 하늘의 권위와 능력을 나타내서 주변 세상을 변화시킴으로써 이 세상에서 왕 노릇 할 수 있는 능력을 부여해 준다."

4

현재의 안일한 상태를
깨고 나오라

은혜와 의의 선물을 넘치게 받는 자들은
한 분 예수 그리스도를 통하여 생명 안에서
왕 노릇 하리로다(롬 5:17).

로마서 5장 17절은 너무나 엄청난 이야기라 현실로 받아들이기가 힘들다. 그 메시지는 정말 놀랍다. 많은 사람이 그 메시지를 간과해 온 이유가 아마 이 때문일 것이다.

예수님을 삶의 주인으로 영접한 우리 각 사람은 모든 삶의 영역을 다스려야 한다. 하나님의 은혜를 거저 받은 사람은 이 세상에서 맞닥뜨릴 수 있는 모든 역경을 이길 권능을 부여받는다. 이 땅에서의 삶이 우리를 다스리면 안 된다. 우리가 삶을 다스려야 한다. 예수님이 사회를 변화시키셨던 것처럼 하나님의 은혜의 능력을 통해 우리도 사회를 변화시켜야 한다. 이것이 우리의 사명이다.

영이 특별한 사람이 되자

하나님의 은혜로 생명 안에서 왕 노릇 한다는 것이 무슨 뜻인지 좀 더 살펴보자. 우리는 현 상태를 깨고 나와야 한다. 삶을 더 이상 매일 오전 9시부터 오후 6시까지 일하고, 월급을 받고, 은퇴하고, 그러다 죽어서 결국 하늘나라에 가는 것으로 여기지 말라는 뜻이다. 이는 얼마나 애처로운 인생관인가! 우리는 훨씬 더 많은 것을 위해 창조되었다!

하나님이 우리에게 머리가 되고 꼬리가 되지 말며 위에만 있고 아래에 있지 말라고 하셨다는 것을 알고, 세상에 선한 영향력을 행사하는 사람들이 되자(신 28:13 참조). 우리는 삶 속에서 불리한 상황을 딛고 일어서야 할 뿐만 아니라, 하나님과 언약을 맺지 않은 사람들보다 뛰어나야 한다. 무지한 세상 한가운데서 지도력을 발휘해야 한다. 우리는 사회의 모든 면에서 추종자가 아닌 지도자가 되어야 한다.

만일 당신이 교사라면, 은혜의 선물을 통해 항상 다른 교육자들이 생각하지 못한 새롭고 독창적이고 혁신적인 교육방법을 고안해 내야 한다. 기준을 높게 잡고 다른 사람이 경탄할 만큼 당신의 학생들을 감화시키라. 동료 교사들은 자기들끼리 "저 선생님은 저런 훌륭한 생각을 대체 어디서 얻는 거지?"라고 궁금해할 수밖에 없을 것이다.

만일 당신이 의학 분야에 있다면, 은혜의 선물로 질병을 치료하는 새롭고 더 효율적인 방법들을 생각해 낼 것이다. 동료들은 머리를 긁적이며 "저런 혁신적인 생각을 어디서 얻는 걸까?"라고 감탄할 것이다.

만일 당신이 디자이너라면, 하나님의 은혜의 선물을 통해 참신하고 독창적인 디자인을 구상해 낼 것이다. 당신이 트렌드를 정하면 사람들이 따라올 것이다. 당신의 작품을 보고 사람들이 당신을 찾을 것이며, 유행을 창조하는 사람으로 알려질 것이다.

당신이 정치 분야에 있다면, 은혜의 선물을 통해 다른 사람들이 해결할 수 없다고 여겼던 사회적 문제들을 해결하는 지혜를 나타낼 것이다. 당신이 선도하여 법을 만들고, 동기들보다 더 빨리 당선되거나 승진될 것이다. 당신의 신중함과 독창성에, 다른 정치인들은 "저 사람은 그 모든 지혜와 훌륭한 아이디어들을 어디서 얻는 걸까?"라고 궁금해할 것이다.

만일 당신이 법의 집행 분야에 있다면, 당신 삶에 임한 은혜의 선물로 인해 다른 사람들이 모두 힘들어했던 상황을 평화롭게 해결할 것이다. 예수님이 나귀를 어디서 찾아야 할지 아셨던 것처럼, 당신은 범죄자들을 어디서 찾아야 할지 알 것이다. 사건 해결에 필요한 증거들을 다른 형사들보다 더 빨리 찾아낼 것이다. 당신의 통찰력이 얼마나 예리한지, 같은 분야에 있는 사람들은 당신을 인정하게 될 것이다.

당신이 사업가라면, 하나님의 은혜의 선물을 통해 시대를 앞서가는 독창적인 상품들과 영업 기법들을 개발해 낼 것이다. 당신은 무엇이 수

익이 되고 무엇이 안 되는지 감지해 낸다. 언제 사야 하고 언제 팔아야 하는지 잘 안다. 다른 사업가들은 머리를 긁적이며 당신이 그렇게 잘나가는 이유를 알아내려 할 것이다.

이것은 고상하고 비현실적인 예들이 아니다. 우리에게 주어진 권한의 모델들이다. 우리는 사회의 각기 다른 분야로 부르심을 받지만, 어느 삶의 영역에서든 탁월한 지도력과 책임감을 나타내야 한다.

언제 어디서든 그리스도인들이 관여하면 창의성, 생산성, 평온함, 세심함, 독창성이 넘쳐야 한다. 우리 삶 속에 있는 하나님의 놀라운 은혜를 통해, 우리 자신이 어두운 세상 가운데 빛이 되어야 한다.

하나님의 은혜로 능력을 부여받은 우리는 삶의 모든 영역에서 두각을 나타내야 한다. 다니엘에 대한 말씀을 주의 깊게 읽어 보자.

> 다니엘은 마음이 민첩하여 총리들과 고관들 위에 뛰어나므로(distinguished himself) 왕이 그를 세워 전국을 다스리게 하고자 한지라(단 6:3).

이것은 놀라운 말씀이다. 다니엘은 뛰어났다. "하나님이 다니엘을 뛰어나게 하셨다(구별하셨다)"라고 표현하지 않은 것에 주목하라.

유진 피터슨의 메시지 성경에서는 다니엘이 "다른 사람들을 완전히 압도하는" 지도자였다고 표현한다. 어떻게 그럴 수 있었을까? 하나님과 연결되어 있었기 때문에 다니엘에게는 특출한 재능이 있었다. 다니엘은 창조주 하나님과 친밀하고 지속적인 관계를 유지하며 훈련을 받았다. 오늘날 하나님과 언약을 맺은 모든 사람이 그러해야 한다.

NASB는 "다니엘이 특별한 영을 갖고 있었기 때문에 두각을 나타내기 시작했다"라고 표현한다. 여기서 "특별한"이라는 단어는 '표준을 넘어서는, 공동의 기준을 초과하는'이라는 뜻이다.

성경에 의하면 다니엘의 마음이나 몸이 특별했던 게 아니라 그의 영이 특별했다. 영이 특별하면, 마음과 몸, 창의성, 독창성, 지혜, 지식 등 삶의 모든 면이 따라오게 되어 있다. 우리 삶을 만들어 가는 것은 바로 우리의 영이다. 우리에게 은혜가 주어졌다는 것을 진정으로 안다면, "믿는 자에게는 능히 하지 못할 일이 없"(막 9:23)기 때문에 우리에게 한계가 없다는 것을 알 것이다. 전능하신 하나님과 맺은 언약 때문에 다니엘은 자기가 환경을 다스려야 한다는 사실을 알았다.

> 다니엘은 영이 특별했다. 영이 특별하면 마음과 몸, 창의성, 독창성, 지혜, 지식, 삶의 모든 면이 다 따라온다. 우리 삶을 만들어 가는 것은 바로 우리의 영이다.

좀 더 구체적으로 생각해 보자. 다니엘과 그의 세 친구들은 이스라엘이라는 그들의 작은 나라에서 쫓겨나 세상에서 가장 강력한 나라로 보내졌다. 바벨론의 힘과 영광에 비하면 미국은 아무것도 아니다. 바벨론은 그 당시 알려진 모든 세상을 지배했다! 그들은 경제적, 정치적, 군사적, 사회적, 과학적, 지식적으로 최고였다.

하지만 "왕이 그들에게 여러 가지 지혜와 지식에 관한 문제를 물어 보고, 그들[다니엘, 하나냐, 미사엘, 아사랴]의 지혜와 판단력이 전국에 있는 어떤 마술사나 주술가보다도 열 배는 뛰어나다는 것을 알게 되었"(단 1:20, 쉬운성경)다는 말씀을 볼 수 있다. 다른 번역본을 보면, 이 네 사람이 열 배 더 탁월하고, 열 배 더 지혜롭고, 열 배 더 이해력이 뛰어났다고 말한다. 그들은 바벨론의 지혜로운 사람들이 생각하지도 못한 아이디어들을 제안하고 시행했다. 그리고 그 아이디어들은 효과가 있었다.

이것을 마음에 새기고, 예수님의 말씀을 읽어 보라. "여자가 낳은 자

중에 요한보다 큰 자가 없도다"(눅 7:28). 이것은 세례 요한이 다니엘보다 더 위대했다는 뜻이다. 그들이 한 일로 두 사람을 비교하려 하지 말라. 왜냐하면 요한은 목회 영역에서 일했고, 다니엘은 시민 정부 영역에서 일했기 때문이다. 하지만 예수님은 분명히 요한을 "더 큰 자"라고 소개하셨고, 계속해서 "그러나 하나님의 나라에서는 극히 작은 자라도 그보다 크니라"(눅 7:28)라고 말씀하셨다.

하나님나라에서 가장 작은 자가 다니엘이나 요한보다 더 큰 이유는 무엇일까? 다니엘이나 요한이 활동하던 때는 예수님이 인류를 해방시키기 위해 십자가를 지기 전이었다. 그래서 요한에게는 거듭난 영이 없었다. 요한은 아직 그리스도의 몸의 일부가 아니었던 것이다. 요한에 대해서는 "예수님께서 그러하심과 같이 세례 요한도 이 세상에서 그러하니라"라고 말할 수가 없었다. 하지만 이 모든 말씀이 오늘날 우리에게는 적용된다. 그렇기 때문에 하나님나라에서 가장 작은 자도 요한보다 크다.

예수님이 부활하신 이후로 이 세상에 약 20억 명의 그리스도인들이 살다 간 것으로 추정된다. 가능성이 희박하긴 하지만, 만일 당신이 20억 명 중에 "가장 작은 자"라 하더라도 세례 요한보다 큰 자다! 또한 그것은 당신이 다니엘보다 큰 자라는 뜻도 된다! 그러므로 우리는 이런 질문을 하게 된다. 우리는 정말 뛰어난가?

당신은 함께 일하는 사람들, 예수 그리스도를 통해 하나님과 언약관계를 맺지 않은 사람들보다 열 배 더 영리하고, 착하고, 지혜롭고, 직관적이고, 창의적이고, 혁신적인가? 함께 일하는 사람보다 열 배 더 인내심이 강하고, 사랑 많고, 절제하고, 친절하고, 대접을 잘하고, 긍휼함이 많고, 관대한 것은 말할 것도 없다.

그렇지 않다면, 그 이유가 무엇인가? 왜 거듭난 그리스도인들이 세상 사람보다 열 배 더 능숙하지 못한 것일까? 정말 우리 중에는 우리의 타고난 능력을 초월하여 생명 안에서 왕 노릇 하고 다니엘처럼 뛰어날 수 있다는 사실을 아는 사람이 2퍼센트밖에 안 되는 것일까? (물론 우리는 교회에서 약한 자의 짐을 지라는 명령을 받았다. 하지만 성경은 그들이 평생 약한 상태로 있을 거라고 말하지 않는다. 그들도 자신들의 영향력이 미치는 범위 안에서 뛰어난 사람이 되는 비전을 받아야 한다.)

예수님은 우리가 "세상의 빛"(마 5:14)이라고 말씀하신다.[1] 세상의 빛이 되는 것이 무엇인지 깊이 생각해 본 적이 있는가? 불행히도 많은 사람이 '빛'이 되는 것을 상냥하게 행동하고, 어딜 가든 성경책을 가지고 다니고, 요한복음 3장 16절을 자주 인용하는 것으로 생각한다.

하지만 만일 다니엘의 목표가 바벨론 관청에 취직하고, 사람들을 잘 대해 주며, 동료들에게 "바벨론의 지도자 여러분, 시편 23편에 보면 '여호와는 나의 목자시니 내게 부족함이 없으리로다'라고 말합니다"라고 말하는 것이었다면 어땠을까?

다니엘이 점심시간에 기도를 하기 위해 사무실을 나갈 때마다 총독과 관원들이 서로 뭐라고 말했을까? 아마 이런 식으로 말했을 것이다. "저 광신도가 사무실에 없으니 좋군. 오후 내내 기도하면 좋겠어. 정말 이상한 사람이라니까."

왜 그들은 다니엘이 기도하지 못하도록 법으로 정했을까?(단 6:6-8 참조) 다니엘이 그들보다 열 배 더 똑똑하고 지혜로우며, 더 혁신적이고, 창의적이었기 때문이다. 그들은 이것을 도저히 이해할 수가 없었다. 그들이 자기들끼리 불평하는 모습을 상상해 보자. "정말 이해가 안 갑니다. 우린 세상에서 가장 뛰어난 교사들과 과학자들과 지도자들에게 훈련을 받은 사람들이잖아요. 그는 보잘것없는 작은 나라 출신이고 말입니다. 그런데 어떻게 그가 우리보다 더 탁월할 수가 있습니까? 이게 다 기도 때문인 게 틀림없어요. 그는 하루에 세 번씩 자기 하나님께 기도하잖아요! 더 이상 그가 우리보다 빛나지 못하도록 법을 제정합시다!"

다니엘이 어두운 문화 속에서 빛을 발했던 것은 그가 특별한 사람이었기 때문이다. 그와 동시대의 사람들은 다니엘을 시샘했다. 하지만 왕을 비롯한 많은 사람이 다니엘의 능력 안에서 살아 계신 하나님의 증거를 보았을 것이다. 다니엘의 탁월함은 사람들의 마음을 끌었고, 지도자들도 다니엘의 하나님을 공경하게 만들었다.

이제 빛과 관련하여 예수님이 우리에게 하시는 말씀을 들어 보자. "이같이 너희 빛이 사람 앞에 비치게 하여 그들로 너희 착한 행실을 보고 하늘에 계신 너희 아버지께 영광을 돌리게 하라"(마 5:16). 예수님은 명확하게 우리 행실이 비신자들에게 두드러지게 나타나야 한다고 말씀하신다. 그런데 우리는 어째서 그것을 단지 사람들을 친절하게 대하고 성경 구절을 인용하는 것으로 축소시키는가?

우리 시대에도 이런 일은 일어나고 있다. 내 친구 벤은 세계에서 가장 큰 자동차 회사의 부회장이었다. 벤이 하루는 저녁식사를 하면서 나에게 이야기하기를, 자기가 부회장이 되기 전에 주요 경쟁사의 최고 엔지니어링 팀에서 일했다고 말했다. "존, 나는 다니엘서에서 다니엘과 세 친구들이 동료들보다 열 배 더 뛰어났다는 내용을 읽었다네. 그래서 이렇게 기도했지. '하나님, 다니엘과 그의 친구들이 동료들보다 열 배 더 뛰어났고 그들이 옛 언약 아래 있었다면, 은혜의 새 언약 아래 있는 저는 제 동료들보다 적어도 열 배 이상 뛰어나야 합니다.'"

벤은 계속해서 이야기했다. "이 회사에선 해마다 수석디자인팀의 각 직원에 대해 비용 절감과 생산성 분석을 했어." 즉 이 연구를 통해 각 팀원의 아이디어, 독창성, 생산성을 평가했던 것이다. "팀 전체에서 두 번째로 우수한 직원이 그 해에 3천5백만 달러의 비용 절감 효과와 생산성을 발휘한 것으로 나타났어. 내 실적은 어땠는지 알아?"

나는 그의 대답을 기대하며 물었다. "어땠는데?"

"내 비용 절감 효과와 생산성은 무려 3억5천만 달러였어. 두 번째 우수사원보다 열 배 더 뛰어났지." 이 이야기는 벤이 어떻게 미국에서 가장 큰 회사의 고위 간부가 되었는지를 분명하게 설명해 주었다.

큰 그릇을 준비하라

왜 우리는 하나님의 말씀에 쓰여 있는 것을 믿지 않을까? 우리와 하나님의 언약은 이와 같다. "우리 가운데서 역사하시는 능력[은혜]대로 우리가 구하거나 생각하는 모든 것에 더 넘치도록 능히 하실 이에게"(엡 3:20). 주기적으로 하늘에서 내려오는 능력이 아니고, 특별한 사역의 은사를 갖고 있는 사람을 발견함으로써 오는 능력도 아니다. 바로 "우리 가운데서 역사하시는 능력"을 따라서다. 이 구절의 뒷부분을 특별히 주목하자. 하나님은 능히 하실 수 있다.

세계의 특정 지역에 심한 기근이 닥쳤다고 상상해 보자. 그래서 지구 다른 쪽에 있는 매우 자비로운 나라에서 어려움을 당한 지역에 자기네 군사들을 보내 주고, 또 바지선과 화물수송기에 신선한 채소와 과일과 곡식, 고기, 깨끗한 물을 가득 실어 보내 준다.

그 군대의 장군이 시민들에게 이렇게 말한다. "여러분이 가져가실 수 있을 만큼 양식을 드리겠습니다." 첫 번째 남자가 소풍 바구니를 들고 나와 이틀 동안 두 사람이 먹을 양식을 담아 갔다. 그 다음 사람은 커다란 자루를 들고 와서 자기 가족이 5일 동안 먹을 양식을 가져갔다. 하지만 그 다음 사람은 커다란 트럭을 몰고 와서 자기 가족과 몇몇 굶주린 이웃들이 한 달 동안 먹을 만큼의 양식을 넉넉하게 실어갔다.

소풍 바구니를 가져왔던 사람이 1톤이 넘는 양식을 싣고 자기 집 앞을 지나가는 트럭을 보았다. 그 순간 그의 표정은 "혼란스럽다"라는 말로는 다 표현이 안 되었다. 그는 격분했다! 이웃 사람들에게, 또 자기 이야기를 들어 주는 모든 사람에게 불평을 늘어놓았고, 급기야 그의 불평은 장군의 귀에까지 들어갔다. 그 장군은 그 사람을 불러놓고 물었다. "이것 보세요, 우리는 분명히 당신이 가져갈 수 있을 만큼 양식을 줄 수 있다고 말했습니다. 그런데 왜 그렇게 작은 바구니를 가져온 겁니까? 왜 트럭을 몰고 오지 않았어요?"

하나님의 은혜에 관하여, 그리스도인의 그릇은 무엇인가? 에베소서 3장 20절 말씀에 의하면, 그것은 우리가 "구하거나 생각할" 수 있는 것이다. 그런데 하나님은 이렇게 말씀하신다. "너희 안에 있는 나의 은혜(능력)는 네가 어느 그릇을 가져오더라도 넘치도록 채워 줄 수 있다!" 다시 말해서, 우리의 그릇이 우리가 그 무한한 공급을 얼마나 누릴 것인가를 결정하는 것이다.

나는 하나님이 우리에게 이렇게 물으신다고 믿는다. "너는 왜 근근이 먹고 사는 것만 걱정하느냐? 왜 겨우 너와 네 가족만 생각하느냐? 왜 내가 네 안에 둔 잠재력을 모두 발휘하지 않고, 다니엘처럼 네 주변의 모든 사람에게 중요한 영향을 미치지 않느냐?"

바울이 "믿는 우리 안에, 또 우리를 위해 베푸신 하나님의 능력이 헤아릴 수 없고 무한하고 지극히 크다는 것을"(엡 1:19, AMP) 우리가 알고 깨닫기를 간절히 기도하는 이유가 이것이다.

바울이 선택한 단어들을 유심히 살펴보자. 헤아릴 수 없고, 무한하고, 지극히 크다. 당신의 삶을 위한 하나님의 능력에 대해, 각각의 단어들은 당신에게 어떤 의미가 있는가? 바울은 하나님이 그날 기분이 좋으시면 선택된 사역자로부터 주기적으로 받을 수 있는 능력이라고 말하지 않고 "우리 안에 있는 능력"이라고 말한다. 또한 그것은 우리가 이 생명 안에서 왕 노릇 할 수 있도록 권능을 부여하는 '우리를 위한 능력'이다. 그것은 우리가 남보다 뛰어나서, 다른 사람이 예수 그리스도의 부활 능력의 증거를 볼 수 있게 하는 능력이다!

우리는 이제 이렇게 질문해 보아야 한다. 지금 우리는 예수님이 치르신 그 비싼 대가보다 못한 삶을 살고 있는가? 솔직하게 말하면 그렇다고 대답해야 할 것이다. 스스로 평범함을 자처한 결과 하나님나라를 위해 세상에 영향을 미칠 수 있는 잠재력을 충분히 발휘하지 못하고 있다.

우리가 신실하지 못한 세상의 길에 그토록 자주 굴복하게 되는 이유는 무엇일까? 예를 들어, 불경기가 오면 왜 우리 그리스도인들은 다른 사람들과 똑같이 두려워하며 불안해하는가? 때때로 이런 모습을 보면, 빌립보서 4장 19절 말씀을 우리가 다시 써야 할 것만 같다. "나의 하나님이 월스트리트와 은행 시스템과 경제 상황이 어떤지에 따라 너희 모든 쓸 것을 채우시리라." 가장 최근의 세계적 불황기에 많은 사람이 그렇게 행동하지 않았는가?

하지만 하나님의 말씀에서 찾아낸 진리에 의하면, 힘든 시기에 우리는 보통 때보다 더 밝은 빛을 나타내야 한다! 불황기에도 세상에서 자원이 없어지는 것은 아니다. 아이디어를 못 내는 것도 아니고, 창의성이 메마르는 것도 아니고, 혁신과 노력이 사라지는 것도 아니다. 그런 어두운 시기에 하나님의 백성은 앞으로 나아가야 한다. 우리 안에 있는 하나님의 능력이 사람들에게 가장 큰 도움이 될 수백억짜리 아이디어들을 낼 것이다.

경기침체는 정상적인 경제적 수로가 막혀서 새롭고 창의적인 수로와 참신한 아이디어들이 필요하다는 뜻이다. 그리고 우리는 이런 수로와 아이디어들을 생각해 내는 사람들이 되어야 한다. 우리의 창조적인 능력의 근원은 결코 마르지 않기 때문이다!

만일 우리가 가르치는 것이 은혜가 우리 죄를 용서해 주고 천국에 들어가게 해 준다는 것뿐이라면, 우리는 이 세상에서 빛으로 나타나지 않을 것이다. 우리가 끈질긴 믿음의 싸움을 요구하지 않는 쉽고 간편한 메시지를 전하려 할 때 하나님은 틀림없이 한탄하시며 이렇게 말씀하실 것이다. "어디, 네 지혜로 한번 망신당해 봐라."

왜 우리는 하나님의 약속과 조건을 단순히 믿지 않을까? 왜 우리 삶이 하나님의 진리에 직면할 때 나타나는 철저한 변화를 추구하기보다 하나님의 지혜를 우리 삶에 맞추려고 할까?

내가 학교에서 제일 못한 과목 중 하나가 영어였다. 특히 창의적인 글쓰기가 문제였다. 작문과 관련된 과제가 주어질 때면 두려움에 몸이 떨릴 정도였다. 보통 한두 쪽 작문하는 데 서너 시간이 걸렸다.

어떻게 시작할지 고민하면서 한참 동안 빈 종이만 바라보며 앉아 있었다. 결국은 한 문장을 쓰고 뚫어지게 쳐다보다가, 정말 아니라는 생각이 들면 종이를 던져 버렸다. 그 다음엔 두 문장을 쓰고, 이번에도 마음에 안 들면 또 던져 버렸다. 이렇게 계속하다가 종이와 시간만 낭비하기 일쑤였다. 한 시간 또는 그 이상이 지나고 나면, 그래도 그럴 듯해 보이는 한두 단락이 완성되었다.

내 기준으로는 과제를 훌륭하게 했다고 생각했지만 점수는 형편없었다. 때로는 영어 선생님들이 다음 해에도 나를 보기가 지겨워서 낙제시키지 않았나 하는 생각이 들기도 했다.

그래서 1991년에 하나님이 기도 중에 나에게 "아들아, 나는 네가 글을 쓰길 바란다"라고 말씀하셨을 때 하나님이 크게 착각하신 거라고 생각했다. '지구상에 하나님의 자녀들이 그렇게 많으니, 나와 다른 사람을 혼동하실 수도 있겠다'라는 어리석은 생각마저 들었다.

부끄러운 말이지만, 하나님이 명하신 일이 너무나 터무니없게 느껴져서 나는 아무것도 하지 않았다. 그 당시에 나는 지금까지 우리가 이야기한 내용, 즉 우리에게 능력을 주는 놀라운 하나님의 은혜를 알지 못했다.

그로부터 열 달이 지난 후, 2주 간격으로 서로 다른 주에 사는 두 여성이 나에게 다가왔다. 한 사람은 텍사스, 또 한 사람은 플로리다에서 왔다. 두 사람은 나에게 똑같은 말을 했다. "존, 하나님이 당신에게 주시는 메시지를 글로 쓰지 않으면, 하나님이 그것을 다른 사람에게 맡기실 것이고 당신은 불순종에 대한 심판을 받을 것입니다."

두 번째 여성으로부터 2주 전에 들었던 것과 같은 경고를 들으니, 두려움이 밀려왔다. '순종해야겠구나. 글을 쓰는 게 낫겠어!' 하지만 정말로 나는 하나님이 큰 실수를 하고 계신다고 생각했다. 나는 책 한 권은 말할 것도 없고, 열 페이지도 쓰기 힘든 사람이었다! 자포자기하는 심정으로 노트 한 쪽에 하나님과의 계약서를 작성했다. "저에게 은혜가 필요합니다. 당신의 능력 없이는 이 일을 할 수 없습니다"라고 적었다. 그리고 계약서에 서명을 하고 날짜를 적었다.

시간이 좀 지난 뒤, 글을 쓰려고 앉았다. 나는 개요도 잡지 못했다. 구성을 어떻게 해야 할지, 구체적으로 어떤 순서로 진행해야 할지 백지 상태였기 때문이다. 그저 일반적인 주제에 대한 생각만 있었다. 그런데 전에 생각해 본 적도 없고, 가르친 적도 없고, 다른 사람이 가르치는 걸 들어 본 적도 없는 생각들이 갑자기 떠올랐다. 나는 그것을 적고 또 적었다. 마침내 책 한 권 분량의 원고가 만들어졌다. 그 후 나는 두 번째 책을 썼고, 또 세 번째 책을 썼다. 그래서 지금까지 15권의 책을 썼고, 총 수백만 부가 팔렸으며 전 세계에 60개 이상의 언어로 출판되었다. 또한 그 중 몇 권은 베스트셀러가 되었다.

나의 '타고난' 능력을 생각할 때, 이 공을 내가 차지할 수 없는 이유는 분명했다. 그것은 오로지 하나님의 은혜였다!

유럽의 어느 하키 경기장에서 8천 명 넘는 사람들에게 말씀을 전한 적이 있다. 그들 중 다수는 기독교 지도자들이었는데, 내가 쓴 책을 읽어 본 사람이 얼마나 되는지 물어 보았다. 그러자 놀랍게도 거의 모든 사람이 손을 들었다. 동유럽에서 열린 국제 컨퍼런스에서는 사회자가 60여 개 나라에서 온 6천 명의 지도자들에게 자기 나라 언어로 출판된 내 책을 한 권이라도 읽어 본 사람은 손을 들라고 했다. 그때 약 90퍼센트가 손을 드는 것을 보고 깜짝 놀랐다.

또 이란의 출판사로부터는 이런 말을 들었다(이 글을 쓸 당시 내가 쓴 책 중 7권이 이란의 공식 언어인 페르시아어로 번역되었다). "당신은 이란에서 기독교 베스트셀러 저자 중 한 사람입니다." 계속해서 그런 보고가 들린다. 하지만 나의 요점은 그 모든 것이 은혜라는 것이다!

나의 꿈 한 가지를 이야기하자면, 고등학교 때 영어 선생님들을 찾아가서 내가 하나님의 은혜로 쓴 15권의 책들을 보여 드리는 것이다. 그래서 그들이 기절하는 것을 본 다음, 정신을 차리면 그리스도께로 인도하는 게 내 꿈이다. 그 결과물로 인해 우리 주 예수 그리스도의 놀라운 은혜가 분명히 입증될 것이다!

이런 이유로 바울은 "내가 나 된 것은 하나님의 은혜로 된 것이니"(고전 15:10)라고 담대히 주장했다. 내 말을 잘 들으라. 당신이 지금의 당신이 된 것은 그렇게 태어났기 때문이거나, 자라온 과정 때문이거나, 당신의 성별이나, 교육받은 곳 때문이 아니다. 당신이 지금의 당신이 된 것은 하나님의 은혜로 된 것이다!

또한 젊을 때 나는 대중 설교를 정말 못했다. 아내와 결혼한 후 처음으로 아내가 내 설교를 듣고는 10분 만에 잠이 들어 버릴 정도였다. 아내의 친한 친구 에이미가 옆에 앉아 있었는데, 그녀도 깊이 잠이 들어서 떡 벌어진 입에서 침이 흘러내리는 것이 보였다! 둘 다 내가 설교하는 내내 잠들어 있었다.

2년 후, 아내는 내가 1984년에 설교하는 장면을 촬영한 비디오테이프를 발견했다. 아내가 테이프를 틀자 마자 몇 초도 안 돼서 내가 소리쳤다. "여보, 그거 당장 없애!" 그러자 아내는 비디오테이프를 꼭 붙잡고 두 손으로 가슴에 끌어당기며 참을 수 없는 웃음을 터뜨렸다. "안 돼요. 이건 협박용 자료로 남겨 둘 거예요!"

오늘날 내가 전 세계를 다니며 큰 경기장에서 5천 명, 만 명, 2만 명 앞에서 설교를 하게 된 것은 순전히 하나님의 은혜다. 사람들은 나에게 "목사님도 설교하기 전에 긴장하세요?"라고 묻는다.

"아니오, 전혀요"라고 나는 대답한다.

그들은 대체로 나의 대답에 당황하며 "어떻게 그 많은 사람 앞에 서는 데 긴장이 안 될 수가 있어요?"라고 묻는다.

그러면 나는 웃으며 말한다. "제가 얼마나 형편없는 사람인지 잘 알거든요. 은혜가 나타나지 않으면 우리 모두 큰 곤경에 빠질 겁니다." 지금 나는 하나님의 은혜에 대해 안다. 하나님 은혜는 언제나 우리를 실망시키지 않는다는 것을 안다.

이것이 바로 바울이 "너희를 부르심을 보라 육체를 따라 지혜로운 자가 많지 아니하며 능한 자가 많지 아니하며 문벌 좋은 자가 많지 아니하도다"(고전 1:26)라고 말하는 이유다. 왜 그런가? 지혜롭고, 강하고, 학벌 좋은 사람들은 은혜를 의지하는 대신 자신의 능력을 의지하기 때문이다.

바울은 일찍이 지혜롭고 문벌 좋은 사람이었다. "사실 육체적으로 보면 나 스스로를 믿을 수도 있습니다. 이 세상 어느 누구보다도 인간적인 조건을 더욱 많이 갖춘 사람이 바로 나입니다"(쉬운성경)라고 빌립보서 3장 4절에서 고백했다. 하지만 바울은 은혜를 의지하기로 했다. "그때는 이 모든 것[지혜, 힘, 문벌]이 내게 너무나 소중하고 가치 있는 것들이었습니다. 그러나 예수 그리스도를 만난 이후, 그 모든 것이 아무 쓸모없는 것임을 알았습니다"(빌 3:7, 쉬운성경).

왜 이런 인간적인 자질을 쓸모없는 것이라고 했을까? 바울은 "그리스도와 그 부활의 권능을 알고자"(빌 3:10) 자신의 타고난 능력보다 거저 얻은 부활의 은혜 안에서 행하기 원했다. 이것은 바울이 노력하지 않았다는 의미가 아니다. 그는 인정받기 위해 부지런히 공부했으며, 모든 지혜와 영적인 깨달음 안에서 하나님의 뜻에 대한 지식이 충만해지도록 열심히 기도했다. 바울은 우리 모두에게 본이 될 만큼 열심히 노력했다. 하지만 하나님의 은혜로 그의 인간적인 노력이 거룩한 능력을 부여받게 될 것을 믿었다.

당신이 학생이라면 열심히 공부해야 한다. 하지만 항상 당신 자신의 지식으로는 생각할 수 없고 성취할 수 없는 일을 하나님의 은혜로 이루어 낼 수 있다는 것을 믿어야 한다. 당신이 프로 운동선수라면, 열심히 연습을 해야 한다. 하지만 당신과 같은 분야에 있는 비신자들보다 훨씬 뛰어나려면 반드시 하나님의 은혜를 확신해야 한다.

1장에서 우리의 사랑하는 창조주 하나님이 우리가 태어나기도 전에 우리 각 사람의 전기를 쓰셨다는 사실을 언급했다. 기억나는가? 우리는 다윗의 찬양의 글을 보았다. "내 형질이 이루어지기 전에 주의 눈이 보셨으며 나를 위하여 정한 날이 하루도 되기 전에 주의 책에 다 기록이 되었나이다"(시 139:16).

당신의 전기에 대해 말해 보자. 당신 자신의 힘으로는 하나님이 쓰신 전기를 완성할 수 없다. 당신은 그 일을 할 수 없다. 만일 하나님이 당신의 전기를 당신의 힘으로 완성할 수 있도록 만드셨다면, 그 영광을 당신과 함께 나누셔야 할 것이다. 그런데 하나님은 그렇게 하지 않으신다!

하나님은 분명히 "나는 내 영광을 다른 자에게 주지 아니하리라"(사 42:8)라고 말씀하신다. 따라서 하나님은 일부러 당신의 전기를 쓰실 때 당신의 타고난 능력으로는 이룰 수 없도록 쓰셔서 하나님의 은혜에 의존할 수밖에 없게 만드신다. 이렇게 함으로써 하나님이 모든 영광을 받으신다!

내가 쓴 책에 관해 사람들에게 이야기하는 것이 바로 그것이다. 책의 저자인 내가 누구보다 잘 안다. 그 책들은 나 자신의 능력으로 만들어진 것이 아니다. 나는 나 자신의 능력이 아니라 하나님의 은혜로 지금의 내가 되었다는 것을 잘 안다. 그것은 거저 받은 하나님의 선물이다.

오직 믿음으로 은혜에 들어간다

공짜 선물! 내가 말하는 이 능력은 하나님의 은혜이므로, 당신 자신의 노력으로 받을 수 있는 게 아니다. 바울이 확증하듯이, 은혜는 오직 믿음으로 받는 것이다.

> 너희는 그 은혜에 의하여 믿음으로 말미암아 구원을 받았으니 이것
> 은 너희에게서 난 것이 아니요 하나님의 선물이라 행위에서 난 것이 아
> 니니 이는 누구든지 자랑하지 못하게 함이라(엡 2:8-9).

바울은 로마의 그리스도인들에게는 이렇게 썼다.

> 우리가 믿음으로 서 있는 이 은혜에 들어감을 얻었으며(롬 5:2).

우리가 하나님의 은혜에 들어갈 수 있게 해 주는 것은 무엇인가? 열심
히 일하는 것, 선한 삶을 사는 것, 하루에 두 시간씩 기도하는 것, 한 달에
두 번씩 금식하는 것? 그 어떤 인간적인 노력도 아니다. 우리는 오직 믿음
으로 이 은혜에 들어간다!

그러면 단순하게 믿기만 하면 되지 않는가? 이런 식으로 생각해 보
자. 만일 당신의 우물이 마른다면 문제가 생긴다. 깨끗한 물이 없으면 당
신과 당신의 가족은 며칠 안에 죽을 것이다. 하지만 조금만 가면 도시에
깨끗한 물 수백만 리터가 가득한 거대한 급수탑이 있다. 그리고 그 탑에
서 나오는 주요 관 중 하나가 당신의 집 앞을 지나간다. 그러면 당신은
어떻게 하겠는가? 시청에 가서 허가를 받을 것이다. 그 다음에 철물점에
가서 관을 사 가지고 와서 앞마당을 지나가는 그 주요관을 집의 배관에
연결할 것이다. 이제 당신은 깨끗한 물 수백만 리터를 얻을 수 있다.

간단히 말해서, 믿음은 은혜의 관이다. 따라서 우리는 로마서 5장 2절
말씀을 이렇게 읽을 수 있다. "우리는 믿음의 관을 통해 우리에게 필요한

은혜의 물을 얻을 수 있게 되었다." 간단하다. 능력을 주는 은혜를 누릴 수 있는 유일한 길은 믿음을 통하는 것이다. 히브리서 저자가 다음과 같이 말하는 것도 그 때문이다. "그들과 같이 우리도 복음 전함을 받은 자이나 들은 바 그 말씀이 그들에게 유익하지 못한 것은 듣는 자가 믿음과 결부시키지 아니함이라"(히 4:2).

그가 말하는 사람들은 아브라함의 후손들, 즉 하나님의 약속을 받은 후사들이었다. 비유적으로 말해서, 하늘나라의 모든 능력과 양식이 바로 그들의 집 또는 천막을 지나갔다. 하지만 그들은 하나님이 거저 공급해 주시는 것으로부터 유익을 얻지 못했다. '믿음의 관'을 연결하여 하나님의 말씀에 약속된 것을 받아들이지 않았기 때문이다.

하나님의 말씀이 하나님의 능력을 주는 은혜에 대해 뭐라고 말하는지를 우리 그리스도인들이 모른다면, 어떻게 우리가 믿을 수 있겠는가? 바울은 그것을 이런 식으로 표현한다. "듣지도 못한 이를 어찌 믿으리요 전파하는 자가 없이 어찌 들으리요"(롬 10:14). 우리는 모르는 것을 믿을 수 없다. 이 은혜에 들어갈 관이 없다면, 하나님의 말씀의 약속은 우리에게 아무 유익을 주지 못할 것이다.

틀림없이 이것은 하나님의 마음을 아프게 하는 일이다. 예수님은 우리가 다니엘과 세례 요한보다 더 훌륭한 일을 할 수 있도록, 즉 주님의 풍성한 생명의 산 본보기가 되게 하시려고 엄청난 대가를 치루셨다. 하지만 우리는 그 메시지를 지나치게 단순화하여 죄 사함과 화재보험 정도로 받아들였다. 정말 중요하고 놀라운 선물인데, 우리는 하나님의 은혜의 능력을 지금의 삶에 적용하고 주장하지 못했다. 따라서 우리는 이 어두운 세상에서 하나님의 일을 하지 못하고, 끈질기게 하나님의 영광을 위해 살지 못하는 것이다.

예수님을 따르는 자들은 결국 이렇게 소리쳤다. "우리가 어떻게 하여야 하나님의 일을 하오리이까?"(요 6:28) 그들은 좌절했다. 자신들도 하나님의 능력으로 곤경에 처한 인류를 돕고 싶었다. 예수님은 그런 그들에게 자신의 본을 따르라고 하셨다. 그러자 그들은 몹시 흥분해서 이렇게 소리쳤다. "우리가 어떻게 당신이 하시는 일을 합니까?"

그때 예수님의 대답은 단순했다. "믿어라"(요 6:29).

바로 그것이다. 믿음! 하나님의 "은혜의 말씀"을 단순하게 믿으면 그 은혜에 동참할 수 있다. 이처럼 바울은 "지금 내가 여러분을 주와 및 그 은혜의 말씀에 부탁하노니 그 말씀이 여러분을 능히 든든히 세우사 거룩하게 하심을 입은 모든 자 가운데 기업이 있게 하시리라"(행 20:32)라는 말로 에베소 교인들에게 용기를 북돋워줄 수 있었다.

바울은 사랑하는 자들과 작별을 고하고 있었다. 바울은 이것이 이 세상에서 그들의 마지막 대화가 되리라는 것을 알았다. 당신이 사랑하는 사람들에게 마지막 말을 담긴다면, 단어 하나하나를 매우 신경 써서 고를 것이다. 바울은 그들을 하나님과 "그 은혜의 말씀"에 부탁했다.

오늘날 많은 선한 그리스도인들이 다음과 같이 좋은 말을 하는 것을 들을 수 있다. "당신은 하나님을 신뢰해야 해요"라든가 "하나님을 가까이 하세요"라고 말이다. 이런 충고는 사람들을 올바른 방향으로 인도하지만, 그것으론 충분치 않다. 바울은 자신의 동료 신자들을 하나님과 "그 은혜의 말씀"에 부탁했다. 하나님의 은혜는 우리를 세워 주며 우리에게 "기업"을 준다. 당신의 기업은 무엇인가? 그 기업이란 당신이 태어나기 전에 하나님이 당신에 대해 써 놓으신 전기다.

우리의 은혜에 대한 가르침이 불완전하기 때문에, 너무나 많은 그리스도인이 충분히 기도하고 금식하거나, 봉사를 열심히 하거나, 거룩한 삶을 살아야만 하나님의 놀라운 능력을 받을 수 있다고 생각하는 것이다. 이런 불완전한 시각의 문제는 '충분히'가 얼마만큼인지 모른다는 데 있다. 이 때문에 바울은 갈라디아 교회 교인들에게 이렇게 맞선다.

> 대답해 보십시오. 하나님께서 여러분에게 자신의 임재, 곧 성령을 아낌없이 주셔서 여러분 스스로는 결코 할 수 없는 일을 하게 하신 것이, 여러분의 부단한 도덕적 열심 때문입니까, 아니면 여러분 안에서 그 모든 일을 행하시는 그분을 믿어서입니까?(갈 3:5, 메시지)

"부단한 도덕적 열심"은 하나님과의 관계에 아무 도움도 되지 않는다. 그것은 오로지 우리 자신의 힘과 노력에 관한 것이기 때문이다. 이 장의 교훈은 이것이다. 즉 하나님이 능력을 주시는 값없는 은혜에 들어가는 데 있어 결정적인 요소는 오로지 당신이 믿고, 의지하고, 믿음으로 하나님의 은혜를 사용하는 것이다.

그것은 당신이 처음 구원받을 때와 다를 바 없다. 바울이 그것을 어떻게 표현하는지 보라.

> 여러분에게 한 가지 묻겠습니다. 여러분의 새 삶이 어떻게 시작되었습니까? 하나님을 기쁘시게 해 드리기 위해 죽도록 노력함으로써 시작되었습니까? 아니면 당신에게 주신 하나님의 메시지에 응답함으로써 시작되었습니까?(갈 3:2, 메시지)

우리가 처음에 단지 믿고 응답함으로써 은혜로 구원을 받은 것처럼, 이제는 계속해서 은혜로 말미암아 우리의 영향력이 미치는 범위 안에서 놀라운 일들을 해 내야 한다.

이제 3장에서 했던 질문으로 돌아가 보자. 당신은 끈질기게 믿고 추구할 힘과 능력이 있는가? 우리는 치와와인가 회색 곰인가?

앞에서 살펴본 성경 본문들을 깊이 묵상해 본 후, 나와 함께 기쁨과 확신을 가지고 우리는 회색 곰 같은 사람들이라고 단언하기를 바란다. 이 확신을 마음에 잘 간직한 채, 계속해서 끈질긴 삶이 어떤 것인지 알아보도록 하자.

Part 2

끈질기게
싸우기로 결단하라

의를 위해
고난을 받으라

은혜와 의의 선물을 넘치게 받는 자들은
한 분 예수 그리스도를 통하여 생명 안에서
왕 노릇 하리로다(롬 5:17).

내가 로마서 5장 17절 말씀을 자주 언급하는 건, 그 구절이 요한복음 3장 16절처럼 당신 존재의 일부가 되는 것이 내 바람이기 때문이다. 이 책을 읽으면서 당신이 생명의 영역을 통치하는 것이 하나님의 뜻이라는 것을 깊이 깨닫고, 잠자는 중에도 이 말씀을 읊조리게 되기를 기도한다. 이런 확고한 믿음은 끝까지 강건함을 유지하며 '승리자'이자 끈질긴 그리스도인으로 남기 위한 전제조건이다.

은혜에 의지하는 사람을 기뻐하신다

왜 모든 그리스도인이 왕 노릇 하며 살지 못하는 걸까? 왜 대다수의 신자들이 사실상 삶을 다스리기보다 삶의 지배를 받는 걸까?

우리는 첫 번째로 가장 명백한 답을 이야기했다. 2009년에 실시한 전국적인 조사에 의하면, 미국 그리스도인들의 98퍼센트는 하나님의 은혜가 하나님의 능력을 부여받는 것임을 모른다는 사실이 드러났다. 안타깝지만, 이 통계가 서구 세계의 전반적인 교회 모습을 나타낸다고 본다. 하나님이 은혜를 통해 초자연적인 능력을 공급해 주신다는 사실을 모르기 때문에 많은 신자가 하나님의 뜻대로 살지 못하고 있다. 그들은 성능 좋은 랜드로버를 소유하고도 그것의 운송 기능을 모르는 아프리카 부족과 다를 바 없다. 그들은 무거운 짐을 등에 지고 먼 길을 걸어 다닌다.

대부분의 그리스도인들이 삶을 다스리지 못하는 두 번째 이유는 이 책의 나머지 부분에서 중점적으로 다루려고 한다. 먼저 예수님이 니고데모에게 하신 말씀을 살펴보겠다. 니고데모는 유대인 지도자였는데 몰래 예수님을 찾아와 질문했다. 예수님이 그에게 처음 하신 말씀은 "진실로 진실로 네게 이르노니 사람이 거듭나지 아니하면 하나님의 나라를 볼 수 없느니라"(요 3:3)였다.

예수님은 하나님나라를 보는 것에 대해 말씀하시는데, 니고데모에게 하신 그 다음 말씀에는 상당히 다른 점이 나타난다. "진실로 진실로 네게 이르노니 사람이 물과 성령으로 나지 아니하면 하나님의 나라에 들어갈 수 없느니라"(요 3:5).

왜 예수님은 강조점을 하나님나라를 '보는 것'에서(3절) '들어가는 것'(5절)으로 바꾸셨을까? 이런 궁금증이 들 때는 원어를 살펴보는 것이 이해하는 데 도움이 된다.

예수님이 하나님나라에 대해 말씀하실 땐 '하나님의 통치'를 말씀하시는 것이다. 복음서에서 "하나님나라"를 말할 때 가장 자주 사용되는 헬라어가 "바실레이아 투 데오스"(basileia tou Theos)다. "데오스"는 하나님을 나타내며, "바실레이아"는 '왕권, 지배, 통치'로 정의된다. "바실레이아"는 '기본' 또는 '기초'를 뜻하는 헬라어 단어에서 유래했다. 일부 학자들은 "바실레이아 투 데오스"를 가장 잘 번역한 것이 "하나님 제국의 통치" 또는 "하나님의 영역"이라고 믿는다. 나는 "제국의"(imperial)라는 단어가 마음에 든다. 그 단어의 뜻 가운데 하나가 '최고로 강력한'이기 때문이다.

주기도문에서 예수님은 우리에게 "하늘에 계신 우리 아버지여 이름이 거룩히 여김을 받으시오며 나라가 임하시오며 뜻이 하늘에서 이루어진 것 같이 땅에서도 이루어지이다"(마 6:9-10)라고 기도하라고 하신다. 즉 예수님은 문자 그대로 "하늘에 계신 우리 아버지, 당신은 전능하신 하나님이십니다. 아버지의 최고로 강한 통치가 임하게 하시고 뜻이 하늘에서 이루어진 것같이 땅에서도 이루어지게 하소서"라고 말씀하셨다. 하지만 대부분의 사람들이 이 말씀을 듣고 먼 미래의 일로 생각하기 때문에 문제가 생기는 것이다. 사실 하나님나라는 이미 왔는데도 말이다!

이사야가 예언한 대로 물리적으로는 아직 오지 않았다. 그때는 예수님이 영원히 통치하시며 사탄의 영향력이 사라질 것이기 때문이다. 그러나 영적으로는 하나님나라가 이미 왔다. 그것은 우리 안에, 하나님의 언약 백성들 안에 있다. 예수님이 "하나님의 나라는 볼 수 있게 임하는 것이 아니요 또 여기 있다 저기 있다고도 못하리니 하나님의 나라는 너희 안에 있느니라"(눅 17:20-21)라고 말씀하신 것처럼 말이다.

예수님이 갈보리에서 이루신 역사로 인해, 지금 하나님나라는 그리스도를 따르는 모든 사람 안에 있다. 우리가 있는 곳에, 또 우리가 가는 곳마다 그 나라의 통치와 영역을 알려야 한다. 우리는 예수 그리스도를 통해 우리에게 주어진 하나님 은혜의 강력한 선물로 인해 생명 안에서 왕 노릇 해야 한다.

예수님이 "하나님나라"라는 문구를 사용하신 다른 성경 구절들을 찾아서 그 자리에 "하나님의 최고로 강력한 통치"라는 말을 대신 넣어 보라. 예를 들면, 마태복음 12장 28절에 나오는 예수님의 가르침은 이렇게 된다. "내가 하나님의 성령을 힘입어 귀신을 쫓아내는 것이면 하나님의 최고로 강력한 통치가 이미 너희에게 임하였느니라." 예수님이 말씀하시는 하나님의 성령은 삼위일체 중 성령님, 우리가 가진 하나님의 은혜(능력)를 집행하시는 분이다. 그분은 신약 성경에서 "은혜의 성령"으로 불리신다(히 10:29 참조).

다시 예수님의 말씀을 보자. "낙타가 바늘귀로 들어가는 것이 부자가 하나님의 최고로 강력한 통치에 들어가는 것보다 쉬우니라"(마 19:24).

부자는 "성공할 수 있는 충분한 자격과 능력이 내 안에 있다"라고 말하는 사람이다. 부자는 자신의 지적 능력, 경제력, 육체적인 힘, 재치, 관계, 자원을 가지고 완전히 자급자족할 수 있다고 믿는다. 하지만 예수님은 그 연막을 꿰뚫어보신다. "너희 가난한 자는 복이 있나니 하나님의 최고로 강력한 통치가 너희 것임이요"(눅 6:20)라고 말씀하신다.

예수님은 경제적으로 가난한 자를 말씀하시는 것이 아니다. 하나님의 은혜에 의존하는 자들을 축복하시는 것이다. 예수님은 하나님의 성령이 자신에게 임한 것은 가난한 자들에게 복음을 전하려 함이라고 말씀하셨다. 하지만 여러 차례 예수님은 의도적으로 방문한 지역에서 경제적으로 가장 부유한 사람들을 만나 보살피셨다. 낙타가 바늘귀로 들어가는 것에 대해 말씀하셨을 땐 마침 부자 청년 관원을 만나신 후였다. 그는 하나님 대신 자신의 부를 의지하기로 했던 사람이다.

예수님이 하나님나라에 대해 하신 또 다른 말씀을 살펴보자. "하나님의 최고로 강력한 통치의 비밀을 너희에게는 주었으나 외인에게는 모든 것을 비유로 하나니"(막 4:11). 우리가 하나님의 은혜를 통해 얻을 수 있는 권위와 능력은 참으로 신비로운 것이다. 성령님만이 계시해 주실 수 있는 감춰진 진리다.

"하나님이 자기를 사랑하는 자들을 위하여 예비하신 모든 것은 눈으로 보지 못하고 귀로 듣지 못하고 사람의 마음으로 생각하지도 못하였다 함과 같으니라 오직 하나님이 성령으로 이것을 우리에게 보이셨으니"(고전 2:9-10). 우리가 하나님의 은혜로 생명 안에서 왕 노릇 할 수 있다는 사실은 성령이 신약 성경을 쓴 사도들을 통해 우리에게 계시해 주시기 전까지 감춰진 사실이었다. 지금 우리가 해야 할 일은 믿는 것뿐이다.

여기 하나님나라에 관한 예수님의 또 다른 주장이 있다. "내가 진실로 너희에게 이르노니 여기 서 있는 사람 중에는 죽기 전에 하나님의 최고로 강력한 통치가 권능으로 임하는 것을 볼 자들도 있느니라"(막 9:1). 메시아가 직접 하신 이 말씀을 듣고, 하나님나라가 임하는 것이 미래의 일만이 아니라 지금 여기서 이루어지는 일이라는 믿음이 더 확고해져야만 한다. 오순절날 은혜의 성령님이 오시고, 예수님을 따르는 사람들 안에 하나님의 최고로 강력한 통치가 임했다. 마찬가지로 예수님은 지혜롭게 대답한 서기관에게 "네가 하나님의 최고로 강력한 통치에서 멀지 않도다"(막 12:34)라고 말씀하셨다.

지금까지 이야기한 예에서 볼 수 있듯이, 헬라어의 의미를 살려서 읽으면 하나님나라가 훨씬 더 강하고 적절한 의미를 갖게 된다.

하지만 우리는 하나님의 최고로 강력한 통치의 매우 중요한 특징 한 가지를 기억해야 한다. 하나님이 그분의 통치권을 우리에게 위임하셨다는 것이다! "하늘은 여호와의 하늘이라도 땅은 사람에게 주셨도다"(시 115:16). 인자이신 예수님은 아담이 박탈당한 것을 다시 찾으셨다. 그리고 "하늘과 땅의 모든 권세[모든 통치의 능력]를 내게 주셨으니"(마 28:18, AMP)라고 선언하셨다.

하지만 우리 주이시고 왕이신 그리스도는 더 이상 이 세상에 계시지 않는다. 그래서 그리스도의 몸인 당신과 내가 하나님의 최고로 강력한 통치를 실행해야 한다. 우리가 통치하지 않으면, 이 세상 세력이 우리를 지배할 것이다. 그것은 하나님의 계획이 아니다! 우리는 하나님의 은혜로, 그리스도를 통해 생명 안에서 왕 노릇 할 권능을 부여받았다!

'보는 삶'에서 '들어가는 삶'으로

이제 예수님이 니고데모에게 하신 말씀을 좀 더 살펴보자. 처음에 예수님이 "진실로 진실로 네게 이르노니 사람이 거듭나지 아니하면 하나님의 나라를 볼 수 없느니라"(요 3:3)라고 말씀하신 것을 기억할 것이다. 그리고 잠시 후, 예수님은 "진실로 진실로 네게 이르노니 사람이 물과 성령으로 나지 아니하면 하나님의 나라에 들어갈 수 없느니라"(요 3:5)라고 말씀하셨다. 헬라어를 통해 하나님나라에 대한 통찰을 얻은 지금, 우리는 예수님이 하나님나라를 '보는 것'과 그 나라에 '들어가는 것'을 대조적으로 구별하신 이유를 더 잘 이해할 수 있다. 만일 우리가 하나님나라를 천국 같은 물리적인 장소로 여긴다면, 3절 말씀은 거듭난다고 해서 천국에 들어갈 수 있는 게 아니라 오직 천국을 볼 수 있을 뿐이라는 의미일 것이다. 물론 이것은 사실이 아니다. 예수님이 하나님의 최고로 강력한 통치에 대해 말씀하신다는 것을 이해할 때, 이 구절은 완전히 다른 의미를 갖게 되며 훨씬 더 이해하기가 쉬워진다.

3절에서 '보다'라는 뜻으로 쓰인 헬라어 단어는 "에이도"(eido)다. 그것의 주된 의미는 '보다, 지각하다, 인식하다, 알고 있다'다. 예수님은 거듭나는 사람은 모두 하나님의 최고 강력한 통치, 하나님나라를 보고, 지각하고, 인식하고, 알 수 있다고 말씀하신다.

그 다음 말씀에서 예수님은 "보다"(eido)라는 단어를 더 이상 사용하지 않으신다. 하나님의 통치에 관하여 "들어가다"라는 단어를 사용하신다. '들어가다'라는 뜻의 헬라어 단어는 "에이세르코마이"(eiserchomai)다. 주된 뜻은 '일어나 들어가다'다. 따라서 이 두 구절에서 예수님은 하나님의 최고 강력한 통치를 '아는 것'에서 '일어나 들어가는 것'으로 옮겨 가신다. 차이점을 알겠는가?

예를 들어, 내가 어느 곳에 가려고 비행기를 탈 때는 그 비행기가 중력을 거스르고 높이 올라가 나를 목적지까지 데려다줄 수 있다는 사실을 잘 안다. 승객으로서 나는 비행기 여행의 유익을 알고 경험할 수 있다.

그러다 한 친구 덕분에 비행기 조종 수업을 받을 기회가 생긴다. 몇 가지 초보 훈련을 받은 뒤, 싱글 엔진 비행기에 타서 강사에게 무엇을 해야 하는지에 대해 설명을 듣는다. 머지않아 나는 막중한 책임을 떠맡고 비행기를 조종한다. 그것은 거의 꿈 같은 경험이다. 첫 비행에서 가장 많이 떠오르는 생각 중 하나는 이제 어디든지 내가 원하는 대로 비행기를 몰고 갈 수 있다는 것이다. 정해진 길은 없다. 대신 내가 길과 노선을 만드는 것이다. 처음에 나는 비행기가 할 수 있는 일을 알고 승객으로서 비행기 여행의 유익을 경험했고, 이제는 조종사가 되어 어디든 가고 싶은 대로 비행기를 조종할 수 있게 됐다. 비행의 자유 속으로 들어간 것이다.

예수님의 말씀은 두 종류의 신자들이 있음을 나타낸다. 우리는 첫 번째 그룹을 비행기에 탄 승객들, 즉 비행의 유익을 알고, 깨닫고, 경험하는 사람들에 비유할 수 있다.

그 다음엔 조종사로서 직접 일어나 조종석에 들어가는 사람들이 있다. 그들은 비행기를 조종하며, 어디로 갈지, 속도와 고도를 어떻게 할지 결정하는 사람들이다. 승객들은 비행기로부터 유익을 얻을 수는 있지만, 비행기 조종하는 법을 아는 사람들이 이끄는 대로 갈 수밖에 없다.

하나님나라를 보는 것과 들어가는 것의 중요한 차이를 더 설명하자면, 섬에 갇혀 오도 가도 못하는 소그룹의 사람들을 상상해 보자. 그곳은 사람을 잡아먹는 맹수들과 독사, 거미, 전갈이 가득한 위험한 섬이다. 또 이 섬에는 사람을 잡아먹는 원시 부족까지 있다. 우리 소그룹은 굉장히 위험한 상황에 처했다. 좋은 소식은 그 섬에 간이 활주로와 완전히 가동할 수 있는 제트기가 한 대 있다는 것이다. 연료가 꽉 찬 제트기가 활주로에 세워져 있다. 그것은 우리를 쉽게 안전한 곳으로 데려다줄 수 있다.

하지만 큰 문제가 하나 있다. 바로 그 그룹에 비행기를 조종할 줄 아는 사람이 아무도 없다는 것이다! 우리는 모두 승객 경험은 있었지만, 비행기 조종 능력을 갖추지는 못했다. 아무리 그 비행기가 우리에게 안전하고 자유로운 곳으로 날아갈 수 있는 힘을 주어도, 제트기를 조종해 섬을 빠져나가는 것은 물론이고 시동 거는 법조차 몰랐기 때문에 그렇게 할 수 없었다.

이 시나리오는 단지 하나님의 최고로 강력한 통치를 보거나 경험한 신자들과 일어나 하나님의 최고 강력한 통치에 들어간 신자의 차이점을 보여 준다. 굉장히 큰 차이다. 당신은 어떤 신자가 되고 싶은가?

이제 표면에 떠오르는 논리적인 질문은 하나님의 자녀가 어떻게 통치권을 '보는' 데서 '들어가게' 되느냐는 것이다. 다시 말해서, 어떻게 하면 영적인 승객에서 영적인 조종사가 될 수 있을까? 사도 바울은 우리를 위해 이 문제를 다룬다.

성령의 명령을 받은 바울과 바나바는 그들의 교회를 떠나 첫 번째 전도 여행을 시작했다(행 13:1-4 참조). 먼 길을 떠나 아시아의 여러 도시를 돌아다닌 후, 다시 집으로 돌아오는 긴 여행길에서 그들이 새 교회를 세웠던 몇 개 도시를 다시 방문했다. 물론 그 당시에는 여행을 다니는 것이 지금보다 더 힘든 일이었다.

지금 나는 비행기를 타고 세계 어느 도시든 24시간 안에 쉽게 갈 수 있다. 어떤 나라를 떠나면서, '여행이 너무 힘드니, 이 세상에서 내가 이 사람들을 다시 볼 날이 또 올지 모르겠다'라는 생각을 하지는 않는다. 하지만 바울 시대에는 이런 생각이 자주 들었을 것이다. 이 교회들을 떠날 때 바울은 사랑하는 성도들을 나중에 하늘나라에서 다시 만날 때까지 못 볼 확률이 크다는 것을 알았다. 따라서 우리는 바울이 이 신자들에게 이야기할 때 단어 하나하나를 신중하게 선택하는 모습을 상상해 볼 수 있다. 또한 바울이 그들에게 남긴 말은 어떻게 하면 우리가 통치권을 '보는'

데서 그치지 않고 '들어갈' 수 있는지를 다루고 있다.

> 루스드라와 이고니온과 안디옥으로 돌아가서 제자들의 마음을 굳게
> 하여 이 믿음에 머물러 있으라 권하고 또 우리가 하나님의 나라에 들어
> 가려면 많은 환난을 겪어야 할 것이라 하고(행 14:21-22).

바울이 이 세 도시에 남긴 것은 교회 성장 컨퍼런스 자료나 리더십 훈련 심포지엄이 아니었다. 그가 남긴 것은 젊은 신자들이 끈질기게 살며 끝까지 소명을 완수할 수 있도록 힘을 주는 말씀이었다. 바울의 목표는 그들이 통치권에 들어가도록 준비시키는 것이었다.

바울의 말은 오늘날 우리에게도 적용된다. 그 말씀을 우리 마음과 영혼 속에 잘 새겨 두어야 한다. "하나님의 최고로 강력한 통치에 들어가려면 많은 환난을 겪어야 할 것이다."

이제부터 잘 들으라. 이것은 우울한 이야기가 아니라 희망과 믿음의 메시지다. 이런 식으로 생각해 보자. 환난은 일어난다! 그것은 피할 수 없다. 예수님은 그를 따르는 사람들에게는 환난이 피할 수 없는 현실이라는 것을 분명히 말씀하신다. "세상에서는 너희가 환난을 당하나 담대하라 내가 세상을 이기었노라"(요 16:33)라고 우리에게 확신을 주신다.

예수님이 세상을 이기셨다. 이것은 이 세상이 우리에게 무슨 공격을 해도 이길 수 있는 권한과 능력이 당신과 나에게 주어졌다는 뜻이다. 우리는 예수님의 몸이다. 즉 우리는 이 땅에서 그리스도다. 우리는 그리스도 안에서 세상을 이겼다!

"환난"이라는 단어는 '어려움 또는 크게 곤란한 상황'이라는 뜻이다. 헬라어 단어는 "들립시스"(thlipsis)다. 「성경 용어 백과사전」에서는 "들립

시스"를 이렇게 정의한다. "외적 또는 내적인 압력에 의해 일어날 수 있는 엄청난 감정적, 영적인 압박. 신약 성경에 이 단어가 사용된 경우, 55번 중 53번은 비유적으로 쓰였다." 그 압력은 원수, 불리한 환경, 잘못된 결정, 또는 사라진 열정에서 올 수 있다.

제임스 스트롱은 "들립시스"를 "압력(문자 그대로 또는 비유적으로) : 고통, 괴로움, 부담, 박해, 시련, 어려움"으로 정의한다. 바인은 그것을 단순하게 "영혼 또는 영에 부담을 지우는 것"으로 정의한다.

"환난", 즉 "들립시스"에 대해 내가 내린 가장 간단한 정의는 바로 "사막"이다. TEV 성경은 사도행전 14장 22절을 이와 같이 번역한다. "우리가 하나님나라에 들어가려면 많은 어려움을 겪어야 한다."

가령 당신이 온 나라를 정복한 위대한 왕을 모시고 있다고 상상해 보자. 왕은 수도로 들어가 철권통치로 그 땅을 지배하던 짐승 같은 군주를 타도했다. 물러난 군주는 백성들을 잔인하게 대했고, 거짓 선전으로 그들의 사고를 오염시키며, 모든 선하고 고상한 것에 반대하게 하고, 당신이 섬기는 공정하고 고상한 왕의 의로운 행위를 혐오하고 무시하도록 선동했다.

선한 왕은 그의 신하들을 그 땅으로 들여보내, 적군의 점령지와 아직 손상되지 않은 기지를 모두 차지함으로써 그의 승리를 확실하게 하라고 명령한다. 그 땅 도처에는 여전히 요새와 성을 차지하고 있는 군주들이 있다. 그들은 계속해서 예전의 악한 왕의 업적들을 선전한다. 그 결과 아직도 많은 사람이 악한 군주의 지배 아래 있다. 전체적인 전쟁에서 이겼어도, 그 승리를 확실히 하기 위해 해야 할 일이 아직 많이 남아 있다.

당신은 적군의 기지에서 성을 정복하는 과정 중에 있다. 중간에 많은 위험이 있지만, 당신은 그 위험에 맞서 이겨 내고 적군이 점령한 땅에 들어가야 한다. 당신의 적들은 당신이 이 땅을 차지하지 못하게 하려고 많은 덫을 놓아두었다. 당신은 이런 환난들과 하나하나 싸워 나가야 한다. 그리고 그 성에 다다르면 가장 힘든 시험에 직면한다. 바로 원수의 요새를 무너뜨리는 일이다. 좋은 소식은, 당신이 적군의 덫과 진영들을 패배시킬수록 전쟁에 더 능숙하고 노련해진다는 것이다. 이 요새를 차지하면 당신이 이 지역을 다스리게 될 것이다. 그뿐만 아니라 당신은 숙련되고 믿을 만한 전사가 되어, 당신의 왕을 위해 점령한 지역을 계속 통치하는 데 큰 도움이 될 것이다.

이 이야기에 나오는 좋은 왕은 주 예수님을 나타낸다. 예수님은 충성스러운 군사인 우리에게, 가서 여전히 이 세상을 뒤흔드는 어둠의 세력들에 대한 주님의 승리를 확고히 하라고 명령하셨다. 우리가 계속 나아갈 때 여러 가지 고난을 만나 싸우게 될 것이다. 하지만 우리는 결국 원수의 술책과 방식과 선전에 포로로 잡혀 있는 사람들을 해방시켜 줄 것이다.

당신과 나는 그 통치권에 들어가기 위해 여러 가지 환난을 통과해야 한다. 하지만 예수님의 말씀대로, 그분이 세상을 이기셨으므로 우리는 기뻐할 수 있다. 하나님의 은혜를 통해 우리는 세상이 우리에게 던지는 모든 도전을 받아들일 힘과 권세를 받았다.

또한 하나님의 은혜의 능력을 가지고 있을 뿐만 아니라, 그리스도를 구세주로 믿는 우리는 하나님의 은혜 안에서 매우 특별한 지위를 가지고 있다. 바울이 로마의 그리스도인들에게 했던 말을 기쁜 마음으로 읽어 보라.

성령이 친히 우리의 영과 더불어 우리가 하나님의 자녀인 것을 증언하시나니 자녀이면 또한 상속자 곧 하나님의 상속자요 그리스도와 함께 한 상속자니 우리가 그와 함께 영광을 받기 위하여 고난도 함께 받아야 할 것이니라 생각하건대 현재의 고난은 장차 우리에게 나타날 영광과 비교할 수 없도다(롬 8:16-18).

신자인 우리는 하나님의 상속자들이다! 우리는 하나님의 상속자요 예수 그리스도와 함께한 상속자다. "상속자"라는 단어는 '소유자 또는 기업 무를 자'를 뜻하는 헬라어 "클레로노모스"(kleronomos)에서 왔다. 강조점은 상속자의 소유권에 있다. 내 사전에서는 상속자를 '선조의 유산을 물려받아 계속 이어가는 사람'으로 정의한다. 부차적인 정의도 있다. '다른 사람의 지위를 법적으로 부여받은 사람'이다. 와, 이것이 이해가 가는가? 하나님이 그가 이루시고 소유하신 모든 것을 우리에게 물려 주셨다! 우리는 하나님이 소유하신 모든 것을 소유하고 있다. 따라서 하나님이 다스리시는 것처럼 다스려야 한다.

이 세상 모든 것이 우리에게 속한 것이다. 바울은 신자들에게 "그런즉 누구든지 사람을 자랑하지 말라 만물이 다 너희 것임이라"(고전 3:21)라고 말한다. 우리는 참으로 하나님의 상속자들이다! CEV 성경에서는 이렇게 표현한다. "세상과 생명과 죽음과 현재와 미래, 이 모든 것이 여러분의 것입니다. 모든 것이 여러분께 속한 것입니다." 하루나 이틀 동안 이 사실을 곰곰이 묵상해 보라. 그리스도 안에서 우리는 세상에서 가장 부유한 사람보다 훨씬 더 부유하다!

하지만 한 가지 주의할 것이 있다. 이건 매우 중요한 사실이다. 위의 로마서 8장 말씀에는 분명히 조건을 나타내는 말이 있다. 상속을 받는 조건이 있는 것이다. 즉 모든 그리스도인이 저절로 상속자가 되는 게 아니라는 뜻이다. 조건은 그리스도와 함께 고난을 받아야만 한다는 것이다. 그 구절을 다시 읽어 보라. 그리스도 예수와 함께 통치하려면, 예수님이 하신 것처럼, 모든 방해 세력과 맞서 싸워 이겨야 한다. "고난도 함께 받아야 할 것이니라"라는 말씀에 주목하라. 반대를 극복하는 것은 꽃밭 사이를 살며시 걸어가는 것이 아니다. 그것은 전쟁이며, 전쟁은 고난과 함께 온다.

하지만 그것은 패배한 고난이 아니다. 로마서 8장 18절에서 바울은 환난을 만나는 것이 긍정적이고 희망찬 일이 될 수 있다고 주장한다. "생각하건대 현재의 고난은 장차 우리에게 나타날 영광과 비교할 수 없도다." 당신이 이해하고 굳게 붙잡기를 원하는 핵심 원리는 다음과 같다.

당신이 어떤 환난의 압력에 직면하든, 그 어려움은 장차 환난이 지나간 후에 당신이 누리게 될 통치권과 비교할 수 없다.

기독교 신앙을 올바로 실천한다면 고난이 따를 것이다. 하지만 싸움에서 이길 때마다 우리 안에 힘과 지혜의 더 큰 영광이 나타날 것이다. 바울은 천국의 심판석에서 우리에게 주어질 영광만을 말하지 않는다. 바울은 현재 우리가 얻는 유익에 대해서도 말한다. 우리가 환난을 이길 때마다 더 높은 수준의 통치권을 향해 나아가는 것이다.

> 기독교 신앙을 올바로 실천하면 고난이 따른다. 그러나 그 환난을 이길 때마다 우리는 더 높은 수준의 통치권을 향해 나아가는 것이다.

의를 위한 고난은 유익하다

"주님과 함께 고난받으라"라는 말씀을 볼 때 우리는 이렇게 질문해 보아야 한다. "예수님은 어떻게 고난받으셨는가?" 여기서 많은 사람이 혼란에 빠진다. 고난에는 두 종류가 있기 때문이다. 하나는 의를 위한 고난이고, 또 하나는 세상을 위한 고난이다. 이제부터 그것을 설명해 보겠다.

한 종류의 고난은 온 세상의 체제가 악한 자의 지배를 받고 있기 때문에 생기는 것이다(요일 5:19 참조). 그 결과 매일 잔인하고 악한 일이 사람들에게 일어난다. 아기들이 낙태와 학대를 당하고, 여자아이들이 성적인 노예가 되며, 질병이 너무 일찍 목숨을 앗아가고, 가난과 기근이 만연하고, 다툼과 소란이 가족을 분열시키고, 여러 가지 중독이 삶을 파괴하고 있다. 이것은 일부에 불과하다. 이런 고난에는 아무 유익이나 선한 것이 없다. 그것은 슬프고 비극적인 일이지만, 아담이 자신의 권한을 매우 잔인한 군주에게 넘겨 준 결과다.

두 번째, 의를 위한 고난은 우리가 앞으로 중점적으로 다룰 고난이다. 예수님과 바울이 말하는 고난이 바로 그런 고난이기 때문이다. 의를 위해 받는 모든 고난은 하나님의 힘으로 견딜 때 유익하다. 그 결과는 항상 영광스럽다. 그것은 우리를 강하게 하여 통치할 수 있게 하기 때문이다.

예수님은 그의 사역을 통해 이것을 증명해 보이셨다. 우리가 주님과 함께 다스리려면 주님과 함께 고난받아야 한다는 사실을 명심하라. 예수님이 어떻게 고난을 받으셨는가? 예수님은 30년 동안 사역을 준비하셨고, 요단 강에서 요한이라는 유명한 선지자에게 세례를 받으셨다.

예수님이 세례를 받으시자, 하늘이 열리고 성령이 그에게 내려와 비둘기처럼 나타나셨다. 하나님 아버지가 하늘에서 모든 사람이 들을 수 있도록 "너는 내 사랑하는 아들이라 내가 너를 기뻐하노라"(눅 3:22)라고 말씀하셨다. 하늘이 예수님을 인증해 주는 이 놀라운 광경을 바라보는 인파들 가운데 있다고 상상해 보라. 나라의 많은 정치 지도자와 각료들도 그것을 보았다.

만일 우리가 예수님이었다면 이렇게 생각했을 것이다. '자, 이제 나의 사역을 시작할 완벽한 때가 왔어! 지금 이 모든 사람 앞에서 나의 첫 메시지를 전해야 해. 어쨌든 난 30년 동안 이 순간을 준비해 왔어. 어쩌면 이 사건의 중요성을 잘 포착하고 홍보할 수 있는 마케팅팀을 고용해야 할 것 같아. 여기 있는 모든 사람이 이제 내가 하나님의 아들이라는 걸 알게 됐으니까.'

그것은 합리적이고 현명한 반응이다. 그렇지 않은가? 하지만 여기서 예수님은 다음과 같이 행하셨다. "예수께서 성령의 충만함을 입어 요단 강에서 돌아오사 광야에서 사십 일 동안 성령에게 이끌리시며 마귀에게 시험을 받으시더라"(눅 4:1-2). 많은 신자가 예수님이 40일의 끝부분에만 광야에서 시험을 받으셨다고 생각한다. 하지만 그렇지 않다. 복음서에는 예수님이 받으신 세 가지 시험이 구체적으로 기록되어 있는데, 분명히 예수님이 40일 내내 시험을 받으셨다(환난을 견디셨다)는 것을 암시한다.

예수님이 누구에게 이끌려 광야로 들어가셨는지 보라. 마귀가 예수님을 그곳으로 이끌지 않았다. 바로 아버지가 성령을 통해 이끄셨다. 어떤 사람은 이렇게 생각할 것이다. '왜 하나님은 예수님이 고난과 반대에 직면할 것을 아시면서 광야로 이끄셨을까?'

우리가 확신할 수 있는 한 가지는 하나님이 우리에게 이겨 낼 힘도 주시지 않고 폭풍우 속으로 데려 가시는 일은 결코 없을 거라는 사실이다. 여기서 기억해야 할 사실은 하나님이 "들립시스"(환난)를 만들어 내시지 않는다는 것이다. 하나님은 우리가 험한 세상에 사는 것을 아신다. 따라서 우리가 세상을 정복하고 다스리려면 악한 세력들의 저항에 맞서게 되리라는 것을 알고 계신다. 그래서 우리를 강하게 하여 더 큰 승리를 이뤄 낼 수 있도록, 우리가 감당할 수 있는 영역 안에서 우리를 단련시키신다.

예수님은 세례를 받으신 직후에 성령 충만하여 광야로 들어가셨고 40일 넘게 '환난'을 겪으셨다. 예수님이 은혜가 충만한 사람으로서 우리 가운데 거하시기 위해 하나님으로서의 특권을 스스로 버리셨다는 것을 기억하라(빌 2:7, 눅 2:40 참조). 예수님은 한 번도 마귀의 유혹에 굴복하지 않으시고 모든 역경과 싸워 이기셨다. 그리고 40일이 지난 후 "예수께서 성령의 능력으로 갈릴리에 돌아가시니 그 소문이 사방에 퍼졌다"(눅 4:14 참조).

예수님은 하나님의 영으로 충만하여 광야로 들어가셨다. 하지만 힘든 유혹의 시련을 이겨 낸 후에 다시 은혜의 성령의 능력으로 돌아오셨다. 바울이 로마서 8장 18절에서 한 말을 떠올려 보자. "생각하건대 현재의 고난은 장차 우리에게 나타날 영광과 비교할 수 없도다." 이 구절은 쉽게 말해서 "생각하건대 현재의 고난은 장차 우리에게 나타날 권위와 능력에 비교할 수 없도다"라고 읽을 수 있다. 예수님은 환난을 성공적으로 통과하신 후에 더 높은 차원의 통치권으로 들어가셨다.

사도 야고보는 그것을 이런 식으로 강조한다. "시험을 참는[끈질기게 진리 안에 거하는] 자는 복이 있나니 이는 시련을 견디어 낸 자가 주께서 자기를 사랑하는 자들에게 약속하신 생명의 면류관을 얻을 것이기 때문이라"(약 1:12, NIV).

예수님이 광야에서 40일 동안 견디셨던 것처럼 시련을 이길 때 당신이 "생명의 면류관"을 받는다는 것을 명심하라. 당신은 이 면류관이 천국의 심판석에서 받는 것이라고 주장할 수도 있다. 그것 또한 사실이다. 하지만 나는 야고보가 천국에서 받는 면류관을 말할 뿐만 아니라 지금

이 삶에서 더 높은 차원의 통치로 들어가는 것을 이야기한다고 믿는다.

면류관은 권위를 나타내는 것이다. 권위와 함께 오는 것은 무엇인가? 권력이다. 예수님은 충만하여 광야로 들어가셨지만, 능력으로 돌아오셨다. 우리가 그분과 함께 고난을 받으면 통치권으로 들어간다는 것을 명심하라. 따라서 우리가 '환난'을 겪고 포기하지 않음으로써 시험을 통과할 때, 즉 지옥이 위세를 부려도 끈질기게 하나님의 말씀에 순종할 때 즉각적인 유익이 따른다. 우리가 완강히 버텨 온 삶의 영역에서 더 큰 권위를 갖게 되는 것이다.

우리 장모님은 이 약속을 보여 주는 전형적인 본보기이시다. 1979년 인디애나 주에서 장모님은 동네 의사에게 유방암 진단을 받았다. 조기에 발견하지 못해서, 암이 림프절까지 퍼져 있었다. 장모님은 유방과 림프절의 30퍼센트를 제거했고, 의사는 완치가 불가능한 말기라고 말했다.

다른 의사의 소견을 듣고 싶어서 텍사스 주 휴스턴에 있는 MD앤더슨 병원을 찾아갔다. 그곳은 미국에서 암 치료 분야의 최고 병원 중 하나로 꼽힌다. 장모님의 담당 의사는 종양학 분야의 최고 권위자였다. 그 의사의 소견도 낙관적이지 않았다. 예전 의사에게 들었던 것과 똑같은 진단을 내린 후 그는 "받아들이기 힘드시지요?"라고 말했다. 그는 자신의 진단대로 된다면 2년, 기껏해야 3년밖에 못 살 거라고 했다. 의학적으로는 치유를 예견할 수 없었다.

장모님은 강도 높은 방사선 치료를 받은 후 인디애나의 집으로 돌아와 2-3주간 휴식을 취한 뒤, 다시 항암 치료를 위해 휴스턴으로 가셨다.

휴스턴에 있는 동안 장모님은 전국적으로 유명한 텔레비전 기도 선교회에 전화를 거셨다. 우연히도 장모님의 전화를 받은 사람은 MD앤더슨 병원의 외래 센터를 담당하고 있는 부부를 알았다. 그는 바로 그 부부에게 연락하여 장모님을 방문하여 계속 보살펴 달라고 당부했다. 그렇게 해서 그 부부가 장모님과 연결되었다. 그들은 장모님을 그들의 교회로, 야구 경기장으로 모시고 다녔다. 그리고 항상 하나님의 말씀에서 믿음을 세워 주는 약속을 이야기해 주었다.

장모님은 초신자셨다. 암을 발견하기 전에, 신앙의 기본 원리들을 배우셨다. 인디애나 주로 돌아오자마자 장모님은 자신의 멘토와 함께 점심 식사를 하셨다. 그 멘토는 장모님에게 하나님이 모든 사람을 치유해 주시지는 않는다고 조언해 주었다. 또 심각한 병에서 치유받지 못한 다른 그리스도인들의 사례를 이야기해 주었다. 휴스턴에서 만난 부부가 장모님에게 들려 주었던 희망의 성경 말씀을 나누자, 그 멘토는 자신의 조언을 받아들이지 않는다며 화를 냈다.

장모님은 혼란스러우셨다. 장모님은 항암 치료를 받기 위해 다시 휴스턴으로 갔고, 그 부부는 매일 장모님과 만나며 하나님의 말씀으로 격려해 주었다. 결국 장모님은 치유에 관한 성경 말씀이 사실이라는 것을 마음속 깊이 믿게 되셨다. 더 이상 성경에 나와 있는 하나님의 말씀을 의심하지 않으셨다.

장모님이 항암 치료를 중단하기로 결정하자, 의사는 장모님이 제정신이 아니라고 생각했다. 그래서 장모님이 병원을 떠날 때 의사가 엘리베이터까지 따라와서 지금 생명을 위협하는 실수를 범하는 거라며 경고하기까지 했다. 하지만 장모님은 단호하셨다. 결국 MD앤더슨병원을 떠났고 다시 돌아가지 않았다. 집으로 돌아와 매일 책과 오디오 설교, 성경공부를 통해 하나님의 말씀으로 삶을 가득 채웠다.

그 후 31년이 지난 지금, 장모님은 건강하게 잘 지내고 계신다. 장모님은 75세의 나이로 우리 선교회의 교회 관련 부서에서 봉사하신다. 7명이 한 팀을 이루어, 미국의 2만 개 이상의 교회에 우리의 책과 커리큘럼 등의 자료들을 제공한다. 그 일을 통해 수많은 목회자가 그들에게 필요한 자료들을 효율적으로 얻을 수 있도록 도와주셨다.

지금까지 사역을 해 오면서, 장모님처럼 치유 기도를 쉽게 하는 사람을 거의 보지 못했다. 한번은 리사와 결혼한 지 얼마 안 됐을 때 일을 마치고 집에 돌아왔는데, 마침 우리 집에 와 계셨던 장모님이 심한 감기에 걸리셨다. 내가 들어가자 잠자리에 들기 위해 기어서 계단을 올라가고 계셨다. 걸을 힘조차 없으셨던 것이다. 장모님은 나를 보자 "존, 이 감기가 나을 수 있도록 날 위해 기도해 줘"라고 말씀하셨다.

장모님을 위해 기도했을 때, 하나님의 능력이 얼마나 강하고 분명하게 나타났는지 장모님은 말 그대로 바닥에 쓰러지셨다. 그리고 벌떡 일어나 우리 아파트를 뛰어다니시며 "너희들을 위해 저녁식사를 준비할게!"라고 말씀하셨다. 그리고 곧이어 맛있는 음식을 만들어 주셨다. 나는 속으로 웃으며 생각했다. '와, 베드로에게도 똑같은 일이 일어났는데.' 베드로의 장모가 아팠을 때 예수님이 그 병을 고쳐 주시자, 그녀가 일어나 모두를 위해 음식을 만들었다(마 8:14-15 참조).

장모님은 기도를 쉽게 받으실 뿐만 아니라, 또한 다른 사람의 치유를 위해 매우 능력 있게 기도하신다. 장모님 주변에 질병이나 상처와 싸우는 사람이 있으면, 소방호스로 하나님의 말씀과 치유 기도를 받게 될 것이다!

장모님은 그때 이후 지금까지 31년 동안 좋은 건강 상태를 유지하고 계신다! 하나님의 말씀으로 극심한 '환난'과 끈질기게 싸움으로써 치유의 영역에서 생명의 면류관을 받으신 것이다. 장모님은 이 역경을 견디고 승리하셨고, 지금은 참고 견뎌 온 생명의 영역에서 통치하고 계신다.

다른 사람들도 동일한 간증을 한다. 오럴 로버츠를 생각해 보자. 그는 지금 천국에 있지만 그의 삶과 유산은 계속 전해지고 있다. 열일곱 살의 나이에 오럴은 결핵으로 사망할 뻔했다. 오럴은 하나님의 말씀과 기도로 끈질기게 질병과 싸웠고, 결국 의사에게 완치 판정을 받았다. 우리 장모 님처럼 오럴도 치유의 영역에서 생명의 면류관을 받았다. 그리고 그 뒤로 그의 삶과 사역을 통해 수많은 사람이 힘을 얻고 치유를 받아 왔다.

또 내게는 지미라는 친구가 있다. 지미는 오랫동안 목회를 했고 그의 사역을 통해 많은 사람에게 영향을 미쳐 왔다. 그는 젊은 나이에 의사에게 살 가망이 없다는 진단을 받았으나, 오럴 로버츠의 집회에 참석했다. 오럴이 그를 위해 기도한 후, 지미는 기적적으로 회복되었다.

만약 오럴이 젊었을 때 고난을 참고 견뎌 내지 않았다면 어떻게 됐을까? 그러면 내 친구 지미 목사는 오늘 어디에 있을 것이며, 오럴 로버츠의 사역을 통해 치유받은 수많은 사람은 또 어떻게 되었을까? 지미 목사가 영향을 미친 그 모든 사람은 오늘 어디에 있을까? 오럴은 통치를 시작했다. 그의 끈질긴 믿음의 결과들은 오직 심판대 앞에서 온전히 밝혀질 것이다.

또는 케네스 해긴의 예를 생각해 보자. 1917년에 텍사스 주 맥키니에서 심장 기형을 가지고 태어난 케네스는 이후 매우 희귀하고 불치병인 혈액질환 진단을 받았다. 열여섯 살 때 몸져누워 십대를 넘길 수 없을 것 같았다. 1933년 4월에 그는 세 번 죽어서 지옥을 보았는데, 그때마다 어머니와 할머니의 끈질긴 기도로 다시 살아났다. 케네스는 자신의 삶을 주 예수님께 바쳤다. 케네스는 끊임없이 믿으며 하나님의 말씀으로 질병과 싸웠다. 그를 위로하러 찾아온 한 목사는 "참고 견뎌라. 아들아, 며칠 안에 모든 게 끝날 것이다"라고 말했다. 1년 후 케네스는 '죽음의 침대'에서 일어났다. 그리고 얼마 후 설교를 시작했다.

케네스 해긴의 사역은 전 세계에 알려졌고, 책이 6천5백만 부 이상 출간되었으며, 성경훈련센터에서 3만 명 넘는 졸업생을 배출했는데 그들 중 많은 사람이 전임사역을 하고 있다. 케네스는 65년간 사역한 후 지금 주님과 함께 천국에 있지만 그가 남긴 유산은 계속 이어지고 있다. 케네스는 치유의 영역에서 생명의 면류관을 받고, 그 결과 수많은 사람이 그의 신실한 사역으로 인해 치유받고 삶이 변화되었다.

만약 케네스 해긴이 인내하지 않았다면 어떻게 됐을까? 그의 도움을 받은 그 수많은 사람은 어떻게 되었을까?

지금까지 내가 이야기한 세 사람, 즉 우리 장모님과 오럴 로버츠, 케네스 해긴에게는 공통점이 있다. 모두 공격을 받았고, 그들에 대한 거짓말이나 악한 소문도 있었다. 장인어른의 고향 친구는 장모님이 하나님의 치유를 믿기로 결심하자 더 이상 대화를 하지 않았다. 오럴 로버츠와 케네스 해긴, 둘 다 살아 있는 동안 "잘못됐다, 극단적이다, 이단이다, 심지어 사탄의 영감을 받았다"라는 비난까지 받았다.

하지만 예수님은 그런 일에 대해 뭐라고 말씀하셨는가? "모든 사람이 너희를 칭찬하면 화가 있도다 그들의 조상들이 거짓 선지자들에게 이와 같이 하였느니라"(눅 6:26).

재미있는 것은, 모든 사람을 편안하게 해 주기 위해 천국의 메시지를 가볍고 넓게 만든 사역자들과 신자들이 있다는 것이다. 사람들의 마음을 상하게 하거나 '편협하다'거나 '극단주의자'라는 꼬리표가 붙을까 봐 두려워서 그들은 믿음의 선한 싸움을 하지 않으려 했다. 그들에게는 일어나는 모든 일이 하나님의 뜻이며 그냥 수동적으로 받아들여야 하는 것이다. 복음에서 '불쾌한' 부분은 모두 제거해 버렸다. 하지만 성경에서는 예수님을 "걸림돌", "거치는 바위"(롬 9:33 참조)라고 불렀다. 그런데 그들은 그 걸림돌을, 아무도 걸려 넘어지지 않을 작은 조약돌로 축소시켜 버렸다.

이런 목회자들과 신자들은 모두에게 좋은 말을 듣고 싶어 하는 것 같다. 그들은 결코 "극단적이다, 이단이다, 사탄의 영감을 받았다"라는 비난을 받지 않을 것이다.

하지만 예수님은 진리에 있어 굽히지 않으셨다. 사람들에게 칭찬받고자 하는 사람들의 기만을 드러내셨다. 예수님은 "누군가 너희를 깎아내리거나 내쫓을 때마다, 누군가 내 평판을 떨어뜨리려고 너희 이름을 더럽히거나 비방할 때마다, 너희는 복을 받은 줄 알아라"(눅 6:22, 메시지)라고 말씀하셨다. 칭찬받는 것과는 너무나 대조적이지 않은가? 그러고 나서 예수님은 그 이유를 말씀해 주신다. "그들이 그렇게 하는 이유는, 진리가 너무 가까이 있어서 그들이 불편을 느끼기 때문이다."

사실은 이렇다. 당신이 이 세상을 다스리는 끈질긴 그리스도인이 되기로 결심할 때 사람들에게 비방을 받고, 거짓으로 고발을 당하고, 오해받고, 심지어 무시당할 가능성이 매우 높다. 예수님을 따른다고 입술로는 고백하지만 사실은 편안한 삶에 만족하는 사람들에게 말이다. 그들은 자신들의 냉담한 모습을 정당화하기 위해 당신의 평판을 떨어뜨리려 할 것이다. 그들은 구약의 참된 선지자들, 세례 요한, 예수님, 신약의 지도자들에게도 그렇게 했다.

그리고 지금도 그렇게 한다. 당신은 하나님을 안다고 주장하는 사람들로부터 가장 큰 공격을 받을 때가 많을 것이다. 당신에 대한 거짓말과 비방이 나돌고 따돌림을 당할 수도 있다. 그래서 예수님이 예언하신 것 같은 상황에 이를 수도 있다. "너희를 죽이는 사람마다 자기가 하나님을 섬기고 있다고 생각할 때가 올 것이다"(요 16:2, 쉬운성경).

하나님의 영광을 위해 생명 안에서 왕 노릇 하기 원하는가? 영원히 하나님나라를 위해 사람들의 삶에 영향을 끼치기 원하는가? 위대한 심판 날에 하나님께 "잘했다. 내 착하고 충성스러운 종아"라는 말을 듣고 싶은가? 그렇다면 지금 결단하라. 당신은 '환난'에 직면할 것이고, 때로는 그 고난이 매우 극심할 것이며, 그것을 다 참고 견뎌 승리해야 한다.

2

먼저 '고난의 배후'를
분별하라

그리스도를 위하여 너희에게 은혜를 주신 것은
다만 그를 믿을 뿐 아니라 또한 그를 위하여
고난도 받게 하려 하심이라(빌 1:29).

빌립보서 1장 29절 말씀의 첫 부분을 들으면 굉장히 솔깃해진다. "너희에게 은혜를 주신 것은." 그 구절의 나머지 부분은 모른 채 그 부분만 들으면 이렇게 묻고 싶을 것이다. "저에게 뭘 주셨는데요? 어떤 약속이 저를 기다리고 있나요?"

그 답은 "그를 위하여 고난받게 하려 하심"이다.

고난의 특권을 '받는다'라는 것이 인간적인 마음으로는 잘 이해가 되지 않는다. 하지만 하나님은 기만하지 않으신다. 하나님은 거짓말을 하실 수 없기 때문에 기만 근처에도 가실 수 없는 분이다. 단순한 인간의 마음에는 그 구절이 사기처럼 보일 수도 있다. 하지만 말씀을 잘 이해하는 사람에게는 참으로 흥미진진한 약속이다. 그리스도 안에서 행하며 성장하는 사람들은 이 사실을 마음속 깊이 안다. 즉 싸움이 커질수록 승리도 더 큰 것이다.

그리스도 안에 있다면 당신은 참된 군사다. 그리스도의 씨앗이 당신 마음에 심겨졌기 때문이다. 예수님은 가장 위대한 용사이시다. 성경이 그분에 관해서 어떻게 말하는지 들어 보라. "그가 공의로 심판하며 싸우더라 그 눈은 불꽃 같고 …… 그의 입에서 예리한 검이 나오니"(계 19:11-12, 15). 당신은 예수님의 형상으로 재창조되었다. 당신은 예수님의 본성을 갖고 있다. 그리스도가 용사이시므로 당신도 용사다. 그래서 신약 성경에서는 거듭 우리에게 전쟁을 상기시킨다. 바울의 글을 보자.

> 이 싸움은 잠깐 출전해서 쉽게 이기고 금세 잊고 마는 한나절의 운동 경기가 아닙니다. 이 싸움은 지구전, 곧 마귀와 그 수하들을 상대로 끝까지 싸우는, 사느냐 죽느냐의 싸움입니다(엡 6:12, 메시지).

우리는 사느냐 죽느냐의 싸움을 끝까지 싸워야 한다. 그 싸움은 피할 수 없다. 바울은 고린도 교회에게도 비슷한 메시지를 보냈다. "우리가 육신을 입고 살고 있습니다마는, 육정을 따라서 싸우는 것은 아닙니다. 싸움에 쓰는 우리의 무기는, 육체의 무기가 아니라, 하나님 앞에서 견고한 요새라도 무너뜨리는 강력한 무기입니다"(고후 10:3-4, 새번역).

우리가 전쟁에 나간 영적 군사라는 것은 틀림없는 사실이다! 또한 당신은 이 싸움을 위해 창조되었다. 당신은 군사의 마음을 갖고 있다. 바울은 우리에게 "그대는 그리스도 예수의 훌륭한 군사답게 고난을 함께 달게 받으십시오. 누구든지 군에 복무를 하는 사람은 자기를 군사로 모집한 상관을 기쁘게 해 주어야 합니다"(딤후 2:3-4, 새번역)라고 촉구한다. 이제 마음과 생각을 확고히 다지라.

당신이 마음속으로 우리 왕을 기쁘게 해 드리고 영광을 돌리며 그분을 위해 살기 원한다는 것을 안다. 그러나 육신이 지배하도록 내버려 두면, 그리스도의 고난에 동참하는 특권을 누리지 못하게 방해할 것이다.

로마서 말씀을 통해 우리는 예수 그리스도와 함께 고난을 받으면 그분과 함께 다스린다는 사실을 알았다. 우리는 즐거운 마음으로 기대해야 한다. 고난은 두려워할 것이 아니라 우리에게 허락된 것으로 보아야 하기 때문이다. 싸움이 커질수록 승리도 더 커진다. 또한 궁극적으로 영광도 더 커진다. 그리고 정말 놀라운 소식은, 당신은 싸움에서 패할 일이 없다는 것이다! 우리는 하나님이 "항상 우리를 그리스도 안에서 이기게 하신다"라는 약속을 받았다(고후 2:14 참조).

하나님은 자녀를 학대하지 않으신다

앞장에서 우리는 예수님이 세례를 받으신 직후에 일어난 사건들을 주목해서 보았다. 성령이 예수님을 광야로 데려가셨고, 거기서 예수님은 40일 동안 밤낮으로 시험을 받으셨다. 예수님을 광야로 이끌어 가신 분은 마귀가 아니라 하나님이셨다. 하나님은 아들이 혹독한 시험을 받으리라는 것을 아셨지만, 한 가지 목적을 위해 예수님을 그곳으로 인도하셨다. 하나님이 우리를 폭풍우 속으로 인도하실 땐 반드시 이길 힘도 주신다는 원리를 배웠다. 이 진리를 영원히 마음에 새기자. 그것이 역경을 만날 때마다 당신을 강하게 붙들어 줄 것이다.

예수님은 아버지께로부터 온 것이 아니면 아무것도 행하거나 말하지 않겠다고 분명히 말씀하셨다. 예수님은 온전히 성령의 인도를 받으셨다. "내가 스스로 아무것도 하지 아니하고 오직 아버지께서 가르치신 대로 이런 것을 말하는 줄도 알리라"(요 8:28).

그 후 사역을 하시던 예수님은 하루 종일 수많은 무리를 가르치시고 나서 매우 지치셨다. 예수님이 어떤 기분이셨을지 조금은 알 것 같다. 가끔씩 나도 하루에 네다섯 번씩 설교를 하고 나면 그날 밤 숙소로 돌아올 때는 너무 지쳐서 나를 초청해 주신 분과 이야기를 나눌 틈도 없이 잠들어 버리곤 한다.

예수님도 그러셨을 것이다. 저녁이 되자 예수님은 편안한 밤을 보낼 준비를 하셨다. 하지만 성령님이 그를 감동시켜서 제자들에게 배에 올라타 바다를 건너가라고 말씀하게 하셨다. 바다 건너편에는 귀신들린 사람이 있었다. 모두들 배에 올라탔고, 예수님은 그대로 잠이 드셨다.

바다에 무서운 폭풍이 몰아쳤다. 예수님과 함께 있던 네 사람은 노련한 뱃사람들이었다. 그들은 바다에서 닥치는 시련에 익숙했고 어떻게 대처해야 하는지도 알았다. 하지만 이것은 예사 폭풍우가 아니었다. 파도가 쉴 새 없이 몰아쳐 그들을 덮치자, 이 전문가들은 결국 예수님을 깨우며 소리쳤다. "우리가 죽게 되었는데 신경도 안 쓰십니까?" 그들이 보기에 그 극심한 환난에서 살아남을 확률은 전혀 없었다.

이 폭풍우 속에서 성령과 성부 하나님이 공포를 느끼셨을 거라고 생각하는가? 그분들이 진지하게 서로 의논하시는 모습이 상상이 가는가? "이런 심한 폭풍우가 몰려올 줄은 몰랐어! 이제 어떻게 하지? 아, 왜 우리가 예수에게 바다를 건너가라고 했을까? 우리가 엄청난 실수를 했어!"라고 말이다.

그런 생각을 하면 우습지 않은가? 물론 그런 일은 일어나지 않았다. 성령님은 폭풍우가 몰아칠 것을 아셨다. 그분은 처음부터 끝을 다 알고 계시기 때문이다. "내가 처음부터 장차 일어날 일들을 밝혔고 오래전에 이미 아직 이뤄지지 않은 일들을 일러 주었다"(사 46:10, 우리말성경). 성령님은 엄청난 폭풍우가 기다린다는 것을 다 아시고 예수님을 배로 인도하셨다. 하지만 하나님이 우리를 폭풍우 속으로 인도하실 땐 반드시 이길 힘도 함께 주신다. 잠에서 깨신 예수님은 배의 앞부분으로 가서 폭풍에게 잠잠하라고 명령하셨다. 그리고 제자들을 바라보시며 "어찌하여 이렇게 무서워하느냐 너희가 어찌 믿음이 없느냐"(막 4:40)라고 말씀하셨다.

> 하나님이 우리를 폭풍우 속으로 인도하실 땐 반드시 이길 힘도 함께 주신다.

왜 예수님은 살아남기 위해 처절한 싸움을 한 이 바다 전문가들에게 그토록 강한 책망의 말씀을 하셨을까? 왜 그들의 '믿음 없음'을 엄격하게 지적하셨을까? 해변을 떠나기 전에 예수님은 그들에게 "우리가 저편으로 건너가자"라고 하셨다(35절). "중간까지 가다가 침몰하자"라고 하지 않으셨다. 그들은 예수님의 말씀 안에 그들을 저 편으로 데려가기에 충분한 은혜(능력)가 있다는 것을 알았어야 했다. 뱃 머리에 서서 이렇게 외쳤어야 했다. "바람아, 너는 우리를 죽이지 못할 것이며, 우리를 멈추지도 못할 것이다! 주님께서 '저편으로 건너가자'라 고 하셨기 때문에 우리는 저편으로 갈 것이다. 그러니 어서 물러가라!"

하나님은 폭풍이 몰아칠 것을 아셨다. 하나님은 그들을 폭풍우 속으 로 인도하셨다. 하지만 예수님은 제자들에게 폭풍우를 다스릴 수 있는 권한과 능력을 주셨다. 바로 거기에 열쇠가 있다. 삶에 패배당하는 사람 과 삶을 다스리는 사람의 차이는 바로 지식에 있다. 즉 싸움과 갈등은 피 할 수 없지만, 보통 사람과 달리 우리에게는 무엇이든지 이길 수 있는 능 력이 있다는 사실을 아는 것이다. 따라서 우리는 싸움에서 이길 때까지 끈질기게 싸울 수 있고 또 싸워야만 한다. 고린도후서 2장 14절의 진리 가 당신 존재의 구석구석에 스며들게 하라. "항상 우리를 그리스도 안에 서 이기게 하시는 하나님께 감사하노라."

제자들 혼자서 제한된 관점만으로 그 상황을 해결해야 했다면 그들 모두 물에 빠져 죽었을 것이다. 하지만 예수님이 폭풍우와 싸우심으로써 그들이 살게 되었을 뿐만 아니라 바다 저편에 있는 귀신들린 사람도 자 유를 얻을 수 있었다.

유익은 거기서 그치지 않는다. 이 사람이 치유받고 나서 데가볼리라 는 열 개 도시에 하나님나라를 선포했다. 요컨대 결국은 하나님나라를 위해 많은 사람의 삶이 변화된 것이다. 성령님이 예수님과 그의 제자들 을 폭풍우 속으로 인도하셨고, 그들은 폭풍으로 인해 시련을 겪었지만, 그들이 패배하는 것은 하나님의 뜻이 아니었다. 하나님의 초점은 폭풍우 저편에 있는 영광에 맞추어져 있었다.

오늘 우리가 사도들에게 "그 사람을 해방시켜 주는 것이 폭풍우를 견딜 만큼 가치 있는 일이었습니까?"라고 묻는다면, 틀림없이 사도들은 "물론입니다!"라고 대답할 것이다.

또 다른 사례를 보자. 사도 바울은 성령의 이끌림을 받아 예루살렘으로 갔다. 하지만 그를 기다리던 일은 다음과 같았다. "나는 성령에 매여 예루살렘으로 가는데 거기서 무슨 일을 당할는지 알지 못하노라 오직 성령이 각 성에서 내게 증언하여 결박과 환난이 나를 기다린다 하시나"(행 20:22-23).

여기서 "환난"을 뜻하는 헬라어 단어는 "들립시스"다. 성령이 바울을 이끌고 들어가신 곳에서 바울은 극심한 환난을 겪게 된다. 그러나 다시 말하지만, 하나님이 우리를 인도하시는 과정 중에 우리가 어떤 장애물을 만나든지 하나님이 그것을 이길 은혜를 항상 우리에게 주실 것이다.

바울이 역경 속에서 단호하고 끈질기게 견딘 결과는 무엇이었는가? 예루살렘의 유대인들과 이방인들이 복음을 들었을 뿐만 아니라, 로마 제국의 많은 시민, 군인, 치안판사, 지방의 왕, 황제까지 복음을 듣게 되었다! 모든 것이 성령에 이끌려 폭풍우 속으로 들어간 이 한 사람으로 말미암아 이루어졌다.

하나님은 폭풍우나 고난을 일으키시는 분이 아니다. 다만 하나님의 길을 반대하는 타락한 세상 때문에 바울이 고난을 당할 거라는 사실을 아셨다. 그럼에도 그리스도의 사랑이 바울을 강권하여 성령의 인도를 따르게 했고, 하나님은 그에게 역경을 이길 은혜를 주셨다. 바울은 그 여정을 이와 같이 요약했다. "주께서 이 모든 것[환난] 가운데서 나를 건지셨느니라"(딤후 3:11). 바울의 말은 시편 기자의 말과도 일치한다. "참으로 주께서는 모든 환난에서 나를 건지시고"(시 54:7). 몇 가지 환난이나 대부분의 환난에서 건지신 것이 아니다. 모든 환난에서 건지셨다. 100퍼센트다! 그리고 동일한 약속이 당신과 나에게도 적용된다!

우리의 첫아이 애디슨이 초등학교 1학년 때 같은 반에 몇몇 짓궂은 아이들이 있었다. 애디슨은 며칠 동안 집에 와서는 이 친구들이 운동장에서 자신을 괴롭힌 이야기를 하며 눈물을 흘렸다. 그때 아버지로서 내가 어떻게 하고 싶었을지 짐작이 갈 것이다. 당장 운동장으로 달려가 그 아이들을 세게 때려 주고 "다시는 내 아들을 건드리거나 괴롭히지 마!"라고 무섭게 경고하고 싶었다. 하지만 그런 방법에는 세 가지 문제가 있었다. 첫째, 나의 행동이 그리 경건하지 않다는 점. 둘째, 그런 행동이 애디슨의 인격 발달에 역효과를 초래할 거라는 점. 셋째, 그 운동장은 나의 관할권이 아니라는 점이었다. 운동장은 내가 아니라 내 아들이 통치해야 하는 곳이었다.

그래서 일단 마음을 진정시켰다. 그리고 아내와 함께 우리가 애디슨을 위해 할 수 있는 최선은 그 아이가 경험하는 '환난'에 대처하는 법을 가르치는 것이라고 결론을 내렸다. 리사와 나는 아이가 그 악동들 때문에 겪는 고난을 잘 헤쳐나갈 수 있도록 조언과 통찰을 주었다. 다음날 아이가 직면한 어려움을 해결하기 위한 전략들로 무장시켜 학교에 보냈다 (물론 애디슨이 정말 위험한 상황이라고 느꼈다면 담임선생님을 찾아갔을 것이다).

결국 어린 시절에 겪은 숱한 어려움을 성공적으로 이겨 낸 애디슨은 사람들을 매우 잘 다루게 되었다. 2004년에 애디슨은 우리 선교회에 신입직원으로 들어왔다. 그 당시 직원이 40명이 넘었는데, 연령대가 10대부터 60대까지 다양했다. 나는 관리팀에게, 애디슨이 내 아들이라는 이유로 특별대우를 하지 말아 달라고 당부했다. 그런데 6개월 만에 선교회 리더들이 우리에게 말하기를, "애디슨을 교회 관계 부서의 책임자로 승진시키고 싶습니다"라고 했다. 나는 애디슨을 그 부서의 리더로 승진시켜야 할 이유를 물었다. 그러자 "애디슨은 지도력이 있으니까요"라고 대답했다.

애디슨은 그 부서를 맡아 많이 발전시켰다. 애디슨은 자기가 이끄는 사람들에게 신임을 받았다. 또한 전 선교회 직원들이 문제와 갈등을 해결하는 그의 기술과 지혜를 보고 칭찬했다. 지금 스물다섯 살인 애디슨은 '메신저 인터내셔널'의 운영 책임자로서 훌륭하게 일하고 있다. 그는 또래들은 말할 것도 없고 모든 직원의 마음을 얻었다. 그들은 애디슨을 좋아하며 그의 지도력을 신뢰한다.

이처럼 하나님이 우리를 험한 곳으로 인도하신다고 해서 그분이 독하거나 잔인하신 것이 아니다. 그곳은 하나님나라를 위해 꼭 들어가서 정복해야 하는 곳이다. 하나님은 그것이 우리에게 궁극적으로 유익이 된다는 것을 아신다. 또 우리가 하나님의 은혜의 능력으로 그 문제를 해결해 갈 때 하나님께 영광이 되고 결국 하나님의 백성들에게도 유익이 되리라는 것을 아신다.

환난의 배후를 파악하라

더 이야기하기 전에, '환난'의 근원과 그 가운데 있는 우리에 대한 하나님의 뜻을 명확히 밝혀야겠다. 이 부분은 많은 개인에게 걸림돌이 될수도 있기 때문에 이 주제를 다루는 것은 매우 중요하다. 특히 삶의 중요한 세 가지 영역에서 더 그렇다. 그것이 너무나도 중요하기에, 통치권에 들어가는 것을 좀 더 살펴보기 전에 그 문제를 다루는 데 이 장의 나머지 부분을 할애하려 한다.

우리가 지금까지 본 사례들로 하나님이 환난의 근원이 아니라는 것을 알 수 있다. 환난 또는 심한 갈등과 저항은 타락한 세상으로부터 오는 것이다. 이것이 사실일까? 우리는 이 질문을 진지하게 해 보아야 한다. 만약 우리가 직면하고 있는 고난을 하나님이 만드시고, 계획하시고, 또는 선동하신다는 생각이 우리에게 조금이라도 있다면 그 고난을 이기기 위해 힘껏 싸우려 하지 않을 것이기 때문이다.

전쟁터에 나가는 군인은 자신이 누구와 싸워야 하는지 잘 안다. 또한 그가 현명한 사람이라면 적군의 전술도 알 것이다. 전사는 마음속으로 적군이 누구인지에 대해 의문을 품지 않는다. 그런데 나는 30년 넘게 사역하는 동안 자신들이 직면한 고난의 배후에 누가 있는지에 대해 확신하지 못하는 신자들을 너무 많이 만났다. 안타깝게도 그들은 적군의 전략과 활동을 잘 몰랐다. "이는 우리로 사탄에게 속지 않게 하려 함이라 우리는 그 계책을 알지 못하는 바가 아니로라"(고후 2:11)라고 성경에서 말하고 있는데 말이다.

우리가 어떻게 사탄의 전술을 알 수 있을까? 예수님이 말씀해 주셨다! "도둑이 오는 것은 도둑질하고 죽이고 멸망시키려는 것뿐이요 내가 온 것은 양으로 생명을 얻게 하고 더 풍성히 얻게 하려는 것이라"(요 10:10)라고 예수님은 말씀하신다.

요한복음 10장 앞부분에서 예수님은 "도둑"이 사탄과 그를 따르는 자들이라고 밝히신다. 그리고 나중에 예수님은 그를 "이 세상 임금"(요 16:11)으로 언급하신다. 바울은 그를 "이 세상의 신"(고후 4:4)과 "공중의 권세 잡은 자"(엡 2:2)라고 부른다. 사탄은 이 세상 제도를 이끌어가는 자다. 사탄이 정말로 갈등의 근원인 것이다. 바울은 "우리의 씨름은 혈과 육을 상대하는 것이 아니요 통치자들과 권세들과 이 어둠의 세상 주관자들과 하늘에 있는 악의 영들을 상대함이라"(엡 6:12)라고 말했다.

요한복음 10장 10절에 나온 주님의 말씀과 에베소 교인들을 향한 바울의 말은 도둑질, 살인, 또는 파괴의 범주 아래서 일어나는 모든 고난은 에베소서 6장 12절에서 묘사하는 여러 어둠의 세력의 영향력이라는 것을 분명히 밝힌다. 반면에, 예수님의 목적은 아버지 하나님의 뜻을 나타내는 것이다. 당신을 향한 하나님의 목적은 풍성한 생명이다. 여러 가지 압력과 어려움, 고난을 만날 때마다 요한복음 10장 10절 말씀을 가지고 그 배후에 있는 이가 하나님인지 원수인지를 판단하도록 하라.

이것이 어떤 효과가 있는지 보여 주기 위해, 몇 가지 일반적인 예를 들어 보겠다.

수치심, 죄책감, 정죄감

당신의 수치심, 죄책감, 정죄감을 요한복음 10장 10절 말씀에 비추어 본다면, 틀림없이 하나님이 아니라 도둑의 범주에 속할 것이다.

시편 기자는 "내 영혼아 여호와를 송축하며[사랑과 감사하는 마음으로 찬양하며] 그의 모든 은택을 [하나도] 잊지 말지어다 그가 네 모든 죄악을 [하나하나] 사하시며 네 모든 병을 [하나하나] 고치시며"(시 103:2-3, AMP)라고 말한다.

당신이 아는 사람 중 가장 신뢰할 만한 사람을 떠올려 보라. 당신의 배우자인가, 아니면 부모님이나 조부모님 중 한 분인가? 그 사람은 당신에게 거짓말을 하거나 당신을 속인 적이 없을 것이다. 당신의 과거나 현재의 삶 속에 그와 같은 사람이 꼭 있기를 바란다. 그 사람이 방금 우리가 읽은 약속을 당신 앞에서 한다고 상상해 보라. 그뿐만 아니라 그는 그 약속들을 지킬 능력을 갖추고 있다.

자, 생각해 보라. 하나님은 방금 당신이 떠올린 그 사람보다 훨씬 더 신뢰할 만한 분이시다. 그런 하나님이 우리에게 그의 모든 은택을 하나도 잊지 말라고 하신다. 첫 번째 은택은 하나님이 우리의 모든 죄를 사해 주신 것이다. 얼마나 놀라운가! 그 인자하심과 자비하심과 사랑하심이 얼마나 큰가! 그것에 대한 확신이 아직 없다면, 지금 이 사실을 분명히 마음에 새겨 두라. 당신은 그리스도 예수 안에서 죄 사함을 받았다. 당신이 범한 모든 죄는 예수님의 흘린 피로 근절되었다. 따라서 당신이 과거에 생각이나 말이나 행동으로 어떤 죄를 범하여 이미 하나님께 용서를 구했는데, 그것에 대해 마음속에 수치심이나 죄책감이나 정죄감이 생긴다면 그런 감정은 하나님에게서 오는 것이 아니다.

이 문제에 대한 바울의 말을 들어 보자. "누가 능히 하나님께서 택하신 자들을 고발하리요 의롭다 하신 이는 하나님이시니 누가 정죄하리요 죽으실 뿐 아니라 다시 살아나신 이는 그리스도 예수시니 그는 하나님 우편에 계신 자요 우리를 위하여 간구하시는 자시니라"(롬 8:33).

바울은 간결하고 분명하게 말한다. "누가 감히 우리를 고발하는가? 하나님이? 아니다! 그러면 누가 우리를 정죄하는가? 그리스도 예수님이? 아니다."

생각해 보라. 당신이 아직 하나님의 원수였을 때 하나님이 예수 그리스도를 보내서 당신을 위해 죽게 하셨다. 예수님은 그렇게 하기로 동의하셨고, 성령님은 그 일이 일어나게 하셨다. 지금 당신은 더 이상 하나님의 원수가 아니라 자녀인데, 왜 성부, 성자, 성령 하나님이 당신을 정죄하고 부끄럽게 하고 죄책감을 느끼게 하시겠는가? 하나님이 이미 당신의 죄를 희생양이신 예수님께 지우셨는데, 왜 당신을 정죄하시겠는가? 예수님의 희생이 충분하지 않았는가? 그것은 영원한 것이 아니었는가?

히브리서 저자는 우리에게 확신 있게 말한다. "하물며 영원하신 성령으로 말미암아 흠 없는 자기를 하나님께 드린 그리스도의 피가 어찌 너희 양심을 죽은 행실에서 깨끗하게 하고 살아 계신 하나님을 섬기게 하지 못하겠느냐"(히 9:14).

그리스도의 희생은 하나님 앞에서 우리 죄를 멸했을 뿐만 아니라 정죄감과 죄책감과 죄에 대한 수치심으로부터 우리의 양심을 깨끗하게 해 주셨다. 그러므로 당신이 주님을 위해 살고 있고 주님이 원하시는 일에 순종하고자 하는데 여전히 이런 생각이나 감정 때문에 괴롭다면, 그것은 당신을 넘어뜨리려 하는 원수에게서 비롯된 것이다. 그 근원에 강력하게 맞서야 한다. 예수님이 광야에서 그를 시험한 원수와 싸우셨을 때와 똑같은 방법을 쓰면 된다. 바로 하나님의 말씀으로 싸우는 것이다!

하지만 만약 당신이 하나님께 불순종하며 산다면 당신 자신의 마음이 당신을 정죄하고 있을 것이다. 요한은 이렇게 말한다. "이는 우리 마음이 혹 우리를 책망할 일이 있어도 하나님은 우리 마음보다 크시고 모든 것을 아시기 때문이라 사랑하는 자들아 만일 우리 마음이 우리를 책망할 것이 없으면 하나님 앞에서 담대함을 얻고"(요일 3:20-21). 이 구절에서 "책망"이라는 단어는 흔히 사용되는 것처럼 '특정한 심판을 선고하는 것'을 뜻하지 않는다. 그보다 "카타지노스코"(kataginosko)라는 헬라어는 '불리하게 말하다', 즉 '흠을 잡다' 또는 '비난하다'라는 뜻이다.

우리 양심은 우리를 보호해 주며 하나님과의 교제에서 떨어져 나가지 않게 해 준다. 만일 우리가 이런 상태에서 앞으로 나아가지 못한다면, 그때에는 성령님이 사랑하는 아버지처럼 우리를 바로잡아 주실 것이다. "내 아들아 주의 징계하심을 경히 여기지 말며 그에게 꾸지람을 받을 때에 낙심하지 말라"(히 12:5). 그분이 우리를 징계하시는 것은 우리와 하나님의 관계를 회복시키고 우리가 더욱 하나님을 닮도록 하려는 것이지, 결코 우리를 죽이거나 도둑질하거나 파멸하려는 목적이 아니다.

정죄와 징계는 둘 다 불편한 감정을 일으킨다는 사실을 항상 명심하라. 그것은 고통스러운 일이다! "모든 연단이 당시에는 즐거움이 아니라 괴로움으로 보인다"(히 12:11, 우리말성경). 그러나 둘 사이에 큰 차이점이 있다. 정죄는 당신에게 탈출구를 알려 주지 않는다. 그것은 영원히 당신을 괴롭히는 수치심과 죄책감만 남길 뿐이다. 반면에 징계는 당신에게 탈출구를 준다. 그것이 바로 회개다.

요컨대, 당신이 불순종한다는 것을 양심이 느낀다면 하나님도 알고 계신다. 왜냐하면 하나님이 당신의 양심보다 크시기 때문이다. 불순종한 일이 있으면 즉시 회개하고 하나님께 자백하라. 그러면 용서해 주실 것이다. 그러면 간단히 끝난다.

"나의 자녀들아 내가 이것을 너희에게 씀은 너희로 죄를 범하지 않게 하려 함이라 만일 누가 죄를 범하여도 아버지 앞에서 우리에게 대언자가 있으니 곧 의로우신 예수 그리스도시라"(요일 2:1).

요한이 "너희가 죄를 범할 때"라고 말하지 않은 것에 주목하라. 목표는 우리가 죄를 범하지 않는 것이다. 죄의식은 당신이 다시 죄를 범하도록 부추기겠지만, 하나님과 올바른 관계에 있다는 의식이 있으면 죄에 강하게 맞설 수 있다. 이런 의식이 있으면, 당신의 삶에서 죄의 힘이 꺾였고 당신이 죄에서 완전히 벗어나 안팎으로 자유롭게 행하도록 은혜가 주어졌다는 사실을 기억하는 데 도움이 된다. "죄가 너희를 주장하지 못하리니 이는 너희가 …… 은혜 아래에 있음이라"(롬 6:14)라고 바울은 단언한다.

그러므로 목표는 죄를 범하지 않는 것이다. 하나님의 은혜는 우리가 이 목표에 도달할 수 있는 능력을 준다. 하지만 만일 죄를 범했다고 해도, 즉시 그것을 자백하고 하나님의 말씀의 약속을 믿을 수 있다. "만일 우리가 우리 죄를 자백하면 그는 미쁘시고 의로우사 우리 죄를 사하시며 우리를 모든 불의에서 깨끗하게 하실 것이요"(요일 1:9).

미쁘시다는 것은 우리가 아무리 여러 번 약속을 어겨도 매번 하나님이 용서해 주실 거라는 뜻이다. 의로우시다는 것은 당신이 어떤 사람이든, 무엇을 했든 상관없이 하나님이 그 일을 하실 거라는 뜻이다. 그러므로 하나님이 당신을 "모든" 불의에서 깨끗하게 해 주시면 당신은 하나님 앞에서 전혀 죄를 범하지 않은 것처럼 깨끗해진다. 예수님의 보혈이 그 죄를, 동이 서에서 먼 것같이 멀리 옮겨 주신다!

생명 안에서 왕 노릇 하는 신자에게 가장 큰 장애물이 바로 죄의식이다. 우리가 이미 회개하고 하나님 앞에 고백한 죄에 대해 계속 수치심과 죄책감 또는 정죄감 때문에 괴로워하면, 그것이 결국 우리를 약하게 만든다. 사람들이 하나님이 아닌 원수에게서 온 죄책감이나 수치심 때문에 믿음에서 멀어지는 모습을 너무나 많이 봤다. 그들은 한 가지 죄를 너무 여러 번 범했거나 도저히 용서받을 수 없는 죄를 범했다고 느꼈다. 하나님은 그들을 정죄하지 않으셨지만, 사탄이 그들의 새로워지지 못한 마음을 이용하여 죄책감과 수치심과 절망감 속에 더 깊이 빠지게 만들었다. 그래서 그들은 믿음에서 멀어지거나 아니면 열매 없고 죄책감에 시달리는 믿음에 안주해 버렸다. 삶을 다스리는 대신, 삶에게 지배를 당한 것이다.

자, 이제 정리해 보자. 당신이 죄를 지었지만 진심으로 회개하고 하나님께 고백했다면, 전혀 죄를 범하지 않은 것처럼 하나님 앞에 서 있는 것이다. 하나님은 놀라운 은혜로 그것을 단순하게 만들어 주셨다. 당신은 그것을 믿을 수 있다!

여기에 중요한 사실이 또 하나 있다. 당신이 참으로 하나님의 자녀라면 무엇보다도 하나님을 기쁘게 해 드리기 원할 것이다. 하나님의 씨앗이 당신 안에 있기 때문이다. 하지만 고의적으로 계속 불순종하는 사람은 참으로 하나님에게서 난 자가 아니다. 만약 죄를 범해도 된다는 허락을 받으려 한다면, 당신은 위태롭게 자신을 속이는 것이다. 단도직입적으로 말해서, 당신은 정말로 구원받은 것이 아니다.

성경은 이 사실을 분명히 한다. "만약 그가 계속하여 죄를 짓는다면, 그는 그리스도를 진정 이해하지 못한 것이며, 또한 그리스도를 알았다고도 할 수 없을 것입니다. 계속하여 죄를 짓는 사람은 마귀에게 속한 자입니다."(요일 3:6-8, 쉬운성경).

아픔, 질병, 육신의 쇠약함

아픔, 질병, 육신의 쇠약함을 다스리기 위해 은혜가 우리에게 어떤 능력을 주는가? 시편 기자가 쓴 진리의 말씀을 살펴보자.

> 내 영혼아 여호와를 송축하며[사랑과 감사의 마음으로 찬양하며] 그의 모든 은택을 [하나도] 잊지 말지어다 그가 네 모든 죄악을 [하나하나] 사하시며 네 모든 병을 [하나하나] 고치시며(시 103:2-3, AMP).

다시 한 번 당신이 삶 속에서 가장 신뢰하는 사람을 떠올려 보라. 그리고 하나님이 그보다 훨씬 더 믿을 만한 분이심을 고백하라. 그분은 절대로 약속을 어기지 않으신다. 우리가 시편 말씀에서 발견하는 첫 번째 은택은 하나님이 신실하게 우리의 모든 죄를 사해 주시는 것이다. 그리고 그게 다가 아니다. 연이어서 바로 하나님의 또 다른 축복을 절대 잊어

버리지 말라고 당부한다. 즉 결코 거짓말을 하실 수 없는 하나님이 "네 모든 병을 일일이 고쳐 주겠다"라고 말씀하신다. 거의 모든 질병이 아니라, 우리의 질병을 100퍼센트 고쳐 주신다는 것이다.

하나님의 치유는 죄 사함처럼 예수님의 구속 사역의 일부분이다. 이사야는 예수님이 우리의 영적이고 육적인 자유를 위해 인내하실 것을 예언했다. "그는 실로 우리의 질고를 지고 우리의 슬픔을 당하였거늘 우리는 생각하기를 그는 징벌을 받아 하나님께 맞으며 고난을 당한다 하였노라 그가 찔림은 우리의 허물 때문이요 그가 상함은 우리의 죄악 때문이라 그가 징계를 받으므로 우리는 평화를 누리고 그가 채찍에 맞으므로 우리는 나음을 받았도다"(사 53:4-5).

이 말씀에서 "질고"를 뜻하는 히브리어는 "촐리"(choli)다. 스트롱의 사전에서는 그 단어를 "질병, 슬픔, 아픔"으로 정의한다. 유명한 성경학자이자 저술가인 헨리 테이어도 그것을 "고통, 질병, 슬픔, 아픔"으로 정의했다. 그 용어는 구약 성경에서 24번 발견되며, 그 중 21번은 명확하게 아픔이나 질병을 의미한다. 위의 구절에서 "질고"는 "아픔"이나 "질병"으로 번역할 수 있다.

AMP는 이와 같은 결론을 뒷받침해 준다. "그는 실로 우리의 질고[아픔, 연약함, 고통]를 지고 …… 그가 채찍에 맞으므로[상처를 입으심으로] 우리는 나음을 받았도다"(사 53:4-5). WEB에는 "그는 실로 우리의 아픔을 지고 …… 그의 상처로 우리가 치유를 받는도다"라고 되어 있다. NET 성경은 "그가 우리의 병을 짊어지셨으니 …… 그의 상처로 인해 우리가 치유를 받았도다"라고 표현한다.

시편 기자와 이사야 둘 다 모든 죄의 용서와 질병의 치유를 같은 문장 안에서 말하는 것은 우연의 일치가 아니다. 둘 다 예수님이 갈보리에서 우리를 위해 값없이 베푸신 구속 안에 포함된 것이다.

복음서에 보면 병 고침을 받기 위해 예수님을 찾아온 사람 중에 치유 받지 못한 사람은 단 한 사람도 찾아볼 수 없다. 예수님은 한 번도 "너는 이 고통을 참고 견뎌야 한다. 왜냐하면 내 아버지가 그 고통을 통해 너를 가르치고 계시기 때문이다"라고 말씀하지 않으셨다. 하지만 나는 신자들이, 심지어 가르치는 교사들이 이렇게 말하는 것을 들었다.

왜 예수님이 지금 말을 바꾸시겠는가? 우리는 예수님이 어제나, 오늘이나, 영원히 동일하신 분이라고 들었다(히 13:8 참조). 지상에 계실 때 아무도 외면하지 않으셨던 것처럼 그분은 오늘날 우리를 결코 외면하지 않으실 것이다. 게다가 만일 하나님이 아픔을 통해 당신에게 뭔가를 가르치신다고 믿는다면, 왜 치료를 받기 위해 의사를 찾아가는가? 왜 하나님이 당신에게 가르치려고 애쓰시는 것을 대적하여 싸우는가?

사도행전을 보아도 하나님의 치유를 구하고 믿었으나 거절당했다는 사람은 한 명도 없다. 사도들은 한 번도 "당신을 고쳐 주는 것이 하나님의 뜻인지 아닌지 우리는 잘 모르겠으니, 그저 하나님이 고쳐 주시기를 바라야 할 것이오"라고 말하지 않았다. 치유는 언제나 확실한 것이었고, 치유를 구하는 자는 거절당하지 않았다. 이사야 53장과 시편 103편 말씀에 의하면, 치유는 죄 사함처럼 예수님의 구속의 한 부분이기 때문이다. 만일 당신이 한 가지를 버린다면 다른 하나도 버려야 할 것이다!

오늘날도 다르지 않다. 아픔, 질병, 또는 육신의 쇠약함은 모두 도적질, 살인, 파괴의 범주 아래 있는 것이다. 그것들은 우리가 확신을 가지고 맞설 수 있는 고난이다. 예수님의 갈보리 희생을 통해 우리가 그것에서 자유롭게 되었다는 것을 알기 때문이다. 그것들은 분명 우리 삶에 대한 하나님의 뜻이 아니다. 예수님의 구속의 패키지는 여전히 확고하고 온전하다! 바울이 "평강의 하나님이 친히 너희를 온전히 거룩하게 하시고 또 너희의 온 영과 혼과 몸이 우리 주 예수 그리스도께서 강림하실 때에 흠 없게 보전되기를 원하노라"(살전 5:23)라고 말하는 것도 이 때문이다. 바울은 우리의 영과 혼과 몸을 같이 말한다. 이는 예수님이 우리의 영과 혼을 온전케 하길 원하시는 것처럼 몸도 하나님이 창조하신 모습대로 온전케 하길 원하신다는 것을 나타낸다.

어떤 사람은 이렇게 말할 것이다. "하지만 제가 아는 사람 중에 하나님이 치유해 주실 것을 믿었지만 결국은 돌아가신 분이 있는데요." 그럼 이렇게 묻겠다. 하나님에 대한 우리 믿음의 근거가 다른 사람의 경험에 있는가 아니면 하나님의 영원한 말씀에 있는가? 이것을 당신의 생각과 마음속에 확고히 새겨야 한다. 참된 믿음은 마음속으로 하나님의 약속을 의심하지 않는다.

그러면 우리는 성경 말씀과 반대되는 다른 사람의 경험을 판단하지 않으면서 어떻게 받아들일 것인가? 예를 들어, 가족이나 친구가 질병 때문에 일찍 세상을 떠났다면? 그런 경우 내가 제안한 방법을 통해 믿음을 지키라. 성경은 우리가 경주를 한다고 가르친다. 경주에 참석한 선수들은 각자 달려야 할 코스가 있다. 어떤 사람의 경험이 성경의 기본 진리들과 일치하지 않으면, 그것은 그 사람의 코스에 놔두고 당신의 코스로 가지고 오지 말라. 그것은 그 사람과 하나님 간의 일이다. 하나님은 자비로우시고 의로우신 재판관이시다. 이렇게 하면 당신의 믿음은 약해지지 않는다. 하지만 어떤 사람의 간증이 영원한 하나님의 말씀과 일치하면, 그때는 그것을 당신의 코스로 가져와 당신의 경주를 더욱 강화하라.

하나님의 약속을 받아들일 수 있으려면, 말씀에 쓰여 있는 내용을 마음속 중심에 받아들여야 한다. 그렇게 하면 바디매오라는 사람처럼 끈질긴 믿음을 갖게 된다.

예수님이 제자들과 함께 여리고를 떠나려고 하시는데, 큰 무리가 예수님을 둘러쌌다. 바디매오라는 소경이 길가에 앉아 있다가 예수님이 지나가시는 것을 알고 큰소리로 주님을 불렀다. 옆에 있던 많은 사람이 그를 나무라며 선생님을 귀찮게 하지 말라고 했다. 하지만 바디매오는 더 크게 소리쳤다!

여기 이 사람의 믿음의 기초는 단지 머리에 있지 않고 마음에 있었다. 만일 바디매오가 하나님께서 자신을 고쳐 주

> 하나님의 약속을 받아들일 수 있으려면, 말씀에 쓰여 있는 내용을 마음속 중심에 받아들여야 한다. 그러면 끈질긴 믿음을 갖게 된다.

기 원하신다는 것을 전심으로 믿지 않았다면 그렇게 고집을 부리지 않았을 것이다. 특히 사람들이 그를 둘러싸고 꾸짖은 후에는 입을 다물고 이런 잘못된 생각을 받아들였을 것이다. '예수님이 나에게 오셔서 내 병을 고쳐 주지 않으시니, 그것은 곧 하나님은 내 눈이 안 보이는 걸 참고 살기 원하신다는 뜻일 거야.' 하지만 바디매오는 그런 거짓말에 속지 않았다. 바디매오는 단호히 목소리를 높였다. 그 다음에 무슨 일이 일어났는지 보라.

예수께서 걸음을 멈추시고(막 10:49, 새번역).

얼마나 놀라운 일인가! 예수님은 세상에 오신 목적을 이루시려고 굳은 결심으로 예루살렘을 향해 가고 계셨다. 즉 주어진 과제에 집중하고 계셨다. 수많은 사람이 예수님을 둘러싸고 있었지만, 그들의 필요 때문에 예수님이 걸음을 멈추시고 자신의 사명을 잠시 보류하지는 않으셨다.

그런데도 이 소경은 예수님을 향해 입을 다물지 않았다. 어떤 책망도 그의 입을 닫게 하지 못했다. 예수님의 걸음을 멈추게 한 것은 그의 목소리였다. 예수님은 그를 불러 오라고 말씀하셨다. 그래서 제자들은 그 소경을 불렀다. "용기를 내어 일어나시오. 예수께서 당신을 부르시오!"(막 10:49, 새번역).

분명히 바디매오의 주변 사람들은 그리 따뜻한 사람들이 아니었다. 사실 그들은 바디매오가 하려는 일에 반대했다. 하지만 그럼에도 바디매오는 전혀 동요하지 않았다. 바디매오는 믿음으로 포기하지 않았다. 그는 겉옷을 벗어 던지고 벌떡 일어나 예수님께 갔다.

그러자 예수님이 "내가 너에게 무엇을 하여 주기를 바라느냐?"라고 물으셨다. 이게 대체 무슨 말인가? 앞을 못 봐서 다른 사람의 부축을 받아야 하는 소경이 무엇을 바라느냐는 질문을 받았다. 대답이 너무나 뻔한데, 왜 예수님은 이런 질문을 하신 걸까? 정말 그의 필요를 모르셨을까? 아니면 그를 모욕하신 걸까? 당연히 아니다! 예수님은 바디매오가 믿음의 증거를 보이기를 원하셨던 것이다.

만일 바디매오가 "앞을 보게 해 달라는 건 너무 큰 부탁이라는 것을 압니다. 하지만 이틀 동안 저를 괴롭혀 온 두통은 치료해 주실 수 있지 않나요?"라고 말했다면, 딱 자기가 요구한 것만 받았을 것이다. 소경이 눈을 떴을 때 예수님이 하신 말씀을 보면 이것이 사실임을 알 수 있다. "가거라. 네 믿음이 너를 구원하였다."

결핍과 가난

은혜가 우리에게 결핍과 가난을 다스릴 능력을 주는가? 무슨 이유에서인지, 많은 사람이 배부르게 먹지 않는 것이 경건함의 전형적인 표시라고 믿는다. 이런 자세는 빌립보서 4장 19절 말씀에 위배된다. 빌립보서에서 바울은 동료 그리스도인들에게 "나의 하나님이 그리스도 예수 안에서 영광 가운데 그 풍성한 대로 너희 모든 쓸 것을 [가득] 채우시리라"라고 장담한다(AMP).

문맥 속에서 그 구절을 읽어 보면, 바울이 이 신자들에게 구체적으로 재물에 대해 말한다는 사실을 알게 될 것이다. 경제 상황이나 주식 시장이 아니라 영광 가운데 하나님의 풍성함을 따라 우리의 필요가 채워질 것이다. 그것은 놀라운 것이다. 하나님은 많은 부를 소유하고 계시기 때문이다. 정확히 말하면 하나님은 무한히 공급해 주실 수 있다! 이 약속에 근거하여, 우리가 모든 좋은 것에 부족함이 없는 게 하나님의 뜻이라는 것을 확신할 수 있다.

시편 기자의 말을 들어 보자. "젊은 사자는 궁핍하여 주릴지라도 [그들의 필요에 의해 하나님의 말씀을 근거로] 여호와를 찾는[묻고 요구하는] 자는 모든 좋은 것에 부족함이 없으리로다"(시 34:10, AMP). 결핍과 가난은 충만한 삶이 아니다. 따라서 당신 삶에 대한 하나님의 뜻이 될 수 없다.

성경은 좋은 이름이 많은 재물보다 낫고 심지어 값비싼 향유보다 낫다고 말한다(잠 22:1, 전 7:1 참조). 당신이 약속 하나 제대로 지키지 못한다면 사람들은 당신의 말을 귀담아 듣지 않는다. 그러나 만일 하나님이 당신의 쓸 것을 채워 주시는 것을 주변 사람들이 본다면 그것이 믿지 않는 자에게 큰 증거가 된다. 하나님의 말씀은 "네가 많은 민족에게 꾸어줄지라도 너는 꾸지 아니할 것이요"(신 28:12)라고 말한다. 우리가 풍성한 재물을 나누며 복음 사역을 위해 씀으로써 "많은 민족에게 꾸어줄" 때 그것이 얼마나 큰 증거가 되겠는가!

이 성경 말씀을 보면 하나님은 단지 우리의 필요를 공급해 주시는 것이상으로 우리에게 부어 주기 원하시는 것 같다. 하나님은 우리가 번창하기를 바라신다. 사도 요한의 기도 속에서 하나님의 뜻을 들어 보자. "사랑하는 자여 네 영혼이 잘됨같이 네가 **범사에** 잘되고 강건하기를 내가 간구하노라"(요삼 2절).

내가 강조한 "범사에"라는 말을 주의 깊게 보았는가? 다른 무엇보다도 하나님은 그분의 자녀인 당신이 잘되고 강건하기를 바라신다. 다시 말하겠다. 다른 무엇보다도, 당신이 범사에 잘되기를 바라신다! 사도의 기도가 하나님의 뜻이 아니었다면 성경에 기록되지 않았을 것이다. 하나님은 과장하지 않으신다. 그러므로 이 말을 믿어도 된다. 놀랍지 않은가!

잘되는 것이 무엇인가? 당신의 필요뿐만 아니라 당신의 영향권 안에 있는 사람들의 필요까지 채우고도 남을 만큼 넉넉한 것이다. 다시 말해서, 하나님이 당신에게 그의 이름으로 접촉하라고 하신 사람들에게 다가가는 데 있어 돈이 결정적인 요소가 되지 말아야 한다. 하나님의 말씀에 "네 하나님 여호와를 기억하라 그가 네게 재물 얻을 능력을 주셨음이라 이같이 하심은 네 조상들에게 맹세하신 언약을 오늘과 같이 이루려 하심이니라"(신 8:18)라고 선언하는 이유도 이 때문 아닐까?

하나님은 우리가 돈을 갖는 것을 반대하지 않으신다. 하나님이 반대하시는 것은 돈이 우리를 소유하는 것이다. 돈은 모든 악의 뿌리가 아니다. '돈을 사랑하는 것'이 모든 악의 뿌리다.

*

많은 젊은 신자와 미숙한 신자들이 방금 이야기한 중요한 삶의 영역들과 씨름한다. 하지만 하나님이 그런 수치심과 죄책감, 정죄감, 질병,

육신의 쇠약함, 결핍, 또는 가난을 일으키신 것이 아니라는 사실을 확실히 알면, 원수가 공격해 오는 다른 영역을 분별하기가 더 쉬워진다. 이제 우리는 삶 속에서 진짜 싸움을 할 준비가 되었다. 바로 하나님나라를 위한 싸움이다.

싸우러 나갈 때 명심할 것이 있다. 당신을 괴롭히는 것이 도둑질, 죽음, 또는 파괴의 범주에 속하는 것이라면, 그것은 하나님과 아무 상관없는 것이다. 그것은 당신을 낙심시키고, 패배시키고, 집어 삼키려 하는 사탄의 세력에서 나오는 것이다. 우리는 하늘에서와 같이 땅에서도 하나님나라가 임하는 것을 보기 위해 끈질기게 싸워야 한다.

3

영적 무장으로
전투에 대비하라

그리스도께서 이미 육체의 고난을 받으셨으니
너희도 같은 마음으로 갑옷을 삼으라
이는 육체의 고난을 받은 자는 죄를 그쳤음이니(벧전 4:1).

한 나라가 총, 대포, 폭탄, 탱크, 비행기, 심지어 칼도 없이 군사들을 전쟁에 내보낸다고 상상해 보자. 그 나라는 전쟁을 어떻게 치를까? 제대로 싸우긴 할까? 살아남을 수는 있을까? 내 생각엔 많은 사람이 죽고 나머지는 전쟁 포로로 잡혀갈 것이다.

그런 터무니없는 시나리오는 지금까지 벌어진 적이 없기에 추측일 뿐이다. 그러나 말도 안 되게 들릴지도 모르지만, 그것은 '고난받을 준비'가 되어 있지 않은 신자와 크게 다르지 않다. 안타깝지만 우리 대부분이 무장되어 있지 않다. 따라서 예기치 못한 '환난'이 발생하면 깜짝 놀라 당황하여 어찌할 바를 모른다. 그래서 적극적으로 '행동'하는 대신 수동적으로 '반응'하게 된다.

베드로는 첫 번째 편지에서 성령의 감동을 받아 우리에게 충고하기를, 그리스도와 같이 고난받기 위해 무장하라고 말한다. 예수님은 어떻게 고난을 받으셨는가? 죄 때문에 괴로워하셨는가? 아니다. 그러나 예수님은 죄에 대항하셔야만 했다. 질병이나 고통 때문에 괴로워하셨는가? 아니다. 하지만 그것과 싸우셔야만 했다. 공과금을 낼 돈이나 사명을 완수하기 위한 돈이 부족하셨는가? 아니다. 하지만 쓸 것을 공급해 주시는 하나님을 의지하셔야만 했다. 예수님은 모든 점에서 시험을 받으셨으나, 원수의 어떤 공격에도 굴복하지 않으셨다. 우리는 예수님처럼 행해야 한다. 그러므로 우리도 마귀의 어떤 계략에도 넘어가선 안 된다.

베드로의 편지를 좀 더 깊이 읽어 보면, 예수님이 받으신 고난이 사람들의 부당한 대우, 특히 그 당시에 타락한 정치 · 종교 지도자들의 불공정한 대우였다는 것을 알게 된다. 이것은 통치권에 들어가기 위해 감내해야 할 가장 고차원적인 고난이다.

부당한 대우는 사도 바울에게도 가장 큰 문제였다. 바울은 돌에 맞았고, 다섯 번 매를 맞았고, 세 번 채찍을 맞았고, 자기 나라 사람들과 외국인들과 거짓 신자들 때문에 끊임없이 위험에 처했다. 바울은 비방과 모함과 조롱, 학대, 모욕, 거짓 고소를 당했다. 그런 바울이 우리에게 똑같은 경고를 한다. "무릇 그리스도 예수 안에서 경건하게 살고자 하는 자는 박해를 받으리라"(딤후 3:12).

만일 당신이 세상 사람들과 똑같이 산다면 박해를 당하지 않을 것이다. 당신은 사실상 전쟁의 포로나 다름없다. 적군의 포로수용소에 갇혀 있는 것이다. 더 이상 하나님나라를 위해 땅을 점령하지 못하며, 하나님께 영광을 돌릴 수 없다. 반면에 자유롭게 적의 기지를 차지하기 위해 싸우는 군인들은 공격을 받는다.

우리는 하나님나라와 완전히 대조적이고 적대적이기까지 한 세상에 산다. 이 세상의 흐름은 하나님의 영의 흐름과는 정반대다. 따라서 당신이 참으로 하나님을 위해 산다면 환난과 고통과 박해를 당할 것이다. 그것은 우리의 직무에 속한 일이다. 불리한 환경이든, 또는 사람들이나 조직이나 이 세상 제도의 반대든 간에, 그리스도 안에 살면 방해세력이 있을 것이다. 그러므로 베드로의 말처럼 준비해야 한다. 그의 말처럼 "갑옷을 입어야" 한다.

먼저 예기치 못한 시련을 만났을 때, 무장한 사람과 무장하지 않은 사람의 예를 살펴보는 것이 도움이 될 것이다. 민간 항공사 조종사는 6개월이나 1년에 한 번씩 정기적으로 훈련을 받으러 간다. 그 훈련에서 중요한 부분은 최첨단 시뮬레이터에서의 훈련을 무사히 통과하는 것이다. 최첨단 시뮬레이터란 복잡한 컴퓨터 시스템을 갖춘 훈련 장치, 특정 항공기의 모든 조종 장치를 똑같이 만들어 놓은 조종석, 비행기 밖 세상을 복제한 시각적 시스템이다. 모두 조종사의 조종이나 외부 환경 요소에 반응하여 움직이는 장치들이다.

시뮬레이터를 운영하는 강사는 조종사들에게 온갖 시련(들립시스)을 준다. 시뮬레이터로 모든 비행 조건과 기계 고장을 똑같이 만들어 낼 수 있기 때문이다. 조종사들은 심한 난기류, 바람, 극단적인 기상 조건, 엔진이나 에너지의 손실, 착륙장치의 오작동 같은 상황을 만난다.

조종사들이 훈련을 받는 동안 예기치 못한 문제들을 반복해서 잘 이겨 내면 실제 상황에서 그런 위기들을 해결할 준비가 갖춰질 거라고 생각해 이런 훈련을 하는 것이다. 실제로 그런 반복훈련을 통해 조종사들이 응급 상황을 분별하고 해결하는 법을 배웠기 때문에 많은 재난을 방지할 수 있었다.

2001년 9월 11일 전에 일어났던 어느 항공사고를 기억한다. 그것은 소형 여객기여서, 보통 조종사와 승객들을 분리시키는 조종석 문이 없었다. 추락사고 직후에 블랙박스를 복구해 검사해 보았다. 비행기에 조종석 문이 없었기 때문에 전문가들은 조종사들과 승객들의 반응을 둘 다 들을 수 있었다. 비행기가 하늘에서 갑자기 떨어지자 승객들은 극도로 흥분해서 비명을 질렀다.

그러나 조종사들은 침착하게 제대로 작동하지 않는 부분을 확인하고 상황을 헤쳐 나가려고 했다. 조종사들은 공포에 휩싸이지 않고 모의 훈련을 받은 대로 행동했다. 지휘조종사가 지시를 내리면 부조종사가 그대로 따랐다. 이것은 끝까지 계속되었다. 조종사들은 예기치 못한 재난에 대비해 무장했지만 승객들은 무장하지 않았기 때문에 그렇게 반응이 달랐던 것이다. 조종사들은 목적을 가지고 행동했지만, 승객들은 오로지 두려움으로 반응할 수밖에 없었다.

이것은 베드로전서 4장 1절의 메시지이기도 하다. 즉 우리는 조종사가 예기치 못한 상황에 대처하기 위해 무장하는 것처럼 영적 싸움을 위해 무장해야 한다. 이 책은 당신이 삶을 다스리며 그리스도 안에서 사명을 이루어 가는 과정에서 반드시 만나게 될 고난에 대비해 당신을 준비시켜 줄 시뮬레이터가 될 것이다. 그것이 나의 바람이다.

누구든 환난을 피할 수 없다

무장하기 위해 제일 먼저 알아야 할 것은 환난은 피할 수 있는 게 아니라는 사실이다. "세상에서는 너희가 환난을 당하나"라고 예수님이 요한복음 16장 33절에 강조해서 말씀하셨다. '당할지도 모르는' 것이 아니라 '당할 것이다.' 바울은 "우리가 하나님의 나라에 들어가려면 많은 환난을 겪어야 할 것이라"(행 14:22)라고 충고한다. 그리고 다시 말하기를 "아무도 이 여러 환난 중에 흔들리지 않게 하려 함이라 우리가 이것을 위하여 세움 받은 줄을 너희가 친히 알리라"(살전 3:3)라고 한다.

우리는 전쟁에 나가는 군인처럼 고난을 위해 세움 받았다. 훌륭한 전사는 지기 위해 전쟁에 나가지 않는다. 그는 승리만 바라보고 나아가며, 승리하기 위해 고난을 겪으며 싸우기로 결단한다. 그는 전쟁을 위해 무장되어 있다. 우리는 전쟁 중에 있다. 당신의 삶이 구원받기 전보다 더 평온해질 거라고 생각했는가?

새신자들에게 앞으로 아무 문제없고 이상적인 삶으로 들어갈 거라고 말해 주는 사람들을 보면 화가 난다. 새신자들에게 이런 터무니없는 말을 해 주는 사역자나 신자들은 참으로 구원을 받지 못했거나 아니면 새신자의 영혼이 잘되는 것보다 구원의 '이상에 접근하는 것'에 더 관심이 있는 것이다. 이런 '선생들'이 예수님의 씨 뿌리는 비유에 나오는 말씀을 깊이 생각해 본 적이 있는지 의심스럽다.

씨 뿌리는 비유에서 예수님은 사람의 마음속에 말씀이 뿌려지면 "말씀으로 인하여 환난이나 박해가 일어난다"(막 4:17)라고 가르치신다. NLT에는 이렇게 번역되어 있다. "그들이 말씀을 믿기 때문에 문제가 생기거나 박해를 받는다." 단도직입적으로 말해서, 그리스도가 항상 그러셨듯이 당신도 하나님의 말씀을 믿을 때에는 문제와 고난과 박해에 동참하는 것이다.

당신이 젊은 그리스도인이며, 아직 이것을 체험하지 못했다면 내가 최초로 말해 주겠다. 당신은 전에 경험해 보지 못한 전쟁들을 맞이하게 될 것이다. 하지만 좋은 소식은, 그 중 하나도 패하지 않을 수 있다는 것이다! 당신이 구원받기 전에는 여러 면에서 패배했지만, 이제는 당신 안에 거하시는 성령님과 하나님의 비할 데 없는 은혜를 통해 당신에게 닥치는 모든 문제를 이길 권위와 능력이 있다.

당신이 직면한 사건은 새로운 게 아니다

전쟁을 위해 '무장하는' 것에 대해 두 번째로 알아야 할 건 정말로 해 아래 새 것이 없다는 사실이다. 당신이 만날 어려움은 누구도 경험해 보지 못한 것이 아니다. 특히 예수님은 모든 면에서 시험을 받으셨다. 바울의 말을 들어 보자.

여러분의 앞길에 닥치는 시험과 유혹은 다른 사람들이 직면해야 했던 시험과 다르지 않습니다. 다만 여러분이 기억해야 할 것은, 하나님께서 여러분을 포기하지 않으시고, 여러분이 한계 이상으로 내밀리지 않게 하시며, 그 시험을 이기도록 언제나 곁에 계시며 도우신다는 사실입니다(고전 10:13, 메시지).

당신이 만나는 시련은 이미 다른 누군가가 직면하여 이겨 낸 적이 있는 것이다. 그것을 확신할 수 있다! 또한 그 구절은 우리 힘으로 감당할 수 없는 고난이나 박해는 당하지 않을 거라고 약속한다. 하나님이 그것을 허락하지 않으실 것이다. 당신이 견딜 수 없는 반대나 고난에 직면할지 모른다는 두려움은 모두 떨쳐 버릴 수 있다. 하늘에 계신 아버지가 그런 일이 당신에게 닥치도록 허락하지 않으실 것이고 막아 주실 것이기 때문이다.

TEV 성경에서는 "하나님은 약속을 지키시며, 당신의 힘으로 견딜 수 없는 시련을 받게 하지 않으실 것이다"라고 말한다. 우리에게 확신을 주는 놀라운 진리는 마귀가 당신에게 마음대로 접근할 수 없다는 것이다. 원수가 공격하려면 먼저 전능하신 하나님께 허락을 받아야 한다. 하늘에 계신 우리 아버지는 결코 시험을 계획하시거나 주시는 분이 아니다. 그러나 때로는 당신이 하나님나라를 위해 땅을 정복하면서 원수를 무찌르고 하나님께 영광을 돌릴 수 있도록 시험을 허락하실 것이다. 매우 존경받던 초대 교회의 지도자 터툴리안은 이것에 대해 다음과 같은 심오한 말을 했다.

"하나님은 (사탄의) 계획대로 되도록 허락하심으로써 하나님의 선한 목적과 일관되게 행하셨다. 하나님은 인간의 회복을 미루신 것과 똑같은 이유로 마귀의 파멸을 뒤로 미루셨다. 갈등의 여지를 주시므로, 그 안에서 인간이 자유의지로 원수와 싸우게 하셨다. 인간이 사탄에게 굴복하게 만든 바로 그 자유의지로 말이다 …… (또한 그것은 인간으로 하여금) 승리

함으로써 자신의 구원을 멋지게 회복할 수 있게 해 준다. 이렇게 해서 사탄은 예전에 자기가 상처 입혔던 자에게 정복당함으로써 더 심한 형벌을 받게 된다. 그러므로 하나님은 더욱더 선하신 분임을 알게 된다."[1]

하나님은 우리에게 원수를 이기고, 어떤 의미에서 우리가 구원받기 전에 경험했던 죄악된 패배를 '되갚아 줄' 수 있는 특권을 주신다. 모든 영광은 하나님께 돌아간다. 원수는 더 이상 하나님의 작품인 인간을 비웃을 수 없다. 원수는 에덴동산에서 아담이 타락한 후로 인간을 비웃었지만, 그 후에 예수님이 오셔서 원수를 치셨다. 그리고 이제 하나님이 우리에게 마귀를 채찍질하는 일을 완성할 특권을 주셨다.

바울은 "나는 여러분을 위해 받는 고난을 기뻐합니다. 자신의 몸인 교회를 위해 그리스도께서 겪으셔야 할 고난의 남은 부분을 내가 겪을 수 있으니, 그것을 기쁨으로 견뎌 냅니다"(골 1:24, 쉬운성경)라고 말한다. 이 말씀을 제대로 이해하지 못하고 읽으면, 예수님의 고난이 우리의 구원을 완성하기에 충분치 못하다는 말로 잘못 생각할 수 있다. 이런 이유로 많은 그리스도인이 이 성경 구절을 피하고 깊이 생각하지 않는다.

하지만 바울의 말은 전혀 그런 뜻이 아니다. 그보다 바울은 하나님나라를 세상 끝까지 확장해 가는 데 필요한 일을 완성하는 우리의 특권을 지적하고 있다. 예수님은 당신이 이루신 일을 세상 끝까지 전파하는 일을 완성할 특권을 우리에게 주셨다. 원수가 타오르는 복수심으로 저항하기 때문에 고난이 생기지만, 그것은 승리로 끝나는 고난이다. 예수님의 말씀처럼 "음부의 권세가 이기지 못할" 것이다. 예수님은 그의 교회에 대해 말씀하셨다(마 16:18 참조). 이것은 전쟁이다. 우리는 행군 중이고, 하나님의 은혜의 능력을 통해 결국 승리하게 되어 있으며, 지옥은 우리를 멈추게 하거나 패배시킬 수 없다. 우리에게는 하나님의 말씀이 있다!

기억하라. 당신이 그리스도인으로 살면서 어떤 역경을 만나든, 그것은 다른 그리스도인이 이미 싸워서 이긴 것이고 예수님도 그것을 이기셨다는 사실을 말이다. 베드로는 이렇게 권면한다. "너희는 믿음을 굳건하게 하여 그를 대적하라 이는 세상에 있는 너희 형제들도 동일한 고난을 당하는 줄을 앎이라"(벧전 5:9). 베드로가 말하는 고난은 하나님이 우리에게 원하시는 삶을 사는 것과 연관이 있다. 하지만 우리가 하나님의 능력 안에 굳게 설 때 반드시 승리할 것이다.

결코 패배할 필요가 없다

이제 '무장'의 세 번째 중요한 핵심에 이르렀다. 즉 당신이 결코 패배할 필요가 없다는 것이다. 예수님의 이 말씀을 대충 보고 넘기지 말라. 귀 기울여 듣고 깊이 생각해 보라.

"보아라! 내가 너희에게 …… 원수의 모든 세력을 누를 권세를 주었으니, 아무것도 너희를 해치지 못할 것이다"(눅 10:19, 새번역).

이 말에는 많은 의미가 담겨 있다! 첫째, 예수님이 우리에게 "보아라"라고 하실 때 그 말에 담긴 열정을 알아보아야 한다. 예수님은 원수의 '모든' 능력을 막을 권세가 당신에게 주어졌다고 말씀하신다. 당신은 원수의 능력을 100퍼센트 이길 권세가 있고, 또 당신을 공격하는 모든 악한 세력보다 훨씬 더 큰 능력을 가지고 있다.

킹제임스(KJV) 성경을 보면 "내가 너희에게 …… 원수의 모든 능력을 이길 능력을 주노라"라고 되어 있다. 이것은 바울의 말과도 일치한다. 바울은 우리가 "믿는 우리에게 베푸신 능력의 지극히 크심이 어떠한 것을" 알고, 그 능력이 "모든 통치와 권세와 능력과 주권과 …… 일컫는 모든 이름 위에 뛰어남"을 알게 되기를 기도한다(엡 1:19-21 참조).

또한 우리를 지지해 주는 더 놀라운 사실이 있다. "자녀들아 너희는 하나님께 속하였고 또 그들[그리스도를 반대하는 영들]을 이기었나니 이는 너희 안에 계신 이가 세상에 있는 자보다 크심이라"(요일 4:4). 모든 악한 영은 그리스도를 반대하는 영들이며, 그들이 모든 환난의 근원이다. 우리 안에 사시고 우리에게 능력 주시는 분이 그들을 이기셨기 때문에 우리는 이미 그들을 이긴 것이다.

누가복음 10장 19절에서는 예수님이 "너희를 해칠 자가 결코 없으리라"라고 약속하신다. 어떤 악한 세력도, 아무도 당신을 해칠 수 없다. 하나님이 주신 무기로 끝까지 끈질기게 싸우면 반드시 이길 것이다. 다시 말하지만 당신에게는 하나님의 말씀이 있다. "항상 우리를 그리스도 안에서 이기게 하시는 하나님께 감사하노라"(고후 2:14).

예수님이 약속하신 것을 요한이 단호하게 말한다. "하나님에게서 난 사람은 누구나 세상의 방식을 이깁니다. 세상을 무릎 꿇게 하는 승리의 힘은, 다름 아닌 우리의 믿음입니다"(요일 5:4, 메시지).

왜 믿음인가? 믿음은 우리가 승리하기 위해 필요한 은혜(능력)에 다가가게 해 준다. 우리는 어떻게 하나님의 은혜로 생명 안에서 왕 노릇 해야 하는지에 대해 논의해 왔다. 하지만 하나님의 은혜가 아무리 모든 사람에게 값없이 주어졌더라도 우리가 믿지 않으면(믿음이 없으면) 은혜에 다가갈 수 없다. 왜냐하면 믿음은 우리가 겪는 모든 상황에 하나님의 은혜(능력)를 가져오는 관이기 때문이다. 바울의 말처럼 우리는 "믿음으로 서 있는 이 은혜에 들어감을 얻었"(롬 5:2)다.

하나님의 은혜는 무료이며, 모든 하나님의 자녀가 누릴 수 있다. 하지만 '하나님의 은혜의 말씀'을 믿지 않으면 우리는 은혜를 전혀 소유하지 않은 것과 같다. 바울이 다시 못 볼 지도자들과 신자들에게 어떻게 말했는지 기억하라. "지금 내가 여러분을 주와 및 그 은혜의 말씀에 부탁하노니 그 말씀이 여러분을 능히 든든히 세우사 거룩하게 하심을 입은 모든 자 가운데 기업이 있게 하시리라"(행 20:32). 바울은 하나님의 영광을 위해 생명 안에서 왕 노릇 하는 기업을 그들에게 주는 것, 즉 하나님의 은혜의 말씀을 말한 것이다.

은혜는 모든 싸움을 이기기에 충분하다

이것은 우리를 무장에 관한 네 번째 중요한 진리로 인도한다. 즉 하나님의 은혜는 당신이 만날 모든 역경을 이기기에 충분하고도 남는 능력이라는 것이다.

> 하나님 은혜는 당신이 만날 모든 역경을 이기기에 충분하고도 남는 능력이다.

우리는 이것을 바울의 개인적인 싸움 속에서 볼 수 있다. 바울의 통찰과 계시들이 어둠의 왕국에 큰 피해를 입히고 있었다. 성령님으로부터 내려온 이 진리들은 그 세대와 다음 세대의 신자들에게 큰 힘이 되어 주었다. 결국 바울은 다음과 같이 말했다. "여러 계시를 받은 것이 지극히 크므로 너무 자만하지 않게 하시려고 내 육체에 가시 곧 사탄의 사자를 주셨으니 이는 나를 쳐서 너무 자만하지 않게 하려 하심이라"(고후 12:7).

바울이 직면한 이 특별한 상황은 성경 교사들 사이에 논란을 일으켰다. 하지만 솔직히 말하면 그럴 만한 일이 아니었다. 자, 모든 오해를 풀어 보자.

첫째, 바울에게 "육체의 가시"를 준 이는 누구인가? 우리는 하나님이 아니라는 것을 확실히 알 수 있다. 왜냐하면 "내 사랑하는 형제들아 속지 말라 온갖 좋은 은사와 온전한 선물이 다 위로부터 빛들의 아버지께로부터 내려오나니 그는 변함도 없으시고 회전하는 그림자도 없으시니라"(약 1:16-17)라는 말씀을 알기 때문이다.

사탄의 사자는 절대로 좋은 게 아니며, 당연히 온전한 것도 아니다. 어떤 사람은 "하지만 간접적으로 바울이 교만하지 않게 해 준 것이니 좋은 것 아닌가?"라고 반박할지도 모른다. 그러나 야고보는 이런 잘못된 생각이 자리 잡을 틈을 주지 않는다. "하나님께서는 악에 영향받는 분도 아니시며, 누군가의 앞길에 악을 들이미는 분도 아니십니다"(약 1:13, 메시지).

야고보의 말을 보라. "하나님께서는 …… 누군가의 앞길에 악을 들이미시는 분이 아니시다." 하나님이 사탄의 사자를 보내셨을 리가 없고, 악으로 바울을 시험하시고 야고보를 통해 거짓말을 하셨을 리도 없다. 하나님은 거짓말을 하실 수 없다. 그러므로 의심의 여지없이 우리는 그 "가시"가 하나님에게서 온 것이 아니었다고 결론지을 수 있다.

둘째, 바울의 육체의 가시는 무엇이었는가? 어떤 교사들은 그것이 질병, 눈병, 또는 육신의 약한 부분이었다고 말한다. 그 교사들은 다음과 같이 계속되는 바울의 글에서 추론한 것이다.

> 이것이 내게서 떠나가게 하기 위하여 내가 세 번 주께 간구하였더니 나에게 이르시기를 내 은혜가 네게 족하도다 이는 내 능력이 **약한 데서** 온전하여짐이라 하신지라 그러므로 도리어 크게 기뻐함으로 나의 여러 **약한 것들**에 대하여 자랑하리니 이는 그리스도의 능력이 내게 머물게 하려 함이라(고후 12:8-9).

나는 윗 구절에서 두 단어를 강조했다. 바로 "약한 데"와 "약한 것들"이다. 먼저 두 번째 단어에 초점을 맞추어 살펴보겠다. 혼동하는 교사들은 "나의 여러 약한 것들에 대하여 자랑하리니"라는 말에서 바울의 가시가 육신의 연약함이었을 거라고 추론한다.

"약한 것들"에 해당하는 헬라어 단어는 "아스데네이아"(astheneia)다. 그것은 신약 성경에 12번 사용되었다. 물론 복음서에서 이 말은 대부분 육신의 연약함을 나타내는 데 사용되었다. 하지만 서신서에서는 대부분 인간의 약함을, 즉 우리 자신의 힘으로 어떤 일을 이루거나 극복해 낼 수 없는 무능함을 나타내는 말로 쓰였다.

한 예가 로마서 8장 26절이다. "이와 같이 성령도 우리의 연약함을 도우시나니 우리는 마땅히 기도할 바를 알지 못하나 오직 성령이 말할 수 없는 탄식으로 우리를 위하여 친히 간구하시느니라." 여기서 "연약함"에 해당하는 헬라어 단어가 "아스데네이아"다. 내 생각에는 모든 그리스도인이 육신의 약함(질병이나 아픔)을 갖고 있을 것 같지는 않다. 그러면 중보 기도와 관련해서 모든 신자가 갖고 있는 약함은 무엇인가? 우리에게는 종종 인간적인 한계 때문에 어떻게 기도해야 할지 모를 때가 있다.

예를 들어, 우리 어머니는 플로리다에 살고 계시고 나는 콜로라도에 사는데, 어머니에게 기도가 절실히 필요한 응급상황이 발생했으나 나에게 연락을 할 수 없었다고 하자. 그런 경우 나의 인간적인 한계로는 어머니의 긴급한 필요를 알 수가 없다. 하지만 성령님이 나에게 어머니를 위해 기도하도록 이끄심으로써 이렇게 무능한(약한) 나를 도와주실 것이다. 다시 말하지만, 이 "아스데네이아"라는 헬라어는 자연적인 인간의 무능함과 관계가 있다.

또 다른 예는 히브리서 4장 15절 말씀이다. "우리에게 있는 대제사장은 우리의 연약함을 동정하지 못하실 이가 아니요 모든 일에 우리와 똑같이 시험을 받으신 이로되 죄는 없으시니라." 여기에 쓰인 "연약함"이라는 단어도 헬라어로 똑같이 "아스데네이아"다.

예수님은 자발적으로 이런 인간의 무능함을 떠안으셨다. 그래서 예수님은 우리의 어려움을 공감하시며 그분의 은혜로 우리를 효과적으로 도와주실 수 있다. 예수님이 "모든 일에 우리와 똑같이 시험을 받으신 이로되 죄는 없으시니라"라는 구절은 분명 질병과 관련된 것이 아니라 예수님이 이 땅에 사시는 동안 자발적으로 떠안으신 인간의 무능함과 관련된 것이다.

따라서 고린도후서 12장 8-9절의 바울의 말은 이런 식으로 쉽게 해석할 수 있다. "내 은혜가 네게 족하도다 이는 내 능력이 인간의 무능함 속에서 온전하여짐이라 하신지라 그러므로 도리어 크게 기뻐함으로 나의 인간적인 무능함에 대하여 자랑하리니 이는 그리스도의 능력이 내게 머물게 하려 함이라."

사실 이 구절이 다른 성경 번역에서는 이렇게 번역되어 있다. 한 예로 CEV 성경을 보면 이렇게 되어 있다. "'네게 필요한 것은 오로지 나의 은혜뿐이다. 네가 약할 때 나의 능력이 가장 강하다.' 그러므로 그리스도께서 계속 나에게 그의 능력을 주신다면, 나는 기꺼이 나의 약한 모습을 자랑할 것이다."

성령님이 육신의 아픔에 대해서만 말씀하신다고 생각한다면 스스로 속고 있는 것이다. 그것이 사실이라면 그 구절은 "'네가 육체적으로 아플 때 내 능력이 가장 강하다.' 그러므로 그리스도께서 계속 나에게 그의 능력을 주신다면, 나는 기꺼이 나의 아픈 모습을 자랑할 것이다"라고 번역했을 것이다. 말이 안 되지 않는가? 정말로 잘 생각해 보면 이런 생각이 얼마나 어리석은지 알게 될 것이다.

또한 문맥을 따라 바울의 편지 전문을 읽어 보면, 그가 육신의 허약함에 대해 말하지 않는다는 것을 분명히 알 수 있다. 바울은 "사탄의 사자"가 자신을 공격하는 방법을 밝히고 있다.

"유대인들에게 사십에서 하나 감한 매를 다섯 번 맞았으며 세 번 태장으로 맞고 한 번 돌로 맞고 세 번 파선하고 일주야를 깊은 바다에서 지냈으며 여러 번 여행하면서 강의 위험과 강도의 위험과 동족의 위험과 이방인의 위험과 시내의 위험과 광야의 위험과 바다의 위험과 거짓 형제 중의 위험을 당하고 또 수고하며 애쓰고 여러 번 자지 못하고 주리며 목마르고 여러 번 굶고 춥고 헐벗었노라 …… 내가 부득불 자랑할진대 내가 약한 것을 자랑하리라"(고후 11:24-27, 30).

바울은 거듭 공격해 오는 사탄의 사자 때문에 일어나는 고난들을 나열했다. 바울은 자신의 능력으로 이런 뜻밖의 어려움들이 닥치는 것을 예방하거나 막을 수 없었다. 이런 이유로 "내가 약한 것을 자랑하리라"라고 말하는 것이다.

바울의 "육체의 가시"가 질병과 관계없다는 것을 더 분명히 밝히기 위해, 성경의 다른 곳에서 그것이 어떻게 사용되었는지 살펴보겠다. 그 문구는 다른 데서 세 번 나오는데, 모두 구약 성경이다. 세 번 다 이스라엘 백성을 끈질기게 공격한 가나안 사람들을 가리켰다. "너희가 만일 그 땅의 원주민을 너희 앞에서 몰아내지 아니하면 너희가 남겨 둔 자들이 너희의 눈에 가시와 너희의 옆구리에 찌르는 것이 되어 너희가 거주하는 땅에서 너희를 괴롭게 할 것이요"(민 33:55). 각 경우에 "육체의 가시" 비유는 열매 맺는 삶을 방해하고 좌절시키는 사람들을 나타낸다.

바울은 이와 비슷하게 자기가 가는 곳마다 만난 고난을 묘사하는 데

이 표현을 사용했다. 바울은 계속해서 맞닥뜨리는 방해와 고난, 괴로움에 지쳐서 하나님께 그 모든 일의 배후에 있는 사탄의 세력을 제거해 달라고, 한 번도 아니고 세 번이나 부르짖었다. 하나님이 처음에 바울에게 응답하지 않으신 것은 그의 요구가 잘못되었기 때문이다. 바울은 헛다리를 짚었다. 세 번째 간구를 드린 후, 하나님이 그를 깨우쳐 주시고 항상 그 안에 있었던 답을 주셨다.

"네가 아직도 이해를 못했느냐? 내가 너에게 모든 원수의 세력보다 더 큰 은혜[과분한 능력]를 주었다. 그러므로 내 은혜[능력]가 너에게 족하니, 그것은 네가 인간의 힘으로 극복할 수 없는 일 속에서 강함을 나타내기 때문이다. 즉 네가 단순하게 믿으면 저항이 클수록 너의 삶에 내 은혜[능력]가 나타나는 것을 더 많이 볼 것이다"(고후 12:9, 저자 의역).

바울이 이것을 깨닫게 되자 놀라운 일이 일어났다. 바울은 새로운 패러다임을 받아들였다. 즉 사고방식의 급격한 변화가 일어난 것이다. 바울은 더 이상 그것을 제거해 달라고 간구하지 않았다. 대신 열정을 다해 이렇게 말했다.

> 그러므로 내가 그리스도를 위하여 약한 것들과 능욕과 궁핍과 박해와 곤고를 기뻐하노니 이는 내가 약한 그때에 강함이라(고후 12:10).

그의 자랑은 이제 "내가 지금부터 만날 모든 '환난'에 대해 나의 인간적인 무능력을 기뻐하노라!"라는 것이다. 다른 번역본을 보면 "내가 크게 만족하며 기뻐하노니"라고 되어 있다. 바울이 일부러 과장하거나 거짓말을 하고 있는 걸까? 아니다. 성령의 감동을 받아 성경을 기록하는 사람은 그런 일을 할 수 없었다. 하나님은 거짓말을 하실 수 없는 분이기 때문이다. 그렇다면 어떻게 궁핍과 능욕과 괴롭힘과 역경과 어려움을 '기뻐하고 즐거워할' 수 있단 말인가? 답은 간단하다. 저항이 클수록 그것을 이기기 위해 더 큰 힘이 필요하며, 결국 더 큰 승리를 이끌어 낸다.

많은 그리스도인이 극심한 고난을 만날 때 불행해 한다. 그들은 힘든 상황에서 원수와 싸워야 한다는 사실에 두려워 움츠린다. 그들은 쉽고, 편안하고, 갈등 없는 삶을 더 원한다. 바울이 발견한 진리는 그들의 마음에 깊이 와 닿지 않는다. 모든 저항은 그들 안에서 더 큰 능력(은혜)이 나타나고 그리스도 안에서 한층 더 성숙해질 기회라는 것을 미처 깨닫지 못하는 것이다. 바울도 하나님이 그의 생각에 도전하시기 전에는 시련을 향해 비슷한 태도를 갖고 있었다. 하지만 하나님의 한마디가 그의 패러다임을 바꾸었다. 바울이 고린도후서를 쓴 것은 AD 56년경이었다. 몇 년 후에 그는 로마서를 썼다. 우리는 바울이 나중에 쓴 서신에서 '환난'에 대한 태도가 완전히 달라진 것을 볼 수 있다.

> 누가 우리를 그리스도의 사랑에서 끊으리요 환난이나 곤고나 박해나 기근이나 적신이나 위험이나 칼이랴 …… 그러나 이 모든 일에 우리를 사랑하시는 이로 말미암아 우리가 넉넉히 이기느니라(롬 8:35, 37).

특히 "그러나 이 모든 일에 우리를 사랑하시는 이로 말미암아 우리가 넉넉히 이기느니라"라는 말씀을 주의 깊게 보라. 중요한 패러다임의 변화가 일어나기 전에, 바울은 하나님께 그런 힘든 일들을 겪지 않게 해 달라고 간구했다. 그런데 이제 그의 고백이 상당히 달라졌다. "하나님의 은혜는 고난을 견딜 뿐만 아니라 탁월한 승리를 거두기에 충분하다."

지금 그의 자세는 이렇다. "얼마든지 덤벼 봐! 너희가 반대할수록 내가 그리스도를 위해 더 큰 승리를 거둘 테니." 바울은 고난을 위해 무장했다. 싸워서 승리하기 위해, 싸움을 시작하기 전보다 더 강해지기 위해 무장했다.

시련을 기회로 삼으라

마지막으로, 우리가 고난에 대해 확고하게 낙관적인 생각과 마음을 가질 때, 즉 싸우기 전과 싸우는 동안과 싸운 후에 낙관적인 자세를 가질 때 바로 '무장하는' 것이다. 시험과 시련을 더 이상 장애물로 여기지 않기 때문에 긍정적인 태도를 가질 수 있다. 우리는 그것을 기회로 여긴다!

야고보는 이렇게 말한다. "내 형제들아 너희가 여러 가지 시험을 당하거든 온전히 기쁘게 여기라"(약 1:2). 우리는 그리스도 안에서 이미 전쟁에 승리했음을 안다. 또한 우리를 지지해 주는 하늘의 모든 권세와 영광을 갖고 있다. 우리가 항복하지 않고 끈질기게 맞서 싸우면 항상 승리를 거둘 것이다. 그것은 우리 삶에 대한 하나님의 뜻이며 계획이다.

바울이 로마서 8장 31절에서 담대하게 말하는 바와 같이 "만일 하나님이 우리를 위하시면 누가 우리를 대적하리요?"

Part 3

'끈질김'으로
모든 난관을 돌파하라

'은혜의 능력'은
오직 믿음을 통해 임한다

우리의 씨름은 혈과 육을 상대하는 것이 아니요
통치자들과 권세들과 이 어둠의 세상 주관자들과
하늘에 있는 악의 영들을 상대함이라(엡 6:12).

하나님의 모든 자녀는 영적 전쟁을 수행하고 있다. 만일 우리에게 싸움이 없다면, 사실 우리는 이 세상에 속한 사람인데 하나님께 속했다고 착각하고 사는 것이다.

표현이 강하다는 건 알지만, 이 사실을 확실히 입증해 보겠다. 당신이 히틀러의 통치 기간에 독일에 살았다고 상상해 보자. 이 악명 높은 독재자는 유럽 대륙에 절대적인 나치 독일의 새 질서를 확립하기 원했다. 히틀러는 가장 순수한 의미에서 편견에 빠져 있었다. 그는 유대인들을 가장 미워했다. 만일 당신이 독일인이고, 똑똑하고, 건강하고, 히틀러의 사명을 방해하지 않는다면, 아주 편안하게 살 수 있었을 것이다.

그러나 당신의 혈통이 유대인이라면 이야기는 완전히 달라졌을 것이다. 당신은 끊임없는 공격과 위협을 받았을 것이고, 언제라도 중상모략과 괴롭힘과 약탈을 당할 수 있었다. 당신은 포로나 노예로 잡혀 가거나 고문과 살해를 당하지 않기 위해 늘 긴장을 늦추지 못했을 것이다. 그래서 좀 더 현명하고 신중한 유대인들은 자신을 무장했고 히틀러의 독재를 피하기 위해 필요한 일을 했다.

사탄과 그의 추종자들은 히틀러와 나치 정권보다 훨씬 더 악랄하다. 만일 당신이 마귀 혈통에 속한 사람이라면 전쟁 태세를 유지할 필요가 없다. 예수님은 당시 위선적인 종교 지도자들에게 "너희는 이 세상에 속하였다"(요 8:23)라고 말씀하셨다. 그리고 그들이 그 말씀의 의미를 놓치지 않도록 하기 위해 "너희는 너희 아비 마귀에게서 났으니"(요 8:44)라고 덧붙이셨다. 종교 지도자들은 전능하신 하나님을 섬긴다고 착각하고 있었지만, 사실은 이 세상의 폭군을 섬기고 있었던 것이다.

당신이 하나님의 사람이라면 항상 조심해야 한다. 당신이 사는 세상은 하나님나라를 대적하기 때문이다. 예수님은 그 사실을 다음과 같이 지적하셨다. "너희가 세상에 속하였으면 세상이 자기의 것을 사랑할 것이나 너희는 세상에 속한 자가 아니요 도리어 내가 너희를 세상에서 택하였기 때문에 세상이 너희를 미워하느니라"(요 15:19).

예수님의 말씀에 주목하라. 이것은 정말 진지하게 하신 말씀이다. 당신이 세상에 속했다면 세상이 받아들일 것이며, 당신이 하나님께 속했다면 세상이 당신을 거부하고 미워할 것이다.

이제 우리는 제대로 무장하는 것의 또 한 가지 중요한 측면을 살펴볼 것이다. 영적 무장에서 중요한 건, 우리가 그리스도 예수 안에서 소유한 무기에 대해 실용적인 지식을 갖는 것이다. 우리의 무기는 강력하다. "우리의 싸우는 무기는 육신에 속한 것이 아니요 오직 어떤 견고한 진도 무너뜨리는 하나님의 능력이라"(고후 10:4)라고 바울은 말한다.

견고한 진을 무너뜨리는 "하나님의 능력"이란, 모든 신자에게 값없이 주시는 하나님의 놀라운 은혜다. 베드로는 이 위대한 진리를 강조하며 자세히 설명하고 있다. "능력"이라는 단어를 "은혜"로 바꿀 수 있다는 것을 기억하고 그 말씀을 보자. 그 두 단어는 서로 호환할 수 있다.

"다 서로 겸손으로 허리를 동이라 하나님은 교만한 자를 대적하시되 겸손한 자들에게는 은혜[능력]를 주시느니라 그러므로 하나님의 능하신 손 아래에서 겸손하라 때가 되면 너희를 높이시리라 너희 염려를 다 주께 맡기라 이는 그가 너희를 돌보심이라 근신하라 깨어라 너희 대적 마귀가 우는 사자 같이 두루 다니며 삼킬 자를 찾나니 너희는 믿음을 굳건하게 하여 그를 대적하라 이는 세상에 있는 너희 형제들도 동일한 고난을 당하는 줄을 앎이라 모든 은혜[능력]의 하나님 곧 그리스도 안에서 너희를 부르사 자기의 영원한 영광에 들어가게 하신 이가 잠깐 고난을 당한 너희를 친히 온전하게 하시며 굳건하게 하시며 강하게 하시며 터를 견고하게 하시리라 …… 너희에게 간단히 써서 권하고 이것이 하나님의 참된 은혜 [능력]임을 증언하노니 너희는 이 은혜에 굳게 서라"(벧전 5:5-12).

이 구절의 주제는 '하나님의 은혜'다. 베드로는 우리의 힘이 아닌 하나님의 은혜(능력)로 염려가 해결되길 바란다면 겸손해야 한다고 주장한다. 염려란 우리의 걱정, 책임, 필요, 다양한 욕구 같은 삶의 문제를 포함하는 것이다. 우리의 염려는 일시적인 것일 수도 있고, 영원한 것일 수도 있다. 여기서 영원한 것을 염려한다는 건 하늘나라의 풍성한 삶을 경험하고 계속해서 우리의 영향권에 있는 다른 사람의 필요를 채우는 것에 관한 염려를 말한다. 이러한 은혜의 사명을 따라갈 때 우리에게는 대적인 사탄과 그의 추종자들로부터 저항이 따를 것이다. 그러므로 우리는 침착하게 하나님의 약속을 기억하며, 깨어서 기도해야 한다. 그러면 항상 하나님의 은혜로, 하나님나라의 목적을 이루고 원수를 대적하는 준비된 사람이 될 것이다.

우리만 노력하고 애쓰는 것이 아니다. 전 세계에 우리와 같은 은혜의 사명을 받은 형제자매들이 있고, 그들도 같은 목적을 가지고 비슷한 싸움을 하고 있다. 이러한 싸움의 좋은 점은 싸울수록 더욱 성숙해지고 강해진다는 것이다. 우리는 승리를 거둘 때마다 그리스도 안에서 더 높은 권위의 자리로 올라간다.

베드로는 기운을 북돋워 주는 메시지로 끝맺는다. "이것이 하나님의 참된 은혜(의 목적)라." 성령님이 약 2천 년 전에 베드로에게 감동을 주셔서 "하나님의 참된 은혜"라는 말을 쓰게 하신 것이 흥미롭지 않은가? 이것은 우연이 아니었다. 성령님은 훗날 하나님의 은혜의 개념이 단지 죄 사함과 천국행 티켓으로 축소될 것을 예견하셨다. 물론 하나님의 참된 은혜는 이 두 가지를 다 포함하지만, 그보다 훨씬 더 많은 의미가 있다.

하나님의 참된 은혜가 우리에게 주어진 사명을 감당하기 위해 타고난 우리 능력보다 훨씬 더 큰 능력을 부여해 주는 것이다. 이 사명의 중요한 특징은 하나님께 영광을 돌리고 하나님나라를 확장하기 위해 애쓰다 보면 우리 자신이 탁월해진다는 점이다.

이 사실을 통해 우리는 왜 좀 더 많은 신자가 밝은 빛을 발하지 못하는지 쉽게 이해할 수 있다. 탁월해지려면 힘든 싸움을 거쳐야 하는데, 우리는 대부분 싸움을 기피한다. 원수는 그저 가만히 누워서 우리가 예수 그리스도를 위해 세상에 영향을 끼치도록 내버려 두지 않는다. 원수는 우리의 사명 성취를 결사적으로 방해한다.

따라서 우리는 하나님이 주신 사명을 위해 원수와 맞서 싸워야만 한다. 그래서 베드로는 "이것이 하나님의 참된 은혜임을 증언하노니 너희는 이 은혜에 굳게 서라"라고 기록한 것이다. 그 말씀을 읽고 나면, 바울이 디모데에게 한 말이 훨씬 더 강하게 와 닿는다. "내 아들아 그러므로 너는 그리스도 예수 안에 있는 은혜 가운데서 강하고 …… 너는 그리스도 예수의 좋은 병사로 나와 함께 고난을 받으라"(딤후 2:1, 3).

디모데는 육체적으로, 사회적, 감정적, 지적으로 강해지라는 말을 들은 게 아니다. 디모데는 "은혜" 안에서 강해지라는 권면을 들었다. 그것이 우리가 사명을 성공적으로 완수하기 위해 필요한 무기다. 25년 넘게 사역을 해 온 나는 우리 대부분이 그 은혜의 무기를 사용하지 않는 사실을 알게 됐다. 결국 미국 그리스도인들 중 98퍼센트는 이 값없는 능력의 선물을 완전히 이해하지 못하고 있는 것이다.

디모데후서 2장 바로 앞에서, 바울은 저항과 박해에 위축된 하나님의 청년을 훈계한다. 보아하니, 디모데의 대적들이 젊은 디모데를 위협했고 디모데는 바울이 생각했던 것만큼 확고하게 저항하고 싸우지 않았던 것 같다. 바울은 디모데에게, 하나님이 그에게 주신 것은 두려워하는 마음이 아니라 오직 능력과 사랑과 절제하는 마음이라는 것을 상기시킨다. 디모데는 모든 저항을 이길 수 있는 힘을 이미 소유하고 있었다. 그래서 바울은 디모데에게 일어나라고, 그리스도 안에 있는 은혜 가운데서 강해지라고 권면한 것이다(딤후 1:6, 2:1 참조).

믿음을 키우라

우리의 가장 높은 사명으로 들어가는 일은 공원을 산책하는 일 정도가 아니다. 바울은 "푯대를 향하여 그리스도 예수 안에서 하나님이 위에서 부르신 부름의 상을 위하여 달려가노라"(빌 3:14)라고 힘주어 말한다.

이 책의 첫 장에서 말한 노 젓는 남자의 환상을 기억해 보자. 우리의 주인공은 강의 거센 물살을 거슬러 열심히 노를 저어야만 했다. 시간이 지나자 그는 힘이 다 빠져 버렸다. 왜 그랬을까? 나의 상상이지만, 아마도 큰 임대용 낚싯배에 타고 있는 많은 사람이 편안하게 잘 살아가는 것처럼 보였기 때문에, 시간이 갈수록 그런 모습들이 그의 심기를 건드렸을 것 같다. 그는 '그리스도인'으로서 별 반대에 부딪히지 않고 살 수 있다는 속임수에 넘어간 것이다.

여기 또 하나의 예가 있다. 전쟁터에서 후퇴한 군인은 아직 최전선에 있는 동료들보다 훨씬 더 평온한 삶을 경험할 수 있다. 전쟁은 끝나지 않았다. 단지 이 군인이 후퇴했기 때문에 더 이상 싸움이 없을 뿐이다. 배에 탄 우리의 주인공처럼, 그 군인은 여전히 전투태세를 갖춘 것처럼 보인다. 군복을 입고 있고, 온갖 장비를 갖추고, 총도 들고 있다. 하지만 전혀 공격을 받지 않는 것이다.

우리의 목표는 그리스도를 '닮은 것처럼 보이는' 것이 아니라, 그리스도를 닮아 하나님나라를 확장하고 마귀의 일을 멸하는 것이다(요일 3:8 참조). 그러려면 반대와 저항에 부딪힐 수밖에 없다.

하나님의 은혜(능력)는 모든 고난을 이기기에 충분하다. 그러나 우리는 견고하게 믿음을 지킴으로써 협력해야 한다. 우리의 믿음의 증거는 그에 상응하는 행동이다. 베드로는 물 위를 걷는, 정말 불가능하고 특별한 일을 해 냈다. 예수님이 "오라"라고 말씀하셨는데, 그 한마디 안에 베드로가 물 위를 걷기 위해 필요한 은혜가 다 들어 있었다. 하지만 베드로가 믿지 않자 은혜(능력)가 차단되어 가라앉기 시작했다. 우리는 그리스도 안에서 무한한 은혜를 가지고 있다. 하지만 믿음을 통해서만 그 은혜에 다가갈 수 있다. "우리가 믿음으로 서 있는 이 은혜에 들어감을 얻었으며"(롬 5:2).

문제는 은혜가 모자란 게 아니라 우리의 믿음이 약해지는 것이다. 믿음이 약해지면 결국 은혜(능력)가 차단된다. 그러면 우리 자신의 힘으로 싸워야만 한다. 당신의 집으로 물을 보내 주는 수로관을 생각해 보라. 만일 그 관이 파열되면 물의 흐름이 끊길 것이다. 수원에서 물이 무한정 공급되더라도 관이 파열되었기 때문에 물이 더 이상 당신의 집까지 들어오지 못하는 것이다. 이처럼 믿음은 관이며, 물은 은혜다.

실패하지 않으려면 믿음 안에서 바로 서야 한다. 어떻게 하면 그렇게 될까? 우리는 하나님의 말씀 안으로 들어가야 한다. 하나님을 찬양하고, 경배하며, 하나님의 하나님 되심과 그분의 은혜에 감사드려야 한다. 또 성령 안에서 기도해야 한다. 우리의 믿음을 세우기 위해 이런 일을 하지 않으면, 결국 믿음이 없어지고 하나님의 능력이 아니라 우리 자신의 힘으로 살게 될 것이다. 그렇게 되면 우리가 세상을 다스리지 못하고 반대로 세상이 우리를 다스리기 시작하는 것은 시간문제다.

베드로가 "오직 우리 주 곧 구주 예수 그리스도의 은혜와 그를 아는 지식에서 자라 가라"(벧후 3:18)라고 권면하는 이유가 이것이다. 우리에게 는 하나님의 능력 안에서 자라야 할 책임이 있다. 자라는 방법은 우리의 믿음을 세우는 것이다. 이를 통해 우리는 믿음을 더 키울 수 있다. 바울 은 "하나님의 의가 나타나서 믿음으로 믿음에 이르게 하나니 기록된 바 오직 의인은 믿음으로 말미암아 살리라"
(롬 1:17)라고 말한다.

이런 식으로 생각해 보자. 당신의 믿음이 자랄수록 '관'이 더 커진다. 그 결과 더 많은 양의 '물'(은혜)을 사용할 수 있게 된다. 그러면 하나님이 당신에게 더 많은 책임을 맡기셔서, 궁핍한 지역에서 생명을 전하기 위해 싸우게 하신다.

> 믿음 안에 바로 서고 싶다면 하나님 말씀 안으로 들어가라. 하나님을 찬양하고, 경배하며, 하나님의 은혜 주심에 감사하 라. 성령 안에서 기도하라.

히브리서 저자처럼 나는 진심으로 당신에게 권한다. "피곤한 손과 연 약한 무릎을 일으켜 세우고 너희 발을 위하여 곧은 길을 만들어 …… 하 나님의 은혜에 이르지 못하는 자가 없도록 하라"(히 12:12-13, 15).

하나님의 은혜에 이르지 못하는 이유는 원수의 공격에 후퇴하여 중립 으로 전환하고 현실에 안주해 버리기 때문이다. 우리는 전쟁 중이다. 그 리고 끝까지 강하게 싸우는 방법은 끈질기게 믿음을 지키는 것뿐이다. 끈질긴 믿음은 하나님께 기쁨이 되며, 어둠의 왕국에 진정한 위협이 된 다. 이것은 우리 주 예수 그리스도를 섬기는 우리의 소명이자 운명이며 특권이다.

겸손은 하나님의 갑옷을
입는 것이다

다 서로 겸손으로 허리를 동이라 하나님은 교만한 자를 대적하시되
겸손한 자들에게는 은혜를 주시느니라
그러므로 하나님의 능하신 손 아래에서 겸손하라
때가 되면 너희를 높이시리라(벧전 5:5-6).

🏃 베드로가 말한 "다 서로 겸손으로 허리를 동이라 …… 겸손하라"
(벧전 5:5-6)라는 구절은 삶의 모든 면에서 능력 있게 살기 위해 중
요한 말씀이다. 문맥상 해석하면 "같은 사명 아래 서로 연합하라"라는
뜻이다. 각자 성격과 욕구들이 너무나 다른데 어떻게 연합하는 게 가능
할까? 겸손함을 입으면 가능하다. 하나님은 교만한 자를 대적하시고, 겸
손한 자에게 은혜를 주신다.

내 갑옷을 벗고 하나님의 갑옷 입기

겸손한 그리스도인들은 자기가 생각하고, 추론하고, 느끼고, 바라는
것보다 하나님의 말씀을 더 믿고, 의지하고, 복종한다. 따라서 그들은 자
신의 뜻이나 다른 사람의 뜻이 아니라 하나님의 뜻을 구한다. 그들은 하
나님의 사명을 수행한다. 하나님의 말씀은 우리에게 "보라 그의 마음은
교만하며 그 속에서 정직하지 못하나 의인은 그의 믿음으로 말미암아 살
리라"(합 2:4)라고 말한다.

하박국 2장 4절은 교만과 믿음을 서로 정반대의 것으로 묘사한다. 이
구절은 이렇게 쓸 수도 있었을 것이다. "보라 그의 마음은 겸손하지 못하
며 그 속에서 정직하지 못하나 의인은 그의 믿음으로 살리라." 여기서 겸
손과 믿음은 나란히 함께 간다. 교만과 불신도 마찬가지다. 하나님을 믿
지 않는 것은 하나님의 판단보다 우리 자신의 판단을 더 신뢰한다고 선
언하는 것이다. 불신은 바로 변장한 교만이다.

예를 들어 보자. 이스라엘이 애굽에서 나온 지 약 1년 후에 하나님이
모세에게 명령하셨다. "사람을 보내어 내가 이스라엘 자손에게 주는 가
나안 땅을 정탐하게 하라"(민 13:2). 그래서 모세는 각 지파에서 한 명씩,

열두 명의 지도자들을 보냈다. 그러나 열 사람은 매우 '겸손했고' 두 사람은 매우 '교만했다.'

약속의 땅에서 40일을 보낸 후 정탐꾼들이 돌아왔다. 열 명의 '겸손한' 사람들이 먼저 말했다. "그 땅은 정말로 젖과 꿀이 흐르는 훌륭한 주거지입니다. 우리가 가지고 나온 열매가 그 증거입니다. 하지만 우리가 싸워야 할 강한 군대가 있습니다. 심지어 거인들이지요! 그들은 우리보다 훨씬 더 좋은 무기를 소지한 베테랑 군인들입니다. 우리는 얼마 전에 풀려난 노예들에 불과한데 말입니다. 우리는 아내들과 아이들을 생각해야 합니다! 어떻게 우리가 사랑하는 사람들을 강 저편에서 고문과 강간, 심지어 죽음을 당하게 할 수 있겠습니까? 우리는 책임감 있는 아버지이자 남편들이 되어야 합니다. 상황을 있는 그대로 보고하는 겁니다. 저 땅을 차지하는 건 불가능한 일입니다."

사람들은 자기들의 땅을 갖고 싶었지만 안전이 우선이었다. 그래서 '겸손한' 정탐꾼들의 지혜를 칭찬하며 박수를 보냈다. 이스라엘 백성들은 이런 말로 서로를 위로했다. "이분들이 우리보다 먼저 갔다 온 게 천만다행이야. 참 훌륭한 지도자들이지. 이분들은 우리를 위험에 몰아넣음으로써 자신이 높아지려고 하지 않았어. 상식 있는 이분들이 아니었더라면 우리는 어떻게 됐을까?"

하지만 그때 두 명의 '교만한' 지도자들인 갈렙과 여호수아가 끼어들며 소리친다. "잠깐만요! 여기서 뭐 하는 겁니까? 지금 당장 가서 그 땅을 차지해야 합니다! 우리는 할 수 있어요! 주 하나님이 우리에게 그 땅을 주신다고 약속하셨잖아요. 우리에겐 하나님의 말씀이 있습니다! 우리가 가나안 사람들을 전멸시킬 거예요. 어서 사람들을 동원합시다!"

그 말을 듣고 모두가 깜짝 놀라서 불신의 눈으로 서로를 쳐다보았다.

갈렙과 여호수아의 무분별하고 경솔한 조언에 나머지 열 명의 정탐꾼들이 어떤 반응을 보였을지 상상이 가는가? 아마 '겸손한' 정탐꾼들은 이와 같이 반응했을 것이다. "무슨 얘기를 하는 겁니까? 미쳤어요? 우리는 모두 같은 것을 보고 왔습니다. 그들의 힘과 무기, 요새화된 도시를 보았지요. 그들은 강하고 노련한 전사들입니다. 우리는 갓 풀려난 노예들에 불과하고요. 우리는 그들에게 상대가 안 됩니다! 당신들은 우리 민족의 안위는 생각하지 않는군요. 당신들은 거만하고, 무모하고, 이상주의적입니다! 당신들은 병적으로 자기중심적이에요. 당장 그 입 다무세요!"

그때 군중은 안도의 한숨을 내쉬었을 것이다. "휴, 하나님, 더 현명한 지도자의 주장을 굽히지 않게 해 주셔서 감사합니다. 만약 저분들이 모두 갈렙과 여호수아처럼 오만하고 신중하지 않았다면 우리는 어떻게 됐을까?"

하지만 항상 그렇듯이 하나님이 마지막으로 한 말씀 하셨다. "이 백성이 어느 때까지 나를 멸시하겠느냐?"

하나님은 모세에게 호통을 치셨다. "그들이 어느 때까지 나를 믿지 않겠느냐?"(민 14:11)

하나님은 이스라엘 백성의 사고방식을 마음에 들어 하지 않으셨다. 백성들이 겸손이라고 생각했던 것은 결코 겸손이 아니었다. 사실 그들의 불신은 교만이었다. 그들의 모든 계산은 자신의 지혜와 능력과 힘만을 바탕으로 한 것이었다.

한참 뒤에 구약 성경에서 하나님은 이렇게 선언하신다. "무릇 사람을 믿는 사람은 저주를 받을 것이라 …… 그러나 무릇 여호와를 의지하며 여호와를 의뢰하는 그 사람은 복을 받을 것이라"(렘 17:5-7). 정탐꾼 열 명은 자신들의 힘을 근거로 소심한 전망을 내놓았다. 하지만 갈렙과 여호수아는 적들에 비해 하나님이 얼마나 크신 분인지를 보았고, 하나님의 은혜를 근거로 판단했다. 이 두 사람, 갈렙과 여호수아는 결국 복을 받았고, 다른 정탐꾼들과 불신했던 모든 사람은 저주를 받았다.

믿음을 가지려면 진정한 겸손이 필요하다. 겸손할 때, 당신 자신의 능력이 아니라 하나님의 능력(은혜)을 믿고 의지하게 되기 때문이다. 만약 열 명의 정탐꾼들이 겸손하게 하나님의 약속을 믿었더라면 나가서 그 땅을 정복했을 것이다. 자신들의 제한된 힘과 인간적인 논리보다 하나님의 말씀에 복종했을 것이고, 그 결과 같은 사명 아래 서로 복종했을 것이다.

그들이 전쟁할 때 그 모습을 지켜보던 사람들은 아브라함의 후손들이 자신들의 힘으로 싸운다고 생각했을 테지만, 사실은 하나님의 초자연적인 능력이 그들을 통해 역사한 것이다. 하나님의 은혜가 임할 때 우리가 성취한 일이 꼭 우리 자신의 능력으로 이룬 일처럼 보일 때가 있다. 그런가 하면 그것이 하나님의 능력이라는 사실이 분명히 나타날 때도 있다. 하지만 그것이 외부인들에게 어떻게 보이든 간에, 우리는 하나님의 능력을 알고 온전히 의지할 수 있으며 말씀에 대한 확신을 근거로 앞으로 나아갈 수 있다.

사랑하는 형제자매들이여, 그것이 바로 끈질긴 믿음이다. 하지만 그 모든 것은 하나님과 공동체 지체들 앞에서 겸손한 마음을 가지는 것에서 시작된다.

겸손의 옷을 입으려면 우리의 옷이 아닌 하나님의 갑옷을 입어야 한다. 베드로전서 5장 5-6절에서는 "겸손으로 허리를 동이라 …… 그러므로 하나님의 능하신 손 아래에서 겸손하라"라고 명령한다. 성경에서 하나님의 손은 언제나 그분의 능력, 힘, 권세, 강함을 나타낸다. 그것이 바로 하나님의 갑옷이다.

이것은 실제로 어떻게 나타나는가? 우리는 하나님의 힘과 권세 아래 자신을 낮추어야 한다. 인간의 생각과 경험들(우리의 것이든 다른 사람들의 것이든)이 하나님의 말씀보다 높아지지 않게 해야 한다. 즉 우리의 이상이나 논리와 상관없이 믿으며, 하나님의 말씀대로 행동해야 한다.

애굽에서 종살이했던 400년의 세월이 이스라엘 자손들에게 가르쳐 준 것이 있었다. 그것은 이스라엘 백성이 강한 무기와 힘을 소유한 군대에 맞서서 자신들을 방어할 능력이 없다는 사실이었다. 애굽이 그들을 강력하게 지배했다. 이스라엘 백성이 자유를 얻기 위해 할 수 있는 일은 없었다. 하나님이 필요했다. 그래서 하나님은 영광스럽게 그의 강한 손으로 이스라엘을 구원해 주셨다. 모세가 회상하듯이 "여호와께서 강하신 손으로 너를 애굽에서 인도하여 내셨"(출 13:9)다.

하지만 또한 "그들은 그가 행하신 일을 곧 잊어버"(시 106:13)렸다. 이스라엘 백성은 자신들을 구원해 주신 하나님의 손 대신, 오랜 노예 생활의 경험에 의존했다. 애굽을 물리쳐 주신 그 강한 손이 가나안의 군대 또한 물리쳐 주실 것이라고는 믿지 못했던 것이다. 사실상 가나안 군대는 애굽의 군대보다 훨씬 더 약했다.

하지만 믿음이 약했던 이스라엘 백성을 심하게 나무라기 전에, 거울에 비친 우리 자신을 보자. 우리도 그처럼 할 때가 얼마나 많은가? 하나님의 가족이 되기 전에 우리는 사탄의 폭정 아래 신음하고 있었다. 우리는 사탄의 본성을 갖고 있었고 벗어날 희망이 없었다. 하지만 하나님이 능력으로 "우리를 흑암의 권세에서 건져내사 그의 사랑의 아들의 나라로 옮기셨"(골 1:13)다. 하나님이 이런 불가능한 일도 이루셨다면, 그보다 훨씬 덜 복잡하고 까다로운 우리 삶 속의 문제는 얼마나 더 잘 처리해 주시겠는가?

즉 하나님이 질병과 고통을 치료해 주시고, 모든 필요를 채워 주시고, 지혜를 주시고, 탁월해질 수 있는 능력을 주시고, '불가능한' 역경을 이기게 해 주시는 것은 당연하다. 우리는 이스라엘의 어리석은 행동을 반복하지 말고 '그가 행하신 일을 곧 잊어버리는' 실수를 범하지 말자. 언제나 갈렙과 여호수아처럼 겸손의 갑옷을 입자.

거짓 겸손에 휘둘리지 말라

안타까운 사실이지만, 사람들은 종종 겸손을 연약하고, 소심하고, 줏대가 없는 것으로 오해한다. 그러나 사실 정반대다. 또한 성경에서는 참으로 겸손한 사람들이 교만한 사람으로 오해받기도 한다.

다윗의 예를 보자. 다윗은 아버지의 심부름으로 블레셋 군대와 싸우고 있는 형들을 찾아간다. 다윗이 싸움의 현장에 도착했을 때 자기 형들을 포함한 모든 군인이 이상한 자세를 취하고 있는 것을 보았다. 이스라엘 군인들이 바위 뒤에 숨어서 두려움에 떨고 있었던 것이다. 이스라엘 군대는 블레셋의 거인, 골리앗의 커다란 몸집과 힘과 명성에 위축되어 있었다. 다윗은 이런 상황이 40일 동안 계속되어 왔다는 것을 알고 또랑또랑한 목소리로 침묵을 깨며 물었다. "이 할례 받지 않은 블레셋 사람이 누구이기에 살아 계시는 하나님의 군대를 모욕하겠느냐"(삼상 17:26).

다윗의 태도는 그의 맏형인 엘리압을 몹시 화나게 했다. 엘리압이 무슨 생각을 했을지 상상할 수 있겠는가? '막내 녀석이 버릇이 없을 뿐만 아니라 거만하기까지 하구나.' 엘리압은 다윗에게 "나는 네 교만과 네 마음의 완악함을 안다"(28절)라고 쏘아붙인다. 와, 얼마나 직선적인 비난인가! 다른 번역본을 보면 "이 건방지고 고집 센 녀석아!"라고 되어 있다.

하지만 잠깐 생각해 보자. 정말로 교만한 사람은 누구였을까? 바로 앞장에 보면, 선지자 사무엘이 차기 왕에게 기름을 붓기 위해 이새의 집을 찾아오는 장면이 나온다. 그때 맏아들인 엘리압은 선택받지 못했다. 이새와 사무엘, 둘 다 엘리압이 선택받을 거라고 생각했다. 가장 나이가 많은 데다가 이새의 아들들 가운데 가장 키도 크고 힘도 세 보였기 때문이다. 하지만 하나님은 단호하게 말씀하셨다. "내가 이미 그를 버렸노라"(삼상 16:7).

하나님은 왜 엘리압을 버리셨을까? 혹시 엘리압이 다윗에게 지적했던 그 교만이 엘리압의 마음속에 있었던 것은 아닐까? 나중에 하나님은 다윗이 하나님의 마음에 맞는 사람이었다고 말씀하심으로써 다윗의 겸손함을 칭찬하셨다(행 13:22 참조). 겸손은 다윗의 특징이었고, 우리는 모두 이 위대한 지도자가 연약하거나 소심하거나 줏대가 없는 사람이 아니었다는 것을 안다. 다윗은 "여호와는 내 편이시라 내가 두려워하지 아니하리니 사람이 내게 어찌할까"(시 118:6)라고 말했다.

그 전쟁터에서, 다윗은 엘리압의 비수 같은 말을 듣고서도 개의치 않고 자신 있게 거인에게 도전한다. 다윗은 적의 진영을 향해 달려가 새총으로 쏜 돌멩이 하나로 골리앗을 죽이고 약속한 대로 행한다. 골리앗의 머리를 가져온 것이다.

다윗의 형들은 열 명의 정탐꾼들처럼 자신들의 힘으로 싸울 때 예상되는 결과를 머릿속으로 계산했다. 반면 다윗은 하나님의 힘과 능하신 손으로 싸우는 것을 마음에 그렸다. 다윗은 겸손의 옷을 입었다. 사울 왕이 갑옷을 주었지만 다윗은 거절했다. 그 대신 다윗은 하나님의 갑옷을 의지했다.

원수는 우리가 겸손의 의미를 제대로 이해하지 못하게 하려고 애써

왔다. 많은 선량한 그리스도인도 믿지 않는 세상 사람들처럼 겸손을 상
냥한 말투나 대립하지 않는 자세로 여겼다. 하지만 나약한 태도는 겸손
의 참된 의미와 거리가 멀다. 예수님이 하시는 말씀을 들어 보자. "수고
하고 무거운 짐 진 자들아 다 내게로 오라 …… 나는 마음이 온유하고 겸
손하니 …… 내게 배우라"(마 11:28-29).

예수님은 본질적으로 이렇게 말씀하고 계신다. "자, 나에게 와라. 나
는 겸손의 왕이다. 나는 너희에게 겸손에 대해 가르쳐 주기 원한다."

예수님의 자칭 겸손함은 오늘날 세상에서 좋게 받아들여지지 않을 것
이다. 하지만 문제는 예수님의 발언이 아니라 겸손에 대한 우리의 이해
가 분명하지 않다는 것이다. 우리는 겸손의 참된 의미를 잊었다. 오직 우
리의 무능함과 비참한 모습에 대해서만 이야기하는 것이 겸손이라고 생
각하기 때문이다.

그러나 하나님이 생각하시는 겸손은 매우 적극적이고 능동적인 인격
특성이다. 참된 겸손은 하나님께 절대적으로 순종하고 의존하는 것이다.
모든 일에서 첫째가 하나님, 둘째는 다른 사람들, 셋째는 자기 자신을 생
각하는 것이다. 겸손은 상냥한 말투나 자신을 비하하는 태도와는 전혀 관련이 없고, 하나님의 값없는 은혜의 선물인 능력 안에서 담대하고 끈질기게 사는 것과 관련 있다.

> 겸손은 적극적이고 능동적인 인격 특성이다. 참된 겸손은 하나님의 값없는 은혜의 선물인 능력 안에서 담대하고 끈질기게 사는 것이다.

끈질기게 견디고 끝까지 잘해 내는 사람들이 어떻게 상을 받는지 기억하는
가? 바울은 지혜롭게 보일 수 있는 거짓 겸손이 당신을 속여 이 상급을
빼앗지 못하게 하라고 경고한다. "아무도 거짓된 겸손과 천사 숭배를 주

장해서 여러분의 상을 빼앗지 못하도록 하십시오"(골 2:18, 우리말성경). 열명의 정탐꾼들과 소심한 이스라엘 백성들은 거짓된 겸손이 우리의 상급을 빼앗아갈 수 있다는 것을 잘 보여 준다.

열 명의 정탐꾼들은 약속의 땅에 들어가는 것을 반대했다. 그들은 논리적이고 신중해 보였으나, 그들을 사로잡은 생각은 하나님의 약속과 지혜보다는 선악을 알게 하는 나무에서 나온 것이었다. 그들은 자기 자신뿐만 아니라 수많은 사람을 속였다. 결국 그들 모두는 약속의 땅에 들어가지 못했다. 그 많은 사람이 거짓 겸손 때문에 자기 삶의 목적을 이루지 못한 것이다.

겸손한 마음으로 보고한 두 명의 정탐꾼 갈렙과 여호수아는 하나님이 새 땅에 들어가도록 허락해 주신 그 세대의 유일한 성인들이었다. 이스라엘의 새 세대는 여호수아를 지도자로 삼아, 하나님의 능하신 손 안에서 담대하고 겸손하게 그 땅에 들어갔다. 그리고 그 땅을 정복했다.

우리는 모두 지도자요 선한 영향을 미치는 사람들로 부름 받았다. 당신은 어떻게 다른 사람을 인도하고 있는가? 겸손으로 무장하고 하나님의 능하신 손 아래로 들어가는가, 아니면 겉으로는 겸손하나 여전히 자신의 힘으로 행하고 있는가?

바울은 더 나아가 "우리가 넉넉히 이기느니라"(롬 8:37)라고 말한다. 하지만 하나님의 말씀 밖에 있는 우리 자신의 생각과 계획들은 "자의적 숭배와 겸손과 몸을 괴롭게 하는 데는 지혜 있는 모양이나 오직 육체 따르는 것을 금하는 데는 조금도 유익이 없느니라"(골 2:23)라고 했다.

갈렙과 여호수아 세대의 모든 사람은 땅을 정복해야 했다. 엘리압과 그의 형제들은 어린 다윗이 그 현장에 도착하기 훨씬 오래 전에 블레셋을 정복했어야 했다. 하지만 거짓 겸손이 그들의 힘과 약속과 열매와 삶을 통치할 능력을 빼앗고, 궁극적으로 그들의 영원한 상급을 빼앗아 갔다. 이런 이유로 바울은 우리에게 강하게 권면한다.

> 서로 마음을 같이하며 높은 데 마음을 두지 말고 도리어 낮은 데 처하며 스스로 지혜 있는 체하지 말라(롬 12:16).

겸손한 마음은 스스로 지혜 있는 체하지 않는다. 또한 바울은 "우리가 그리스도를 대신하여 사신이 되어 하나님이 우리를 통하여 너희를 권면하시는 것같이 그리스도를 대신하여 간청하노니"(고후 5:20)라고 말한다. 만일 한 나라의 대통령이 다른 나라에 자신의 메시지를 전달하도록 사신을 보냈는데 그 사신이 대통령의 말 대신 자신의 생각을 말한다면 그는 문제가 많은 사람이다. 내가 하나님 아버지와 주 예수 그리스도를 대신해 말할 때는 그분의 말씀을 전해야 한다. 내가 누구인데 감히 나 자신의 의견을 말하겠는가?

우리가 사역을 시작하고 처음 4년은 매우 힘들었다. 정말이지 광야 같은 시기였다. 아내와 나는 조그만 자동차 카시트에 아기들을 앉히고 빽빽하게 짐을 실은 채 미국 동부 지역을 돌아다녔다. 그리고 우리는 하나님께 사역의 문을 열어 달라고 열심히 기도했다. 우리는 대부분 교인이 백 명 남짓 되는 교회에서 집회를 열었는데, 문제는 교인 수가 아니라 그 교회들은 성장하는 것처럼 보이지 않았고 지역사회에 거의 영향력을 미치지 못한다는 것이었다.

이렇게 4년 동안 힘들게 사역을 했는데, 어느 날 아침 기도 중에 하나님이 내게 말씀하셨다. "존, 지난 4년 동안 나는 영향력이 별로 없는 교회들과 컨퍼런스에 너를 보냈다. 그리고 너는 나에게 충실하게 순종했다. 나는 네가 사역해 온 이 교회들을 계속 보살필 것이다. 하지만 이제는 중요한 변화를 주려고 한다. 지금부터 네가 꿈꾸었던 것보다 더 많은 일이 일어날 것이다. 너의 영향력이 몇 배는 더 커질 것이고, 여러 도시와 나라에서 중요한 영향력을 가진 교회들과 컨퍼런스에 초청을 받을 것이다. 경제적으로, 사회적으로, 영적으로 큰 축복을 받을 것이다. 너는 내 것을 관리하는 청지기다. 이제부터 네가 전하는 메시지가 많은 사람에게 전해질 것이다"(여기서 잠깐, 교인 수와 관련하여 중요한 사항을 지적하려 한다. 지역사회에서 영향력이 없는 대형 교회들이 있는가 하면, 반대로 매우 영향력 있는 소규모 교회들도 있다. 능력 있는 교회의 중요한 특징은 교인의 숫자가 아니라 교회의 봉사와 영향력의 높은 질이다).

하나님이 내 마음에 하시는 말씀을 그토록 분명하게 들었다는 사실에 나는 깜짝 놀랐고 또 흥분되었다. 나중에 아내에게 이야기하니 그녀도 매우 기뻐했다. 하지만 잠시 후, 하나님은 계속해서 나에게 이렇게 속삭이셨다. "이것 또한 시험이 될 것이다. 네가 영향력이 없는 작은 교회에 갔을 땐 동전 한 푼까지 나에게 의뢰했고 모든 말을 할 때 나를 의지했다. 네가 일할 때 내 뜻을 따르지 않으면 심히 어려움을 겪으리라는 것을 알기 때문에 항상 나의 조언을 구했다. 그런데 이제는 내가 너를 재물로 축복해 주었으니 돈을 헤프게 쓰겠느냐? 아니면 궁핍한 시절에 했던 것처럼 여전히 나의 조언을 구하겠느냐? 이제는 나의 인도를 구하는 대신 어디든 네가 원하는 곳으로 가겠느냐? 모든 말을 할 때 나를 의지하는 대신 이제 강단에서 너의 개인적인 생각을 말하겠느냐? 아들아, 내 자녀들은 주로 두 곳에서 시험을 받는다. 바로 광야와 풍요로운 곳이다. 실패한 자들은 대부분 광야가 아니라 풍요로운 곳에서 실패했다."

두려움에 몸이 떨렸다. 기도를 마친 후 곧바로 하나님이 내게 해 주신 말씀을 아내에게 이야기했다. 아내는 "여보, 하나님이 당신에게 주신 말씀의 첫 부분을 들었을 땐 온 주방을 돌아다니며 춤을 추고 싶었어요. 그런데 하나님의 말씀을 끝까지 듣고 나니까 두렵고 떨려요!"라고 말했다.

"그게 바로 올바른 반응이야. 하나님을 경외하는 것." 내가 대답했다.

많은 사람이 하나님을 경외하는 것과 무서워하는 것이 다르다는 사실을 이해하지 못한다. 하나님을 경외하는 것은 하나님에게서 멀어지는 것을 두려워하는 것이다! 하나님을 경외함은 건강하고 지혜롭고 능력 있고 안전한 삶의 뿌리다. 예를 들어 부유함에 관해 말하자면, 부는 적절하게 다루고 균형을 잘 잡기만 하면 좋은 것이다. 그러나 우리의 부에는 유혹이 들어오기 쉽다. 예수님은 마태복음 13장 22절에서 '재물의 유혹'에 대해 경고하신다. 하지만 우리가 하나님의 조언과 말씀과 지혜 안에 계속 거하면, 즉 하나님을 경외하면 그런 유혹이 우리를 속이거나 해치지 못할 것이다.

> 하나님을 경외하는 것은 '하나님에게서 멀어지는 것'을 두려워하고 무서워하는 것이다. 그것은 건강하고 지혜롭고 능력 있고 안전한 삶의 뿌리다.

그리스도의 사신으로서 나의 개인적인 의견을 말하는 것은 경외심이 없는 것, 즉 교만한 것이다. 그래서 바울이 "낮은 데 처하며 스스로 지혜 있는 체하지 말라"(롬 12:16)라고 말한 것이다. 갈렙과 여호수아는 주변 사람들의 의견을 따르지 않았다. 하나님이 이미 그분의 뜻을 명확히 알려 주셨기 때문이다. 갈렙과 여호수아는 하나님을 경외했고, 그 결과 끝까지 하나님의 뜻에 순종할 수 있었다. 잠언에도 나와 있듯이 "진실로 그는 거만한 자를 비웃으시며 겸손한 자에게 은혜를 베푸신다"(잠 3:34).

영광의 하나님은 교만을 참지 못하신다. 하나님은 교만을 미워하신다. 루시퍼는 모든 천사 중에 하나님께 가장 가까이 있었지만 하나님을 경외하는 마음이 없었기 때문에 끝이 좋지 못했다. "여호와를 경외하는 도는 정결하여 영원까지 이"(시 19:9)른다고 했다. 여호와를 경외하는 것은 우리에게 잘 끝마칠 수 있는 능력을 준다.

경외심, 믿음, 겸손은 쉽게 끊어지지 않는 참된 세겹줄이다(전 4:12 참조). 당신이 하나님을 경외한다면 불가능한 상황에서도 하나님을 믿을 것이다. 그리고 스스로 지혜 있는 체하지 않으며 겸손할 것이다. 마찬가지로 교만과 반항과 불신은 끊기 힘든 어둠의 세겹줄이다. 하나님의 말씀을 무시하고 자신의 생각을 고집하는 사람은 반드시 오래 가지 못한다. 그의 유일한 희망은 참된 회개와 겸손뿐이다.

교만은 매우 기만적이다. 우리를 훼방하기 위한 사탄의 가장 효율적인 무기가 바로 교만이다. 교만한 사람은 적군이 오는 것을 보지 못한다. 적은 뒤에서 공격해 오기 때문이다. 순식간에 기습을 당하는 것이다. 그래서 교만 때문에 모든 것을 잃어버린 사람들이 "나도 모르는 새 그렇게 됐어요!"라는 말을 자주 한다.

여기에는 이유가 있다. 성경에 나오는 하나님의 전신갑주를 보면, 모두 우리가 앞을 향할 때 보호하기 위한 것들이다. 진리의 허리띠, 의의 흉배, 평안의 복음의 신, 의의 방패, 구원의 투구, 하나님의 말씀의 검 등 생각해 보면 모두 정면 공격을 막는 것들이다. 그러면 뒤는 무엇이 막아 주는가? 이사야 선지자가 답을 제시해 준다. "여호와의 영광이 네 뒤에 호위하리니"(사 58:8).

하나님의 영광이 우리의 등을 보호해 준다. 하지만 여전히 영광을 다른 이와 나누지 않으시겠다는 하나님의 강력한 주장을 마음에 새겨야 한다(사 42:8 참조). 우리가 하나님의 뜻보다 자신의 의견을 더 앞세우면, 교만하게 행함으로 하나님의 영광의 호위를 잃어버리는 것이다. 그러면 우리의 등은 보호받지 못하게 된다!

우리가 참된 겸손과 교만에 대해 얼마나 잘못 알고 있었는지를 떠올리면 등에서 식은땀이 난다. 하나님은 "내 백성이 지식이 없으므로 망하는도다"(호 4:6)라고 말씀하셨다. 우리 중에 얼마나 많은 사람이 무지함 때문에 망했고, 또 망하고 있는가?

그건 마치 긴 여행을 가는 중에 어느 지역에 사나운 맹수가 바글거리는지 모르고 가는 것과 같다. 당신이 위험한 줄 모르고 차에서 내려 잘못 헤매고 다니다가는 결국 잔인한 죽음을 당할 수 있다.

우리는 이 장에서 살펴본 내용을 근거로, 호세아의 말을 이렇게 풀어 쓸 수 있다. "내 백성이 참된 겸손과 교만의 차이를 몰라서 망하는도다."

당신이 겸손으로 무장하는 것이 어떤 의미인지를 천천히 배우고 있다는 사실이 참 기쁘다. 하지만 여기서 멈추지 말라. 성경을 찾아보고 성령님께 깨달음을 달라고 구하라. 삶 속에서 지식이 없어서 기습 공격을 당하거나 넘어지지 말라. 당신은 끝까지 잘 마쳐야 한다. 하나님의 약속을 들어 보라.

겸손한 자에게 여호와로 말미암아 기쁨이 더하겠고(사 29:19).

얼마나 좋은 약속인가! 우리는 모두 기쁨을 사랑한다. 하지만 왜 그것이 중요한 약속일까? 여호와로 인하여 기뻐하는 것이 우리의 힘이기 때문이다(느 8:10 참조). 기쁨은 끝까지 잘 달릴 수 있는 힘이 된다. 그것이 없으면 끝까지 경주를 할 수가 없다. 하나님은 우리가 겸손의 옷을 입고 있으면 기쁨과 능력이 더해질 거라고 약속하신다. 그리고 하나님은 다음과 같이 약속하신다.

> 지극히 존귀하며 영원히 거하시며 거룩하다 이름하는 이가 이와 같이 말씀하시되 내가 높고 거룩한 곳에 있으며 또한 통회하고 마음이 겸손한 자와 함께 있나니 이는 겸손한 자의 영을 소생시키며 통회하는 자의 마음을 소생시키려 함이라(사 57:15).

하나님이 우리 안에 거하실 때 우리는 틀림없이 인내하며 경주할 수 있다. 우리가 바라는 것은 하나님이 한 번 찾아오시는 게 아니다. 그보다 우리는 하나님이 우리 안에 계속 거하시기를 갈망해야 한다. 이것이 지속적인 인내심을 길러 준다.

그러므로 사랑하는 형제자매들이여, "다 서로 겸손으로 허리를 동이라 하나님은 교만한 자를 대적하시되 겸손한 자들에게는 은혜를 주시느니라 그러므로 하나님의 능하신 손 아래에서 겸손하라 때가 되면 너희를 높이시리라"(벧전 5:5-6). 아멘.

3 끈질긴 내려놓음

크고 작은 염려를
내려놓고 또 내려놓으라

너희 염려를 다 주께 맡기라
이는 그가 너희를 돌보심이라(벧전 5:7).

겸손의 가장 중요한 면은 갈렙과 여호수아처럼 하나님의 부르심에 복종하는 것이다. 그렇게 할 때 우리는 거룩한 사명을 완성할 때까지 어떤 역경이 닥치더라도 이겨 낼 수 있다. 우리는 가장 훌륭한 인간의 논리나 이성이 지시하는 것보다 하나님의 말씀을 믿는다. 우리의 감각이나 자연적인 지식의 지배를 받지 않고 겸손하게 믿음으로 행한다.

현실에서 이렇게 살려면 우리는 모든 염려를 하나님께 맡겨야만 한다. 몇 가지 염려들이 아니라, 모든 염려. 모든 염려를 내려놓는 것은 갈렙과 여호수아가 했던 일이다. 아버지이자 남편으로서 그들도 가족이 심히 걱정되었을 것이다. 하지만 그들에게는 하나님의 말씀이 인간의 논리와 두려움보다 우선이었다. 갈렙과 여호수아는 하나님의 뜻을 최우선에 두면 가족들이 보호를 받고 필요한 것을 공급받는다는 것을 알았다. 갈렙과 여호수아는 참으로 하나님 앞에서 겸손한 사람들이었다. 그 결과 그들의 가족 문제는 우주에서 가장 능력 있는 손에 맡겨졌다.

우리의 모든 염려를 하나님께 맡기면 우리의 사명을 끈질기게 수행할 수 있다. 성경은 "모든 무거운 것과 얽매이기 쉬운 죄를 벗어 버리고 인내로써 우리 앞에 당한 경주를 하"(히 12:1)자고 말한다.

무거운 짐을 지고 있으면 경주를 끝까지 잘 마치지 못할 수도 있다. 양쪽 허리에 각기 20킬로그램짜리 짐을 매달고 마라톤 경주를 하는 모습이 상상이 가는가? 완주는커녕 달리는 것조차 힘들 것이다!

우리의 경주를 방해하는 무거운 짐은 바로 걱정과 염려들이다. 열 명의 정탐꾼들을 짓누르던 짐도 바로 그것이었다. 앞으로 가족에게 닥칠지 모르는 위험에 대한 무거운 염려 때문에 하나님의 약속을 믿고 나아가지 못한 것이다.

가족은 무거운 짐이 아니다. 가족에 대한 '염려'가 무거운 짐이 되는 것이다. 하나님이 우리의 필요를 채워 주시고 보호해 주실 수 있다는 것을 의심하는 건 하나님의 진실하심과 능력을 모욕하는 것이다. 갈렙과 여호수아가 결국 그 시대 사람들의 잘못을 입증해 보였다는 사실이 흥미롭다. 40년 후에 실제로 똑같은 가나안 사람들과 싸우러 갔는데 그들의 가족이 조금도 해를 입지 않은 것이다. 사실 전쟁은 그들의 아내와 자녀에게 오히려 복을 주었다. 기름진 땅을 유업으로 주었기 때문이다.

서로 다른 결과들을 잘 생각해 보자. 하나님의 인도를 믿는 대신 가족들을 보호하려 했던 열 명의 정탐꾼의 가족들은 메마른 광야를 물려받았다. 그것은 분명히 그들이 바라던 결과가 아니었다. 그들은 불신의 대가로 40년 동안 고난의 세월을 보내야만 했다. 하지만 하나님의 말씀을 믿고 순종하며 가족에 대한 염려를 하나님께 맡겼던 두 명의 지도자의 가족들은 약속의 땅을 유업으로 받았다. 그 땅은 '젖과 꿀이 흐르는' 땅이었다. 젖과 꿀이 흐르는 땅으로 가는 것이 그들의 사명이었다.

삶에서 우리 각자는 안전과 사명 사이에서 종종 선택을 해야 한다. '중요한 것'으로 인도하는 길을 택할 것인가, 아니면 우리의 편안함과 행복을 '보호하려' 할 것인가? 당신이 자기 보호를 택한다면, 안정감을 느끼며 살아갈 수는 있을지 몰라도, 결국 그리스도의 심판대 앞에 섰을 때 당신은 일시적인 안전지대를 유지하기 위해 풍성하고 충만한 삶을 버렸다는 사실을 후회하게 될 것이다.

하나님의 길은 모험과 믿음의 길이며, 그 상급은 항상 당신의 안정감과 편안함보다 훨씬 더 크다.

그것은 하나님의 말씀에서 거듭 확인되는 사실이다. 하나님이 계획하신 당신의 여정을 마치려면 걱정 근심의 무거운 짐을 하나님께 맡겨야 한다. 하나님의 길은 모험과 믿음의 길이며, 그 상급은 당신의 안정감과 편안함보다 훨씬 더 크다. 당신의 염려를 하나님께 맡김으로, 걸음을 늦추는 무거운 짐을 벗어 버리라.

생계에 대한 염려 맡기기

개인적인 경주에서 내가 벗어 버린 무거운 짐을 몇 가지 이야기하겠다. 나는 자라면서, 아버지와 남편으로서 가족을 부양하는 것이 중요하다는 것을 깨달았다. 우리 아버지는 훌륭한 본보기를 보여 주셨고, 한 푼을 아끼는 것이 곧 한 푼을 버는 것이라는 사실을 우리에게 가르쳐 주셨다. 안정적인 가정을 만드는 남편과 아버지의 역할은 어린 시절 나의 머릿속에 깊이 각인되었다. 나는 비행기 조종사가 되고 싶었지만 아버지가 반대하셨다. 그 당시에 조종사는 안정적인 직업이 아니었기 때문이다. 아버지는 좀 더 안정적인 직업을 갖도록 나를 이끌어 가셨다. 나는 공학을 공부했고, 1981년에 무기 및 항공우주산업체인 '로크웰 인터내셔널' (Rockwell International)에 들어갔다.

나는 주임연구원으로서 월급을 꽤 많이 받았다. 아내에게 돈을 넉넉하게 벌어다 준다는 것은 기분 좋은 일이었다. 나는 어렸을 때부터 보아 온 아버지의 본보기를 그대로 따르고 있었다. 하지만 내적인 갈등에 시달렸다. 사역을 시작해야 한다는 사명감이 마음속에서 타오르는 것을 느꼈다. 그런 마음이 든 지 벌써 몇 년이 되었지만, 사역자의 수입으로 아내와 우리 아이들을 부양할 길이 보이지 않았다. 그래서 아내와 나는 한 가지 계획을 세웠다.

나는 회사 동료들을 통해, 외국에 나가서 일하면 월급을 더 많이 받을 수 있다는 사실을 알았다. 특히 중동에 가면 돈을 많이 받는다고 했다. 그래서 인사부장을 찾아가 사우디아라비아로 파견되는 것에 대해 문의했다. 아내와 나는 그곳에서 몇 년 동안 살면서 돈을 모아 미국에 돌아오면 현금으로 조그마한 집도 사고 사역을 시작하면 되겠다고 생각했다. 그런데 거기에는 한 가지 문제가 있었다. 우리의 계획은 오직 우리 자신의 능력에 근거한 것이었다.

어느 날 밤, 2년 동안 알고 지내 온 한 젊은 사역자가 나를 앉혀 놓고 두 시간 동안 혼을 냈다. 본질적으로 그가 한 말은 이러했다. "존, 당신은 하나님의 부르심 앞에서 아무것도 하지 않고 있습니다. 만약 지금과 같은 길을 계속 간다면 당신은 결국 자신의 사명을 놓친 늙은 엔지니어로 남을 겁니다."

나는 그의 말에 충격을 받았다. 하지만 그가 옳다는 걸 알았다. 그날 밤 집에 돌아와 아내에게 말했다. "어떤 일이 됐든 사역을 시작하려고 해. 첫 번째 문이 열리면 그 문으로 들어갈 거야. 나와 함께 가 줄래?"

"함께 갈게요"라고 아내는 대답했다.

그 후 몇 달 동안 하나님께 사역할 수 있는 문을 열어 달라고 열심히 기도했다. 그러는 동안 나는 우리 교회에서 자원하여 섬길 수 있는 일은 뭐든지 다 했다. 예배 안내를 하고, 교회에서 하는 지역 교도소 선교에 참여하고, 목회자 자녀들에게 테니스를 가르치기도 했다.

그러다 몇 달 후, 1983년에 전임사역을 할 수 있는 문이 열렸다. 나는 로크웰을 떠나 사역을 본격적으로 시작했다. 새로운 일을 하면서 수입이 엄청 줄어들자, 우리 아버지는 내가 제정신이 아니라고 생각하셨다. 친구들도 나의 결정에 대해 의문을 가졌고, 나 역시 먹고 살 일을 생각하면 막막했지만 그런 생각을 애써 뿌리치려 했다. 현실적으로는 불가능한 일이었다. 우리의 한 달 수입이 총 지출 금액보다 적었으니 말이다.

하지만 나는 교회 사역을 하는 것이 나를 위한 하나님의 계획이라는 것을 알았다. 그래서 아내와 나는 생계에 대한 염려를 하나님께 맡겼다. 우리는 결코 끼니를 거르지 않았다. 필요한 것은 항상 넉넉하게 채워졌다. 아무에게도 말하지 않았는데 하나님이 기적적으로 채워 주시는 일이 몇 번이고 반복되었다. 아내와 나는 하나님께 필요를 아뢰었고, 우리를 좌절시키려 하는 원수를 하나님 말씀으로 물리쳤으며, 기적적으로 모든 것이 차례대로 채워지는 것을 보았다.

한번은 십일조를 드릴지 식료품을 살지 선택해야만 하는 순간이 있었다. 우리는 이미 모든 일에서 하나님을 제일 우선순위에 두기로 결심했기 때문에 큰 갈등은 없었다. 그래서 월급의 10퍼센트를 헌금으로 드렸다. 그것은 곧 우리에게 식료품을 살 돈이 남아 있지 않다는 뜻이었다. 90퍼센트는 청구서 비용과 다른 예상치 못한 비용으로 다 나가야 했기 때문이다. 그 중 하나가 자동차와 관련된 지출이었다.

그 당시 우리는 차가 한 대뿐이었는데 교류발전기가 고장이 났다. 교회 사역으로 너무나 바빴던 나는 자동차를 고치러 갈 시간조차 없었다. 게다가 나는 교회의 밴을 운전했기 때문에 출퇴근에는 문제가 없었다. 그래서 우리 차는 그냥 세워 두었다. 그러다 교류발전기가 고장 난 지 며칠 만에 뒤쪽 타이어가 펑크났다. 설상가상으로 스페어타이어도 사용할 수가 없었다. 우리는 텍사스 주 댈러스에 살았는데, 그해 여름은 몹시 뜨거웠다. 어느 날 저녁에 일을 마치고 집에 왔더니 우리 차의 창문 유리 하나가 깨져서 완전히 산산조각나 있었다. 알고 보니, 차 안이 너무 뜨거워져서 공기가 팽창하여 유리창이 폭발했던 것이다.

절망감은 더욱 커졌다. 그리고 교류발전기를 고친다 하더라도 타이어가 없기 때문에 여전히 차를 쓸 수 없는 상황이었다. 우리는 쓰레기봉투와 테이프를 이용해 창문을 가려 놓았지만, 비가 세차게 오면 다 소용없으리라는 것을 잘 알았다. 시간이 오래되면 습기 때문에 차 내부에 곰팡이가 생길 수도 있었다. 다음날 그것을 도저히 그냥 두고 볼 수가 없었다. 정비소 몇 군데를 가 보았지만, 모든 견적이 우리가 감당할 수 없는 수준이었다. 우린 차를 고칠 돈이 없었다. 예전에 엔지니어로 일할 때 같으면 그 정도는 문제도 아니었다. 나는 자기 연민과 함께, 주차장에서 흉측하게 고물이 되어 가는 우리 차에 대한 환상과 싸워야만 했다.

결국 나는 지쳤다. 하나님을 만나기 위해 외딴 곳을 찾아 큰소리로 외쳤다. "주님, 이 차에 대한 염려를 당신의 손에 완전히 맡기려고 합니다. 그건 이제 제 일이 아니라 하나님의 일입니다. 차가 부식되더라도 제 잘못이 아닙니다. 저는 주님이 저에게 하라고 하신 일에만 계속 집중할 겁니다. 해결책을 주셔서 감사합니다."

나는 큰소리로 힘주어 말했다. 진심이었다. 그리고 교류발전기가 고장 난 이후 처음으로 영혼의 평안을 느꼈다. 하나님의 약속의 말씀대로 된 것 같았다.

> 아무것도 염려하지 말고 다만 모든 일에 기도와 간구로, 너희 구할 것을 감사함으로 하나님께 아뢰라 그리하면 모든 지각에 뛰어난 하나님의 평강이 그리스도 예수 안에서 너희 마음과 생각을 지키시리라(빌 4:6-7).

그리고 원수를 공격하기 시작했다. 나는 격렬하게 말했다. "사탄아, 내 말을 들어라. 나의 하나님, 내 아버지가 영광 가운데 풍성한 대로 나의 모든 쓸 것을 채워 주신다. 먼저 하나님나라를 구하면 내게 필요한 모든 것이 나에게 더해지므로, 나에겐 부족함이 없다. 예수님의 이름으로 네게 저항한다. 우리 가정의 재산과 자동차에서 네 더러운 손을 뗄 것을 명령한다!"

그때 마치 어떤 것이 딱 하고 부러지는 듯한 느낌이 들었다. 그리고 웃고 있는 나 자신을 발견했다. 순간 '내가 미쳤나?' 하는 생각이 들었다. 하지만 그 기쁨은 내 마음 깊은 곳에 있는 우물에서 나오는 것이었다. 나는 그것이 여호와의 기쁨이며 내게 필요한 힘이라는 것을 알았다. 그 힘으로 끈질기게 나의 경주를 계속할 수 있다는 것을 알았다. 나의 염려는 이제 하나님의 능하신 손 안에 있었고 원수는 결박되었다. 그러자 하나님이 채워 주실 것을 기대하는 마음이 생겼다.

바로 다음날, 아내의 친구가 찾아와 아파트 주차장에 세워져 있는 우리의 망가진 차를 보았다. 정말 흉물스러웠다. 그녀는 이렇게 말했다. "리사, 내 친구 중에 정비공이 있어. 내가 그 친구한테 연락해서 너희를 도와줄 수 있는지 알아볼게." 결국 그녀의 친구는 다른 정비소에서 부른 가격의 극히 일부분으로 모든 것을 고쳐 주었다. 우리는 하나님이 놀라운 방법으로 채워 주시는 것을 보았고, 그것은 우리의 믿음을 더욱 강하게 해 주었다.

하지만 십일조를 드렸기 때문에 여전히 우리에겐 식료품을 살 돈이 없었다. 앞으로 12일은 더 있어야 월급날이었다. 어느 날 밤 우리는 차안에 앉아 함께 울었다. 불신의 눈물이라기 보다 절망의 눈물이었다. 다른 사람들은 다 편안하게 사는데 왜 우리만 이렇게 힘겹기만 한 건지 이해할 수가 없었다. 사도 바울처럼 우리도 우리의 시련 가운데서 무슨 일이 이루어지는지 몰랐다. 그래서 시련을 성가시고, 짜증나고, 시간만 낭비하는 일로 여겼다. 나중에 더 큰 도전에 직면하여 하나님께 더 큰 영광을 돌릴 수 있도록 우리가 하나님의 영광 속에서 강해지고 있다는 것을 깨닫지 못했다. 그렇게 몇 차례 더 눈물을 흘린 후, 우리 부부는 하나님의 말씀에 대한 믿음을 확고히 다졌고 우리의 거룩한 사명을 계속 수행해 나갔다.

이틀 후, 샌안토니오에서 온 한 부부가 우리를 찾아왔다. 그 주에 처음 만나 인사를 나눈 사람들이었다. 그들은 "존, 이유는 모르겠지만, 하나님이 계속 이걸 당신한테 주라고 말씀하시네요"라고 말했다. 그리고 200달러짜리 수표가 든 봉투를 나에게 건넸다. 아내와 나는 깜짝 놀랐다. 하나님 외에는 아무도 우리의 사정을 아는 이가 없었다. 하나님이 다시 한 번 우리에게 쓸 것을 공급해 주신 것이다.

우리의 쓸 것을 공급하시는 분

몇 년 더 신앙 성장과 성숙의 기간을 보낸 후, 플로리다에 있는 매우 큰 교회의 청소년 담당 목사로 가게 되었다. 그와 더불어 우리는 또다시 수입이 줄어들면서 똑같은 경제적 문제에 봉착했다. 이번에는 18개월 된 아들까지 있어서 먹고 사는 게 더 큰 문제였다. 우리는 다시 한 번 우리의 염려를 하나님께 맡기고 원수에게 저항했다. 그리고 하나님의 기적적인 채워 주심을 경험했다. 나는 계속 사역에만 집중했고, 때로는 하나님이 아주 극적인 방법으로 필요를 채워 주시는 일이 반복해서 일어났다.

1988년 9월, 하나님은 나에게 사역의 다음 단계로 들어갈 때가 되었다는 것을 보여 주셨다. 그것은 여러 지역을 다니며 말씀을 전하는 것이었다. 나는 교회 담임목사님의 지도력을 존중해 왔기 때문에, 한마디도 하지 않고 하나님이 목사님께 나를 위한 다음 계획을 보여 주실 때까지는 기다리기로 했다. 내가 기도 중에 본 것을 아는 사람은 아내와 다른 주에 사는 친구밖에 없었다.

1989년 2월, 담임목사님이 직원회의에 들어오셔서는 전날 밤에 보셨던 선명한 환상에 대해 말씀해 주셨다. 목사님은 우리 부부가 교회를 나가서 여행을 다니며 사역하는 것을 보았다고 하셨다. 목사님의 말씀을 듣는데 눈물이 났다. 성령님이 사도행전 13장 1-5절에서 바나바와 바울에게 하셨듯이, 그분의 뜻을 확실히 보여 주신 것이다.

그로부터 6개월이 지난 1989년 8월, 나는 3주 동안 7개 행사에 강사로 초청을 받았다. 목사님께 말씀드렸더니 웃으시며 "하나님이 우리에게 보여 주신 것이 바로 이것이군요. 당신의 길을 잘 찾은 것 같네요"라고 말씀하셨다. 그러고는 "존, 이 가을에 할 수 있는 만큼 많이 돌아다니세요. 올해 말까지는 교회에서 계속 사례비를 드릴게요. 내년 1월부터는 재정적으로 독립을 하셔야 할 겁니다."

그 다음 몇 달 동안 나는 7개 지역에 가서 집회를 하며 하나님의 은혜를 경험했다. 하지만 더 이상 다른 초청이 없었다. 우리 담임목사님은 이 사실을 아시고, 내 월급이 끊기기 두 달 전, 미국에 있는 600개 교회의 주소와 추천서를 주셨다. 목사님이 말씀을 전하신 적이 있는 교회들이었다.

그 즉시 나는 목사님이 주신 주소로 편지 보내는 작업을 시작했다. 나의 계획은 목사님의 편지와 내가 쓴 편지를 함께 봉투에 넣어 600개 교회에 모두 보내는 것이었다. 그런데 봉투 40개 정도를 완성했을 때 성령님이 내게 말씀하셨다. "아들아, 뭘 하고 있느냐?"

"이 목사님들께 제가 그분들의 교회에 갈 수 있다는 것을 알리려고 합니다"라고 나는 대답했다.

"넌 내 뜻에서 벗어나려 하는구나."

"하지만 하나님, 밖에선 아무도 제가 누군지 모르잖아요"라고 내가 불쑥 내뱉었다.

"내가 다 하마. 나를 믿어라."

그때 나는 중요한 기로에 서 있었다. 내 마음속에 말씀해 주신 하나님의 명령에 복종함으로써 겸손을 택할 수도 있었고, 나 자신의 노력으로 필요한 것을 채울 수도 있었다. 나의 염려와 문제들을 하나님께 맡길 것인가, 아니면 내 손에 계속 쥐고 있을 것인가? 나는 즉시 결정을 내렸다. 나의 지성이나 감정이 나를 설득하기 전에, 그 40개의 봉투를 찢어 버렸다. '내가 하나님으로부터 오는 음성을 들었거나 아니면 미쳤거나, 둘 중하나다'라고 생각했다.

시간이 흘러서 12월 중순이 되었다. 계획된 집회는 단 두 개뿐이었다. 하나는 1월 첫주에 사우스캐롤라이나의 작은 도시에 있던 어느 교회에서 열리는 집회였고, 다른 하나는 2월 말에 테네시 주의 언덕에 자리 잡은 작은 교회에서 열리는 집회였다.

이때 우리 교회 담임목사님은 우리에 대한 걱정이 이만저만이 아니셨다. 마침 목사님은 매일 하는 텔레비전 방송 사역을 시작하셨는데, 곧 프로그램을 전 세계로 방송하게 되었다. 마침 아내 리사는 텔레비전 프로그램 제작 경험이 있었다. 그래서 목사님은 리사에게 시간당 45달러에 새로운 프로그램을 제작하는 일을 해 보겠냐고 제안하셨다. 나는 마음이 놓였고 신이 났다! 아내도 마찬가지였다. 그렇게 하면 나의 순회 사역에 탄력이 붙을 때까지 필요한 많은 돈을 충당할 수 있을 테니 말이다.

하지만 며칠 후에 기도를 하는데, 성령님이 다시 한 번 내 마음에 말씀하셨다. "아들아, 리사가 텔레비전 프로듀서 일을 받아들이면, 네 사역을 위해 드려지는 헌금에서 리사가 버는 돈을 감할 것이다. 나는 리사가 네 옆에 있기를 원한다.”

나는 충격을 받았다. 이 내용을 아내에게 전했더니, 놀랍게도 그녀는 동의했다. 알고 보니 아내도 기도 시간에 똑같은 음성을 들었던 것이다! 우리는 정중하게 목사님의 제안을 거절했다.

이제 12월 말이 되었다. 교회에서 받는 돈은 이제 곧 끊길 텐데, 여전히 예약된 집회는 두 건밖에 없었다. 담임목사님은 다시 한 번 나에게 도움을 주려고 하셨다. “존, 주일 아침에 텔레비전으로 방송되는 예배를 드릴 때 당신을 강단 위에 세워 우리를 보고 있는 전국의 목회자들에게 당신이 순회 사역을 시작한다는 걸 알리려고 합니다. 그리고 우리 교회에서 매달 당신을 후원할 겁니다.”

이번에도 나는 너무나 기뻤다. 이 하나님의 사람은 미국에서 매우 유명한 목사님 중 한 분이었고, 그분의 프로그램을 보는 사람이 수백만 명에 달했다. 나는 이것이야말로 나를 사역 현장으로 내보내 하나님이 맡기신 일을 하게 하려는 하나님의 방법이라고 확신했다.

하지만 며칠 후 기도를 하는데 성령님이 다시 말씀하셨다. “아들아, 네 목사는 텔레비전 프로그램에서 너를 소개하지 않을 것이고, 또 교회도 너를 매달 후원해 주지 않을 것이다.”

이제 나는 낙심이 되었다. “왜죠? 목사님이 그러겠다고 하셨는데요!” 나는 항의했다. 그 즉시 마음속에서 이런 음성을 들었다. “내가 그에게 그 일을 시키지 않을 것이다. 그는 내 말을 듣는 사람이다.”

“왜 그 목사님이 저에게 약속한 일을 하지 못하게 막으시는 건데요?”

그때 하나님은 결코 잊지 못할 말씀을 내게 들려 주셨다. “그렇게 되면 네가 힘든 일을 만날 때 나 대신 그에게 달려갈 것이기 때문이다.”

아니나 다를까, 목사님은 나를 텔레비전 시청자들 앞에 세우지 않으셨다. 나의 새로운 사역에 대해 전혀 언급하지 않으셨고, 매달 나를 후원해 주지도 않으셨다. 그분이 그렇게 하지 않아서 나는 기뻤다. 그로 인해 나의 염려를 하나님께 맡길 수밖에 없었다. 우리는 영향력을 가진 사람들에게 부탁을 하기보다는 하나님께 기도하며 싸워야만 했다.

1월이 되니 정말로 교회에서 우리에게 월급을 주지 않았다. 아내와 내가 가진 재산은 300달러뿐이었다. 그리고 이제 우리에겐 어린아이가 둘 있었다. 애디슨은 3살 반, 오스틴은 9개월이었다. 매달 나가는 주택 대출금이 1,000달러, 자동차에 들어가는 돈이 200달러였다. 다음 달에 낼 돈은 어디서 나올지 알 수 없었다. 나는 내 목숨이 달린 일처럼 기도했고, 그러다 보니 자연히 성령님을 가까이하게 됐다.

우리는 가장 특별한 방법으로 문이 열리는 것을 보았다. 나의 첫 번째 강연은 장례식장에서 만나게 된 한 교회에서 이루어졌는데, 매우 훌륭한 집회였다. 그 집회는 일주일 더 연장되었다. 소문이 퍼지자 사우스캘리포니아 콜럼비아에서 또 한 목사님이 찾아왔다. 마지막 집회 때 그 목사님은 나에게 그분의 교회에 와 줄 수 있는지를 물으셨다. 아내와 나는 그 교회로 갔다. 그랬더니 거기서 또 다른 교회로 연결되었다. 그런 일이 계속 이어졌다.

그렇게 두 달이 지났고, 나의 스케줄은 또다시 예측 불가능해졌다. 우리는 돈에 대한 많은 압박감에 시달렸지만, 한 번도 청구서를 늦게 처리한 적이 없었다. 어느 날 이른 아침에 밖으로 나가 기도했다. "하나님 아버지, 저는 아버지가 하라고 하신 일을 하고 있습니다." 나는 목소리를 높였다. "만일 우리 가족을 위해 집회와 재정을 채워 주지 않으시면, 저는 먹고 살기 위해 직장을 구할 것이고 사람들에게 주님이 우리의 필요를 채워 주지 못하셨다고 말할 겁니다. 아버지, 저 자신을 팔지 않겠습니다. 아버지가 저를 부르셨다면, 아버지가 문을 열어 주실 것입니다. 이 문제를 온전히 아버지께 맡깁니다."

그리고 나서 북쪽을 바라보며 문이 열리도록 명령했다. 그 다음엔 남쪽, 동쪽, 마지막으로 서쪽을 향해 문이 열리도록 명령했다. 또한 하나님이 우리에게 가라고 하셨으니 사탄이 그 걸음을 방해할 수 없다고 말하며 사탄에게 물러가라고 명령했다.

그 기도를 마친 후 얼마 안 되어 미시간 주에 있는 한 교회에서 4일간 열리는 집회에 나를 초청했다. 이 집회에서 진정한 하나님의 역사가 일어났다. 4일간의 집회는 몇 주 동안 계속되었다. 사람들은 145킬로미터 떨어진 곳에서도 차를 타고 예배를 드리러 왔고, 매일 밤 예배당을 가득 채웠다. 나는 플로리다에 있는 우리 부모님 댁 근처의 공공 수영장에서 아이들과 함께 있던 리사에게 전화를 걸었다. 아내에게 그 집회에서 일어난 하나님의 놀라운 역사에 대해 이야기를 해 주었다. 끝이 안 보인다고, 아내와 아이들의 항공권을 보낼 테니 미시간에 와서 나와 함께 있자고 했다.

그때 휴가 중이던 어느 목사님이 리사 옆에 앉아 계시다가 전화 통화를 우연히 들으셨다. 그분이 리사에게 다가가 이렇게 말씀하셨다. "저, 죄송하지만 우연히 당신 남편과 전화 통화하는 내용을 듣게 됐습니다. 저는 뉴욕 북부 지역에서 성도 수가 1,500명 정도 되는 교회를 담임하고 있습니다. 저는 우리 교인들 안에 하나님의 역사가 나타나기를 정말 간절히 소망하고 있답니다. 하나님이 저에게 당신의 남편을 초청하라고 말씀하시는 걸 느꼈어요."

그래서 우리는 미시간에서 집회를 끝마친 후 뉴욕으로 갔다. 이 집회도 굉장히 능력 있는 예배였다. 이런 일들이 몇 주 동안 계속되었다. 사실 순회 사역을 시작하고 처음 4년 동안 우리는 교회에 한 번도 편지를 보내거나 전화를 걸지 않았다. 앞에서 말한 식으로, 또는 다른 희한한 방법으로 매번 집회가 계속 이어졌기 때문이다.

다시 말하지만, 나는 어릴 때부터 남자가 자기 가족을 부양하는 것이 매우 중요하다는 생각을 가지고 자랐다. 자기 가족을 돌보지 않으면 비신자보다 더 악한 자라고 말하는 디모데전서 5장 8절 말씀은 이런 확신을 더 강하게 해 주었다. 내 가족을 부양하는 것은 타당하고 경건한 일이었다. 하지만 이 문제를 나의 최우선순위로 삼았다면 나는 하나님께 순종하며 나아가지 못했을 것이다. 그 문제가 나의 경주를 크게 훼방하는 무거운 짐이 됐을 테니 말이다.

몇 년 동안 사역을 하다가, 다른 길을 선택했던 사역자들을 볼 기회가 생겼다. 그들은 생계에 대한 걱정을 온전히 하나님께 맡기지 않은 사람들이었다. 열 명의 정탐꾼들처럼 그들은 자신의 능력으로 먹고 살 궁리를 하는 듯했다. 나는 그들이 자신을 선전하고 정치 게임을 하는 것을 보았다. 나는 그들이 삶에 대한 소명은 진실하지만 그들 자신과 하나님을 낮게 평가했다는 사실이 안타까웠다. 오늘날도 많은 사역자가 이렇게 하나님나라의 통치권에 들어가지 않고 있다.

순회 사역을 시작한 첫 해에 우리 부부는 하나님이 놀라운 방법으로 채워 주시는 것을 보았다. 어느 달에는 바로 다음날까지 내야 할 주택 대출금이 거의 700달러 정도 모자랐다. 별 생각 없이 우편함을 열어 보았는데, 앨라배마에 사는 한 히피 부부가 보낸 편지가 와 있었다. 그들에겐 아이가 여덟 명 있었는데, 마루바닥에 박스 스프링과 매트리스 하나를 깔고 잠을 잤다. 편지에는 이런 내용이 써 있었다. "존, 그리고 리사, 이유는 모르겠지만, 하나님이 오늘 이 300달러짜리 수표를 당신들에게 보내라고 우리 마음에 아주 강하게 말씀하셨어요."

그날 밤 나는 단 40명이 모인 교회에서 말씀을 전했다. 목사님이 종이 봉투에 든 헌금을 우리에게 건네 주셨다. 집에 와서 침대에 누웠는데, 헌금 세어 보는 걸 깜박 잊었다는 것을 깨달았다. 우리 부부는 우리 문제를 하나님께 맡겼기 때문에 솔직히 다음날까지 내야 하는 대출금에 대해 아무 걱정도 하지 않고 있었다. 잠자리에서 일어나 헌금을 세어 보았다. 397달러 26센트였다. 여기에 히피 부부가 보내 준 수표를 합하면 대출금을 내기에 충분했다.

시간이 지나면서 나는 하나님이 우리를 훈련해 오신 과정을 깨닫게 되었다. 처음에 우리 부부는 자동차 교류발전기처럼 작은 문제에 대한 염려를 하나님께 맡기는 법을 배워야만 했다. 우리의 월급이 적을 때 믿고 싸우는 법을 배우는 것이 매우 중요했다. 왜 그런가? 전임으로 순회 사역을 시작하면서 그나마 적은 월급도 없어졌기 때문이다. 우리는 믿음 안에서 성장했고 더 힘든 사명을 감당할 준비가 되었다. 순회 사역 첫 해에 만난 도전들은 우리가 더욱 성장하도록 도와주었고, 우리에게 필요한 믿음의 다음 단계로 나아갈 수 있도록 준비시켜 주었다.

이 책을 쓰는 지금, 우리 사역 단체인 '메신저 인터내셔널' 예산은 주당 10만 달러가 넘는다. 나의 염려들을 하나님께 맡기고 매 걸음 하나님을 믿고 의지하는 법을 배우지 못했다면, 지금 나는 매우 힘들었을 것이다. 하지만 감사하게도 나는 돈 문제로 잠을 못 잔 적이 한 번도 없었다. 하나님이 약속하신 대로, 모든 지각에 뛰어난 하나님의 평강이 그리스도 예수 안에서 우리의 마음과 생각을 지켜 주셨다.

하나님의 훈련에는 단계가 있다

하나님이 우리의 믿음을 세워 주시는 과정은 보디빌딩을 연상시킨다. 35세 때 나는 여러 곳을 다니며 말씀을 전하느라 바빠서 체육관에 다니는 것을 시간 낭비라고 생각했다. 그 결과 어느 주일에는 거의 강단 위에서 쓰러질 뻔했다.

우리 옆집에 사는 친구가 당시 세계레슬링연맹에 속한 프로 레슬링 선수였다. 그와 그의 아내와 아이들은 우리 가족의 좋은 친구들이 되었다. 그가 전에 체육관에 같이 가자고 말한 적이 있었지만, 나는 그 제안을 거절했다. 그러다 강단에서 쓰러진 사건이 있은 후 나는 태도를 완전히 바꾸어 그에게 나를 도와줄 수 있는지 물었다.

내 친구는 몸집이 거대했다. 몸무게가 118킬로그램이나 나갔는데 체지방은 겨우 4퍼센트밖에 안 되었다. 그의 이두박근과 삼두박근이 내 허벅지보다 굵었다. 우리는 정기적으로 체육관에 다니기 시작했다.

체육관에 처음 갔을 때 나는 벤치 프레스에서 95파운드밖에 들어 올리지 못했다. 처음 한 달 동안은 쭉 그 상태였다. 그러다 135파운드로 늘렸다. 6개월 후에는 185파운드, 그러다 결국은 205파운드까지 늘렸다. 하지만 몇 년 동안 205파운드에서 정체되었다.

그러던 어느 날 우리의 사역을 도우러 찾아온 예전 보디빌더와 이야기를 나눌 기회가 생겼다. 그와 이야기하다 보니, 힘과 근육을 기르기 위해 필요한 것이 무엇인지를 새롭게 기억하게 되었다. 근육을 만들려면 적은 횟수에 '최고 한도'의 무게를 들어 올려야 한다는 사실을 나는 잊고 있었다. 그래서 우리는 운동을 다시 시작하여, 그가 캘리포니아 프레즈노로 나와 함께 선교여행을 떠날 때까지 계속했다. 컨퍼런스 중 쉬는 시간에 우리 중 몇 사람이 체육관에 갔는데, 거기서 그들이 작심을 하고 나에게 말했다. "존, 당신은 오늘 225파운드를 들게 될 겁니다"라고 말이다.

"그런 일은 없을 거예요"라고 내가 말했다.

"아뇨, 당신은 할 수 있어요! 벤치에 올라가세요. 우리가 보고 있을 테니까."

아니나 다를까, 나는 정말 225파운드를 들었다. 나는 매우 흥분했다. 나는 탄력을 받아 훈련을 계속해서 245파운드까지 들어 올렸다. 하지만 또다시 정체기에 접어들었다. 당시 내 목표는 언젠가 315파운드를 들어 올리는 것이었다.

미시간 주 디트로이트에 있는 한 교회에 갔을 때 그 교회 목사님이 자기 교인 중에 전국적으로 유명한 보디빌딩 트레이너가 있다고 말씀하셨다. 그 목사님은 최근에 벤치 프레스에서 545파운드를 들어 올리셨다고 했다. 주일 예배를 드리고 다음날, 목사님은 그 트레이너를 만나게 해 주셨다. 그날 나는 265파운드를 들었다. 매우 기쁘고 흥분되었다! 그는 나에게 더 강한 프로그램을 제안했고, 우리 직원들과 나는 다음 몇 달 동안 열심히 그대로 지켰다.

다음에 디트로이트 교회에 다시 갔을 때 주일 아침과 저녁예배 모두 성령에 대한 설교를 했다. 그리고 월요일 아침에 체육관에 갔는데 그 유명한 트레이너가 나에게 이렇게 말했다. "존, 어젯밤에 당신이 벤치 위에서 300파운드를 들어 올리는 꿈을 꿨어요."

"그럴 리가요." 나는 피식 웃고 말았다.

그는 나를 쳐다보며 계속 말했다. "당신이 어제 하루 종일 성령님이 우리에게 어떻게 말씀하시는지에 대해 이야기했잖아요. 그 성령님이 어젯밤에 저한테 말씀하셨다고요. 그러니 아무 말 말고 벤치 위로 올라가세요. 틀림없이 오늘 300파운드를 들게 될 테니까."

나는 조용히 벤치에 앉아서 준비운동을 했다. 내 친구가 300파운드짜리 원반을 봉에 끼워 놓았다. 그는 진지한 얼굴로 말했다. "봉이 내려오면 그냥 무조건 들어 올려요. 아무 생각하지 말고, 그냥 힘껏 올려요!"

그와 주변의 다른 사람들이 소리쳤다. "올려! 올려! 올려!" 봉이 가장 낮은 지점까지 내려왔을 때 나는 온 힘을 다해 들어 올렸다. 올라갔다! 끝까지 올라갔다! 다시 봉을 내려놓고 벤치에서 훌쩍 뛰어내리며 기쁨의 함성을 질렀다. 너무나 놀라웠다.

내 트레이너 친구는 5분 동안 자축할 시간을 주었다. 그리고 나서 또 내 얼굴을 뚫어지게 쳐다보았다. 이번에도 매우 진지한 표정이었다. "이제 315파운드에 도전할 겁니다."

"말도 안 돼. 그것도 어젯밤 꿈에 나왔나요?" 내가 말했다.

그는 씩 웃으며 정중하게 말했다. "아무 말 하지 말고 다시 저 자리로 돌아가세요."

그런데 아닌 게 아니라, 정말로 내가 44세의 나이에 315파운드를 들었다. 나는 흥분해서 폴짝폴짝 뛰었다. 디트로이트 공항에서 아내에게 전화를 걸어 그 소식을 알렸던 순간을 결코 잊지 못할 것이다.

나중에 하나님은 나에게 그 코치들, 즉 우리 직원과 캘리포니아의 목사님들과 디트로이트의 트레이너가 모두 성령님과 비슷한 존재였다는 것을 깨닫게 하셨다. 바울의 말을 상기하자.

사람이 감당할 시험 밖에는 너희가 당한 것이 없나니 오직 하나님은 미쁘사 너희가 감당하지 못할 시험 당함을 허락하지 아니하시고 시험 당할 즈음에 또한 피할 길을 내사 너희로 능히 감당하게 하시느니라(고전 10:13).

그 트레이너들은 내가 감당할 수 있는 것과 감당할 수 없는 것을 잘 알았다. 내가 315파운드만 들어 올릴 수 있을 때 405파운드짜리 원반을 끼우지 않았다. 그들은 노련한 사람들이었고 무엇이 가능한지 분별할 수 있었다. 나는 내가 볼 수 없는 것을 볼 줄 아는 그들의 능력에 감탄했다. 매번 나는 그들처럼 나 자신이 그 무게를 들어 올리는 것을 상상할 수가 없었다. 그런데 그들은 나도 몰랐던 나의 잠재력을 보았던 것이다.

성령님도 그와 같으시다. 그분은 당신이 감당할 수 있는 일과 감당할 수 없는 일을 잘 아신다. 만일 내가 처음 체육관에 갔을 때 내 프로 레슬러 친구가 315파운드를 봉에 끼워놓았다면 어떻게 됐을까? 거의 중력의 속도로 봉이 내려와 내 갈비뼈를 으스러뜨렸을 것이고 어쩌면 나는 사망했을지도 모른다. 나는 95파운드부터 시작해서 점점 무게를 늘려 가야만 했다.

이와 같이 성령님은 아내와 나를 위해 무엇이 예비되어 있는지 잘 아셨다. "너희를 향한 나의 생각을 내가 아나니"(렘 29:11). 성령님은 우리의 믿음을 세우셔야 했고, 우리는 그 세움의 과정에서 하나님께 우리의 염려를 맡기는 것을 배워야만 했다. 그것은 항상 쉬운 일이 아니었으나, 언제나 우리에게 유익이 되었다. 그만두거나 포기하고 싶은 마음과 여러 번 싸웠지만, 예수님이 나를 포기하지 않으셨기 때문에 그럴 수가 없었다. 우리는 꾸준히 우리의 거룩한 사명을 따라갔고, 그 과정에서 모든 저항을 이겨 냈다.

지금 돌이켜 보면 적은 월급, 교류 발전기 문제, 당장 현금이 없어서 겪었던 어려움, 그 밖에 우리가 겪어 온 다른 시련들은 앞으로 닥칠 일을 위해 우리를 더 강하게 만드는 빌딩 블록들이었다. 만일 우리가 처음부터 하나님이 일주일에 10만 달러를 채워 주실 것을 믿어야 했다면, 그건 마치 내가 처음 체육관에 갔을 때 315파운드를 드는 것과 같았을 것이다. 그러나 성령님은 우리가 더 큰일을 위해 하나님을 의지할 수 있도록, 서서히 우리를 세워 가셨다.

우리의 훈련 과정 초기에 직면했던 저항은 우리의 개인적인 필요와 관련된 것이었다. 즉 자동차 수리, 식료품 구입, 청구서 비용, 집 대출금 등의 문제였다. 하지만 지금 우리가 직면하는 저항은 하나님이 우리 선교회에 맡기신 수많은 영혼의 구원에 대한 것이다. 만일 우리가 초반에 하나님의 훈련 과정을 회피했더라면, 지금 하나님이 우리에게 맡기신 사람들을 위해 힘을 쓸 수 없었을 것이다. 하나님은 우리 말고 다른 사람에게 그 일을 맡기셔야 했을 것이다.

> 성령님은 우리가 더 큰일을 위해 하나님을 의지할 수 있도록 서서히 우리를 세워 가신다. 그 세움의 과정에서 우리는 하나님께 염려를 맡기는 것을 배워야만 한다.

자신에게 닥친 시련을 통해 하나님나라의 통치권으로 들어가지 않았기 때문에 하나님이 부르신 것보다 훨씬 못한 삶을 살고 있는 사람들이 얼마나 많은가? 그들은 하나님을 믿는 대신 사람들의 기관을 찾아가 조종 기법을 사용해 자신들의 시련을 이겨 내려고 했다. 그 결과 그들은 하나님이 주신 잠재력에 훨씬 못 미치는 삶을 살게 됐다.

나는 이스라엘의 열 정탐꾼들이 갈렙과 여호수아처럼 훈련 과정을 거치지 않았다고 확신한다. 그들은 하나님을 믿는 것과 상관없이 시련과 고난을 해결하는 방법들을 발견했을 가능성이 크다. 그들은 자신들의 믿음을 세워 가지 않았다. 그래서 삶을 결정짓는 중요한 순간이 왔을 때 믿음을 발휘할 수가 없었다.

하나님 아버지는 우리 각 사람을 위한 최선의 훈련 과정이 무엇인지 아신다. 그래서 비록 하나님이 고난을 주시는 것은 아니지만, 하나님이 우리를 위해 정하신 소명을 위해 우리를 더 강하게 만드시려고 그 고난을 허용하시는 것이다.

당신의 훈련 과정을 피하지 말라. 오늘 당신이 직면하는 시련은 내일 훌륭한 위업을 달성할 수 있도록 당신을 준비시키는 것이다. 친구여, 항상 명심하라. 하나님이 당신을 힘든 곳으로 인도하실 때는 먼저 그곳을 잘 통과하기 위해 필요한 훈련을 당신에게 시키실 것이다.

참으로 겸손하게 당신의 염려를 하나님께 맡기는 것을 배우라. 그러면 영광에서 영광으로, 믿음에서 믿음으로, 능력에서 능력으로 나아갈 수 있을 것이다.

세상 가치관에 취하게 하는 습관을 정리하라

근신하라 깨어라 너희 대적 마귀가 우는 사자 같이 두루 다니며
삼킬 자를 찾나니 너희는 믿음을 굳건하게 하여 그를 대적하라(벧전 5:8-9).

자신을 무장하는 것은 겸손에서 시작된다. 은혜는 겸손한 사람에게 주어지기 때문이다. 참된 겸손은 삶의 문제를 우리 자신의 힘만으로 해결하려 하지 않고 우리의 염려를 하나님께 맡기는 것이다. 우리가 염려를 짊어지고 있으면 경주를 할 수 없고, 효율적으로 싸울 수 없고, 끝까지 잘 견딜 수가 없다. 걱정, 불안, 두려움은 우리 운명의 적이다. 그 짐을 하나님께 맡기면 더 빨리 달릴 수 있고 더 힘껏 칼을 휘두를 수 있다.

참된 겸손은 우리를 자유롭게 하여 세상의 흐름을 거슬러 마음껏 나아갈 수 있게 한다. 그와 다른 방법은 닻을 질질 끌고 근심을 가득 진 채 흙탕을 지나가는 것이다. 거기다 강물까지 반대로 흐른다면 전진하는 건 정말 불가능할 것이다.

늘 하나님 안에서 먹고 마시라

베드로는 우리에게 근신하고 깨어 있으라고 권면한다. "근신"이라는 단어는 '진지함, 분별 있음, 엄숙함'이라고 정의할 수 있다. 헬라어로는 "네포"(nepho)인데, 술 취함의 반대 의미다. 즉 정신이 멀쩡하다는 뜻이다.

나는 고등학교 2학년 때 술 마시는 걸 배웠고, 3학년이 되어서는 주말마다 술을 마셨다. 대학교 1학년이 되자 주량은 갑자기 늘었다. 더 이상 부모님의 감시를 받지 않았기 때문이다. 우리는 대학생활을 하나의 거대한 파티로 여겼고, 중간 중간에 조금씩 공부를 했다. 얼마 지나지 않아 나는 주기적으로 과음을 하는 술꾼이 되었다. 예수님이 2학년 때 나를 구원해 주신 것이 얼마나 다행인지 모른다.

술에 취했다가 다음날 친구들한테서 내가 얼마나 바보 같은 말과 행동을 했는지 듣게 된 적도 몇 번 있었다. 간단히 말해서, 술 취한 사람은 무디고 바보 같아지고 경계심도 없어진다. 술 취한 친구에게는 그가 제정신이라면 절대 그냥 넘기지 않을 일을 거침없이 할 수 있었다.

한 가지 장난은 도둑질이었다. 술 취한 친구는 귀중한 소지품이 없어졌는지도 모른다. 그러다 다음날 아침이면 한바탕 난리가 난다. 친구가 미친 듯이 자기 방과 곳곳을 샅샅이 뒤진다. 그는 그 사건이 언제, 어떻게 일어났는지 전혀 모른다. 그는 투덜거리고 탄식하며, 심지어 때로는 소리를 지르며 허둥지둥 돌아다닌다. 잃어버린 과제물, 지갑, 여자 친구 사진 등 소중한 물건을 찾아 헤매는 것이다. 우리는 그 광경을 구경하면서 몰래 낄낄거리며 웃었다. 그러다 그 친구가 충분히 고생했다 싶으면, 배꼽을 잡고 웃으며 잃어버린 물건을 돌려주었다.

물론 우리는 장난을 친 것뿐이지만, 어떤 사람이 진짜로 그의 귀중한 물건을 훔쳤다면 어떻게 됐을까? 정신을 차리지 않으면, 쉽게 먹잇감이 되고 매우 귀중한 것을 잃어버릴 수 있다.

또한 중독은 싸움에서 커다란 약점을 만들어 낸다. 한번은 파티에서 두 친구가 한 여자를 두고 주먹다짐을 했다. 한 친구는 술에 취했고 다른 한 친구는 멀쩡했다. 다른 날 같았으면 술 취했던 친구가 멀쩡한 친구를 쉽게 이겼을 텐데, 그날은 술에 취했기 때문에 심하게 두들겨 맞았다. 더 심하게 다치는 것을 막기 위해 옆에서 말려야만 했다.

머리말에서 말했던 영화 〈고스트 앤 다크니스〉의 배경인 실제 이야기를 생각해 보자. 나는 두 용감한 남자들에 대해 말했다. 철도 기술자 패터슨 대령과 유명한 사냥꾼 레밍턴은 130명 이상의 목숨을 앗아간 사자 두 마리를 처치했다. 앞에서 이야기하지 않은 것이 있는데, 결국 레밍턴이 사자 한 마리에게 목숨을 잃었다는 것이다. 며칠 동안 사냥한 끝에 두 사람은 첫 번째 사자를 죽이는 데 성공했다. 그런데 그날 저녁에 축하 파티를 하며 레밍턴이 술을 거나하게 마셨고, 그 때문에 두 번째 사자에게 목숨을 잃었다. 곧 패터슨이 친구의 목숨을 앗아간 두 번째 사자를 죽였다. 레밍턴은 사냥 기술로 세계에서 유명한 사람이었다. 그러나 술에 취했기 때문에 그 기술이 아무 소용없었다. 그에게는 뛰어난 무기가 있었지만, 정신을 차리고 경계하지 않았기 때문에 사자의 치명적인 공격을 막아 내지 못했다.

영적으로도 똑같은 일이 벌어진다. 원수는 정신을 차리고 있지 않은 사람들을 쉽게 무너뜨릴 수 있다. 우리는 은혜의 무기로 사탄을 철저히 무찌를 수 있지만, 술에 취해 있으면 경계심이 없어지고 무뎌져서 적이 우리를 칠 수 있다.

베드로는 사탄이 두루 다니며 삼킬 자를 찾고 있다고 경고한다(벧전 5:8 참조). 원수는 교만한 사람과 무거운 염려를 짊어진 사람을 삼킬 수 있지만, 가장 쉬운 먹잇감은 바로 술 취한 그리스도인이다. 베드로는 알코올 중독을 말하고 있는 걸까? 그럴 수도 있지만, 세상의 포도주에 취한 그리스도인을 말하고 있을 가능성이 더 크다.

계시록의 끝부분에서 요한은 큰 음녀, 바벨론의 심판을 묘사한다. 한 천사가 그에게 이렇게 말한다.

> 이리로 오라 많은 물 위에 앉은 큰 음녀가 받을 심판을 네게 보이리라 땅의 임금들도 그와 더불어 음행하였고 땅에 사는 자들도 그 음행의 포도주에 취하였다(계 17:1-2).

이 음녀가 무엇을 나타내는지에 대해 여러 가지 의견이 있다. 어떤 사람들은 그것이 고대 도시 바벨론을 가리킨다고 믿으며, 어떤 이들은 로마 제국을 뜻한다고 믿는다.

개인적으로 나는 "큰 음녀"가 세상의 금융 제도라고 믿는다. 그렇게 믿는 한 가지 이유는 그녀의 이마에 신비한 이름이 쓰여 있기 때문이다. "큰 바벨론이라, 땅의 음녀들과 가증한 것들의 어미라"(계 17:5). 하지만 나는 고대 바벨론이나 로마 제국이 땅의 모든 음녀와 가증한 것의 어미라고 생각하지 않는다. 성경에선 "돈을 사랑함이 일만 악의 뿌리가 되나니"(딤전 6:10)라고 말하는데, "악"이라는 단어에 "음녀들과 가증한 것들"을 대신 넣어도 여전히 의미가 통한다. 이것은 길게 논할 건 아니지만 한 번쯤 생각해 볼 문제다.

나의 요지는, 이 세상이 감각을 현혹하며 사람들을 취하게 만들 수 있다는 것이다. 위의 요한계시록 말씀을 주목하라. "땅에 사는 자들도 그 음행의 포도주에 취하였다." 세상의 염려와 부, 쾌락의 포도주에 취하게 되면 성령님과의 친밀한 관계에서 쉽게 멀어진다. 그것은 매우 속기 쉬운 상태다. 신자가 경건의 모습을 가졌으나 이 세상 욕망에 취했을 수 있기 때문이다. 영적인 감각을 잃어버리면 원수의 도둑질과 사기, 파멸, 심지어 죽음의 표적이 되기 쉽다.

이 술 취한 상태는 솔로몬에게 일어났던 일을 잘 설명해 준다. 솔로몬은 처음에 경건한 지혜를 갈망했다. 지혜가 주어지니, 언제나 그렇듯이 그 지혜로 인해 큰 성공과 부를 이룰 수 있었다(잠 8:11-21 참조). 하지만 시간이 갈수록 솔로몬 왕은 지혜가 주는 이익에 취해 그 지혜를 주신 하나님을 잊어버렸다. 솔로몬은 이 세상의 쾌락과 정욕과 부를 마셨다. 이제 술에 취한 그는 제정신이었다면 생각하지도 않을 일을 하고 말았다.

다른 신들을 숭배하기 시작한 것이다.

솔로몬이, 특히 하나님을 두 번이나 보았던 그가 그렇게 졸렬한 모조품에 굴복했다는 사실이 심히 실망스러웠다. 하지만 내가 위에서 설명한 내용을 생각하며 그의 행동을 바라보면 이해하기가 좀 더 쉽다. 나의 친구들이나 내가 술에 취했을 때 평소에는 절대 하지 않았던 일을 했던 걸 보면, 솔로몬도 다르지 않았던 것 같다.

어떻게 그런 어리석은 죄에 빠지지 않고 항상 맑은 정신을 유지할 수 있을까? 답은 늘 참된 만족을 주시는 하나님 안에서 먹고 마시는 것이다. "술 취하지 마라 이는 방탕한 것이니 오직 성령으로 충만함을 받으라"(엡 5:18)라고 바울은 말한다. 나는 그가 물리적인 술뿐만 아니라, 우리를 취하게 하고 하나님의 길만 바라보지 못하게 하는 모든 것을 말하고 있다고 믿는다. 그것은 사업이나 이성, 스포츠나 취미, 사회적 네트워킹 등에 대한 과도한 집착이 될 수도 있다.

그 활동 자체만 보면 해로운 것이 없다. 하나님은 "우리에게 모든 것을 후히 주사 누리게 하시는"(딤전 6:17) 분이시기 때문이다. 취미, 순수한 오락, 운동 시합, 음식, 자연의 아름다움, 과학 기술의 결실을 즐기는 것은 좋고 건강한 것이다. 하지만 우리가 극단적으로 빠져들고 하나님 대신 그것에서 만족을 얻으려 하면, 그것들은 우리를 취하게 하는 중독이 된다. 예수님이 우리의 처음 사랑이요 열정이 되어야 한다. 우리는 오직 성령에 취해야 한다.

근신하려면, 즉 이 세상이 우리를 취하게 하고 약하게 하는 것을 막으려면 모든 하나님의 자녀가 주기적인 점검을 해야만 한다. 정직하게 스스로에게 "내가 갈급하게 바라는 것이 무엇인가?"라고 질문해 보자. 피상적으로 답하지 말고 잔인할 정도로 솔직해져야 한다. 당신은 자유 시간에 무슨 생각을 하는가? 당신의 생각이나 행동 속에서 늘 마음이 끌리는 것은 무엇인가? 축구 경기인가? 술인가? 아니면 돈 버는 일이 당신의 생각을 다 사로잡고 있는가?

어떤 이들은 탄산음료를 너무 많이 마셔서 비만이 되고 건강에 문제가 생긴다. 나는 젊었을 때 내 몸이 하나님의 성전이라는 것, 그래서 그것을 잘 관리할 책임이 내게 있다는 것을 알게 됐다. 그

취미, 운동 시합, 음식, 과학 기술의 결실을 즐기는 것은 좋고 건강한 것이다. 하지만 우리가 하나님 대신 그것에서 만족을 얻으려 하면, 그것들은 우리를 취하게 하는 중독이 된다.

후 탄산음료에서 발견되는 그 끔찍한 성분들을 더 이상 먹고 싶지 않았다. 그래서 탄산음료를 마시지 않기로 결심했다. 쉽지 않은 일이었다! 나 자신이 탄산음료들을 갈망하고 있었기 때문이다. 한동안 나는 자신을 부인해야만 했다.

예수님은 우리에게 "누구든지 나를 따라오려거든 자기를 부인하라"(마 16:24)라고 말씀하신다. 중독에서 벗어나려면 우리가 갈망하는 것을 부인해야 한다. 나는 탄산음료 대신 더 좋은 것, 즉 레몬수 마시는 법을 배웠다. 나는 물을 마시고 싶거나 목이 마른 것이 아니었다. 탄산음료를 마시고 싶었던 것이다. 하지만 억지로 하루에 2리터씩 물을 마셨다. 그렇게 몇 달이 지나자 더 이상 탄산음료를 마시고 싶지 않았다. 요즘도 나는 탄산음료를 마시고 싶은 생각이 전혀 들지 않는다. 나는 요즘 물을 갈망한다!

하나님의 말씀도 마찬가지다. 예수님의 말씀은 영이며 생명이며 진리다. 하나님의 말씀에 대한 우리의 열정에 다시 불을 붙이려면 때때로 자신을 부인해야 한다. 식욕과 갈증이 우리를 엉뚱한 방향으로 이끌어 왔

기 때문이다. 예를 들어, 나는 미디어가 나의 생각과 시간을 너무 많이 소모하면, 그때는 미디어 금식을 시작한다. 한동안 미디어를 끊고 하나님의 말씀과 함께 귀중한 시간을 보낸다. 내가 지금까지 해 본 가장 의미 있고 효과적인 금식은 음식이 아니라 미디어 금식이었다.

하나님의 말씀으로 충만해지고 그 말씀에 순종할 때, 기도에 귀한 시간을 투자하고 하나님의 인도하심에 순종할 때, 우리는 성령 충만해진다. 바벨론의 중독들은 우리의 발목을 붙잡지 못한다. 사람들은 우리를 이상하다고 생각할지 모르지만, 우리는 마시는 습관을 바꾸었다. 이제 우리는 참된 만족을 주고 능력을 주며 영원히 남을 성령의 포도주를 갈망한다.

정신이 더욱 또렷해지고, 올바른 결정을 내리며, 원수가 우리를 삼키려 할 때 쉽게 그의 간계를 발견할 수 있을 것이다. 사탄은 근신하는 신자를 이길 수 없다. 우리가 하나님의 약속을 알고 주장하기 때문이다. 우리는 깨어 있고 진지하다. 무장되어 있고 싸울 준비가 되어 있다!

기도로 깨어 있으라

베드로는 "근신하라, 깨어라"라고 베드로전서 5장 5-9절에서 말한다. 먼저 근신하지 않으면 깨어 있을 수가 없다. 하지만 근신한다고 해서 반드시 깨어 있다고 할 수는 없다. 깨어 있는 것은 근신하는 신자의 의식적인 행동이다.

우선 앞으로의 논의를 위해 "깨어 있다"를 '항상 닥칠 수 있는 위험이나 어려움들을 주의 깊게 살핀다'라는 뜻으로 정의하겠다. 또 다른 자료에서는 '항상 깨어서 경계한다, 잠을 자지 않고 지켜본다'라는 뜻으로 정의하기도 한다. 이 정의들은 모든 그리스도의 제자의 상태를 나타내야 한다. 깨어 있는 것은 무장의 또 한 가지 필수 요소다.

앞에서 우리는 히틀러의 통치 기간에 나치 독일에서의 삶을 살짝 보았다. 그 끔찍했던 기간 동안 지혜로운 유대인들이 항상 경계하며 살았던 것처럼, 그리스도인은 매 순간 깨어 있어야 한다. 마귀가 삼킬 자를 찾아다니고 있기 때문이다. 그러나 나치 국가와 지금 우리의 세상은 큰 차이가 있다. 유대인들은 히틀러를 지배할 권한이 없었지만, 우리는 원수를 지배할 권한이 있다. 우리의 원수는 세상을 지배하지만 우리를 지배하지는 못한다. 원수는 선전하는 모습을 보일 수 있고, 우리가 허락하면 우리를 삼켜 버릴 수도 있다. 그래서 사도 바울이 우리에게 "기도를 계속하고 기도에 감사함으로 깨어 있으라"(골 4:2)라고 충고하는 것이다.

항상 깨어 있기 위한 주된 방법은 기도하는 것이다. 기도는 영적인 세계에 눈을 뜨게 하고, 자연 세계 너머를 볼 수 있게 하며, 어떤 위험이나 공격이 자연 세계에 나타나기 전에 미리 발견할 수 있는 능력을 준다. 이 진리는 예수님이 십자가에 못 박히시기 전날 저녁에 완벽하게 나타났다.

최후의 만찬 때 예수님은 곧 겪게 될 극한 시련을 영적으로 아셨다. 평상시와 다른 점은 아무것도 보이지 않았고, 모든 것이 평온해 보였지만 예수님은 무슨 일이 일어날지 잘 알고 계셨다. 저녁식사를 마친 후 예수님은 자신이 제일 좋아하는 기도 장소로 제자들을 데리고 가셨다. 바로 겟세마네 동산이다. 거기서 예수님은 베드로, 야고보, 요한에게 말씀하셨다. "내 마음이 매우 고민하여 죽게 되었으니 너희는 여기 머물러 나와 함께 깨어 있으라"(마 26:38).

예수님이 분명히 "나와 함께 깨어 있으라"라고 말씀하신 것에 주목하라. '깨어 있음'의 정의 중 하나가 '위험한 것이 있는지 항상 주의 깊게 살피며 경계하는 것'이다. 예수님은 이미 깨어서 경계하고 계셨다. 하지만 그의 제자들은 점점 임박해 오는 위험 신호에 무감각하고 무지하다는 것을 예수님은 잘 아셨다.

예수님은 자신의 영혼이 "매우 고민하고" 있다고 하셨는데, 바로 거기에 항상 깨어 있기 위한 중요한 비결이 있다. 바로 기도하는 것이다. 한결같은 기도생활을 유지하면 당신의 영혼은 영적인 세계에서 일어나는 일들과 좀 더 조화를 이룰 수 있게 된다. 그래서 위험 신호를 인식하고, 해석하고, 그에 따라 행동하는 것을 좀 더 잘할 수 있게 된다. 이것은 적보다 앞서가는 데 있어서 매우 중요한 것이다.

결혼생활 초기에 아내와 나는 좀 힘든 시간을 보냈다. 우리 둘 다 신앙생활을 한 지 얼마 되지 않았고, 양쪽 집안 다 대대로 반복되는 어려움을 겪어 왔다. 아내 쪽에는 심한 불화와 이혼, 일부다처혼의 가족력이 있었다. 사탄은 오랫동안 그 가계 안에 쌓아 온 이 견고한 요새를 포기하지 않으려 했다. 그래서 우리 부부는 우리의 결혼생활에 대한 여러 가지 공격을 경험했다.

나는 매일 적어도 한 시간, 어떤 때는 두 시간까지 기도를 했다. 그러다 보니 영적인 세계에 대해 매우 민감해졌다. 정기적으로 압도적인 슬픔이 내 존재의 중심을 파고들었다. 그것은 나에게 무언가가 매우 잘못되었다고 말해 주는 마음속의 빨간 경고등이었다. 설명하기가 쉽진 않지만, 그것은 마음속 깊은 곳을 꿰뚫고 들어가 괴롭히는 것 같았다. 그것은 분명 일종의 내적인 '슬픔'이었다.

처음엔 왜 그런 일이 일어나는지 이해할 수 없었다. 대체로 모든 것이 좋아 보였고 외적인 위험 신호는 없었다. 우리 부부는 아주 잘 지냈다. 불행히도, 처음 몇 번 그 슬픔이 내게 밀려 왔을 때는 그것을 무시해 버렸다. 하지만 그럴 때마다 불과 몇 시간 만에 우리의 결혼생활이 대혼란에 빠지는 듯했다. 우리는 심한 언쟁을 하고, 마음에도 없는 거친 말들을 내뱉었다. 치유되려면 며칠, 몇 주, 심지어 몇 달이 걸릴 수도 있는 깊은 상처를 서로에게 주면서 말이다.

시간이 지나면서 나는 이 패턴을 인식하기 시작했다. 그래서 언제든지 이런 슬픈 느낌이 내 영혼을 덮쳐 오면, 겉으로는 아무리 좋아 보이더라도, 조용한 곳으로 가서 우리의 결혼생활을 위해 간절히 기도하는 훈련을 했다. 물론 사탄의 공격은 여전히 계속되었지만, 내가 미리 기도함으로써 열심히 저항했기 때문에 원수의 공격은 금세 진정되었고 여파가 거의 없었다.

요즘은 원수가 자주 우리를 공격하지 않는다. 우리는 그가 공격할 계획을 세울 때마다 "성령의 검"으로 역습을 당해 지쳤을 거라고 믿는다. 내 말을 오해하지 말라. 우리 부부는 여전히 깨어서 경계해야만 한다. 우리는 현실에 안주하거나 긴장을 풀 수 없다. 여전히 의식적으로 원수를 대적해야 한다. 하지만 처음 결혼했을 때만큼 그런 일이 자주 일어나지는 않는다는 말이다.

이런 어려움을 겪으면서 우리가 배운 명확한 교훈은 임박한 적의 공격을 알리는 위험 신호를 잘 알아채야 한다는 것이다. 우리는 지금 삶의 모든 영역에서 깨어 있는 것, 우리의 재물과 건강과 관계와 사역에 대한 공격이 있기 직전에 마음속에서 일어나는 슬픔을 발견하는 것이 중요하다는 것을 안다. 나는 성령님께 도움을 구하는 것을 배웠다. 종종 사전 경고가 있을 때 구체적으로 어떻게 기도해야 할지 모를 때가 있기 때문이다.

그때마다 성령님은 나를 도와주셨고, 그분은 당신에게도 그렇게 해 주실 것이다. 성령님은 당신을 위하신다! 그분이 당신을 도와주실 것이며,

당신이 순종한다면 당신을 통해 기도하실 것이다. 하나님의 약속의 말씀을 들어 보자.

> 이와 같이 성령도 우리의 연약함을 도우시나니 우리는 마땅히 기도할 바를 알지 못하나 오직 성령이 말할 수 없는 탄식으로 우리를 위하여 친히 간구하시느니라 마음을 살피시는 이가 성령의 생각을 아시나니 이는 성령이 하나님의 뜻대로 성도를 위하여 간구하심이니라(롬 8:26-27).

이러한 탄식이 바로 우리 영혼 깊은 곳에서 느끼는 슬픔이다. 예수님이 십자가에 못 박히시기 전날 겟세마네 동산에서 경험하신 것처럼 말이다. 슬픔이 느껴지면 일단 거기에 반응해야 한다. 우리는 깨어 있음과 정반대인 나태함을 택하고, 계속 무시하거나 억누름으로써 그 슬픔을 진정시킬 수 있다. 아니면 깨어서 성령님께 맡기고 순종할 수도 있다.

성령님은 우리가 고뇌를 극복하고, 궁극적으로 당면한 상황을 해결하기 위해 구체적으로 기도하도록 인도하신다. 바울은 "내가 영으로[내 안에 계신 성령에 의해] 기도하고 또 마음으로[지적으로] 기도하며"(고전 14:15, AMP)라고 말한다.

겟세마네 동산에서 예수님은 제자들에게 자신의 영혼이 깊은 슬픔과 고민에 빠져 있음을 알리신 후, 그들에게 이렇게 요구하셨다. "너희는 여기 머물러 나와 함께 깨어 있으라"(마 26:38). 그리고 나서 세 제자들을 두고 좀 더 들어가 한 시간 동안 기도하셨다.

예수님은 돌아오셔서 제자들이 자고 있는 것을 발견하셨다. 자고 있다니! 그들은 왜 자고 있었을까? 너무 늦은 밤이어서? 하루 종일 일하느라 피곤해서? 아니면 저녁 만찬 때 너무 많이 먹어서? 누가복음은 그들이 자고 있었던 이유를 정확히 말해 준다. "기도 후에 일어나 제자들에게 가서 슬픔으로 인하여 잠든 것을 보시고"(눅 22:45).

그들에게도 공격이 다가오고 있었다. 그래서 예수님과 비슷한 슬픔을 느꼈던 것이다. 최후의 만찬 때 베드로는 자기가 죽을지언정 주님을 부인하지 않겠다고 당당하게 말했다. 베드로는 자신이 끝까지 버틸 수 있을 거라고 믿었다. 다른 제자들도 똑같이 주님께 충성하겠다고 선언했다. 하지만 예수님은 아버지에 대한 자신의 충성심이 엄한 시험을 받게 될 뿐만 아니라, 제자들도 혹독한 시험을 받게 될 것을 아셨다.

예수님이 잠든 제자들에게 어떻게 말씀하셨는지 들어 보자.

> 제자들에게 오사 그 자는 것을 보시고 베드로에게 말씀하시되 너희가 나와 함께 한 시간도 이렇게 깨어 있을 수 없더냐 시험에 들지 않게 깨어 기도하라 마음에는 원이로되 육신이 약하도다 하시고(마 26:40-41).

여기에 우리가 하나님께 끝까지 순종할 것인지, 아니면 그저 마음만 있고 행동으로 옮기지 못할 것인지를 결정하는 열쇠가 나온다. 그것은 깨어 기도함으로써 우리 자신을 강하게 하는 것이다. 유다는 "사랑하는 자들아 너희는 너희의 지극히 거룩한 믿음 위에 자신을 세우며 성령으로 기도하라"(유 20절)라고 말한다. 기도는 우리의 육신을 잠잠케 하며 우리의 속사람을 세워 준다.

우리의 육신은 약하다. 육신은 언제나 저항이 가장 적은 길을 택하려 할 것이다. 그것은 대개 잘못된 길이다. 우리 육신은 세상의 강한 흐름을 거슬러 싸울 마음이 없다. 그에 반해 기도는 육신의 욕망을 이길 내적인 힘을 길러 준다. 기도는 우리가 낙심하지 않게 해 준다. 예수님은 "항상 기도하고 낙심하지 말아야"(눅 18:1) 한다고 하신다. 다른 말로 하면, 특히 슬픔(고뇌)이 우리에게 닥칠 때 기도하지 않으면 낙심하게 된다는 것이다.

그날 밤 겟세마네 동산에서 제자들이 겪은 일이 바로 낙심이었다. 이들은 기도해야 할 때에 잠을 자고 있었다. 주위에 도사리고 있는 위험을 경계하지 않았다. 그들은 나태했다.

> 우리의 육신은 언제나 저항이 가장 적은 길을 택하려 한다. 그것은 대개 잘못된 길이다. 기도는 육신의 욕망을 이길 내적인 힘을 길러 준다.

오늘날 우리는 다른 수단을 이용해 성령님의 경고를 무시하거나 억누른다. 텔레비전을 켜고, 웹 서핑을 하고, 항상 가지고 다니는 휴대폰으로 친구들에게 문자메시지를 보내고, 컴퓨터 게임을 하고, 바쁘기만 하고 별로 쓸모없는 일을 하고, 또는 냉장고를 열고 배불리 먹는다. 그리고 성령님의 인도와 경고에는 점점 더 둔감해진다. 그 결과 고난을 통해 강해질 수 있는 능력을 상실하고 있다. 하나님의 은혜를 마음껏 누릴 수 있는 끈질긴 생명력을 상실하고 있는 것이다.

그래서 예수님은 가장 가까운 제자들에게 다가가 "시험에 들지 않게 깨어 기도하라"(마 26:41)라고 명령하셨다. 예수님은 조금 떨어진 곳으로 가셔서 또 한 시간을 기도한 후 돌아오셨으나 이번에도 제자들은 자고 있었다. 이번에 예수님은 제자들을 깨워 경고하지 않으셨다. 그들이 스스로 선택한 일이었다.

많은 경우에 하나님은 우리에게 한두 번 경고하시겠지만, 우리가 첫 번째 경고를 무시하면 그 후로는 우리가 회개할 때까지 침묵하실 것이다. 그러다 우리는 문제가 생기면 낙심하여 "하나님, 어디 계셨습니까?"

라고 물을 것이다. 하나님이 우리에게 경고하셨으나 우리가 듣지 않은 것인데 말이다.

예수님은 잠든 제자들을 떠나 조금 떨어진 그곳으로 돌아가셔서 세 번째로 기도하셨다. 기도를 마치셨을 때 제자들은 여전히 자고 있었다. 그리고 그때 배신자 유다와 산헤드린의 경비병들이 동산에 와서 예수님을 체포했다.

예수님은 근신하고 깨어 기도하심으로 놀라운 은혜의 사명을 성공적으로 수행하셨고, 끝까지 강하게 버티셨다. 반면에 제자들은 절대 예수님을 배신하지 않을 거라고 호언장담했고 또 그럴 수 있을 거라고 생각했지만 그들에겐 그런 능력이 없었다. 예수님의 예언대로, 그들은 각각 공격을 당하고 실패했다. "제자들이 다 예수를 버리고 도망하니라"(마 26:56). 베드로는 절대 하지 않겠다고 말했던 바로 그 일을 했다. 예수님을 부인한 것이다. 하지만 베드로에 대해 한 가지 확실하게 말할 수 있는 것이 있다. 적어도 베드로는 시험을 받기 전까지는 예수님을 따랐다는 것이다. 요한을 제외한 다른 제자들은 자신들의 안전을 위해 겟세마네 동산에서 바로 달아났다.

그리스도인들이 선한 의도를 갖고 있지만 끝까지 실행하지 못하는 모습을 너무 자주 본다. 왜 그럴까? 겟세마네 동산의 제자들처럼 깨어서 기도하지 않기 때문이다! 그들의 영은 원하지만 육신이 약하다. 제대로 무장하지 않았기 때문에 그들이 바라는 목표에 도달하지 못한다.

'무장하라'라는 권고의 글을 쓰기에 베드로보다 더 적합한 사람이 있을까? 그 중요한 날 저녁에 베드로는 말은 담대하게 했지만 행동은 실패했다. 예수님이 분명히 그에게 경고하셨다. "시몬아, 시몬아, 보라 사탄이 너희를 밀 까부르듯 하려고 요구하였으나"(눅 22:31).

하지만 베드로와 다른 제자들은 그날 밤을 버틸 끈질긴 힘이 없었다. 그래서 훗날 베드로는 우리에게 끝까지 강하게 버티기 위해 무장하라고 경고한다. 그것이 하룻저녁이든, 한 계절이든, 아니면 평생이 됐든 말이다. 전쟁에 대비해 무장하는 것은 근신하고 깨어 있는 것을 포함한다. 우리는 이 세상의 매력에 빠져, 모든 면에서 그리스도를 닮아가겠다는 결심이나 헌신이 약해지지 않도록 경계해야 한다. 그리고 항상 깨어 있어야 한다.

직접, 말씀으로 공격하면 승리한다

근신하라 깨어라 너희 대적 마귀가 우는 사자 같이 두루 다니며
삼킬 자를 찾나니 너희는 믿음을 굳건하게 하여 그를 대적하라(벧전 5:8-9).

이제 직접적으로 싸움을 다루는 베드로의 권고를 살펴보자. 베드로는 마귀(그의 추종자들을 포함하여)가 삼킬 자를 찾는 우는 사자와 같다고 말한다.

분명히 말해 두지만, 사자는 마귀의 정체가 아니다. 성경에서 마귀는 뱀, 용, 도둑 등 몇 가지 다른 이름으로 불리지만 사자는 아니다. 예수님이 참된 사자, 즉 "유다 지파의 사자"(계 5:5)이시다.

베드로의 요점은 마귀가 삼킬 자들을 찾으러 돌아다니는 굶주린 사자와 같다는 것이다. 원수는 기회가 주어지면 그야말로 무자비하게 삼킬 것이다. 그 점에 대해 오해하지 말라. 원수는 패배한 적이지만, 결코 가볍게 보아서는 안 된다. 원수는 우리에 대한 애정이나 동정심이 전혀 없다. 원수의 임무는 죽이고, 훔치고, 파괴하는 것이다.

9절에서 베드로는 마귀를 대적하라고 강하게 권면한다. "대적하다"라는 단어는 헬라어로 "아우디스테미"(authistemi)다. 「테이어 헬라어 사전」은 그 단어를 이렇게 정의한다. "반대하다, 저항하다, 싸우다." 제임스 스트롱은 여기에 "항거하다"라는 뜻을 덧붙인다. 내 사전에서 "대적하다"는 "행동이나 주장으로 막는다"라는 뜻이다. 틀림없이 그 단어에는 공격적인 투쟁의 의미가 포함되어 있다.

우리는 싸움을 준비하며 예수님의 확신의 말씀을 들어야 한다. "내가 너희에게 …… 원수의 모든 능력을 제어할 권능을 주었으니 너희를 해칠 자가 결코 없으리라"(눅 10:19). 힘이 나지 않는가? 하나님은 당신이 주의 강한 은혜 안에서 행할 때 아무도 당신을 해칠 수 없다고 약속하신다. 마귀도 당신을 해칠 수 없다! 그것이 중요하다.

하지만 당신은 자신에게 주어진 능력을 사용해야 한다. 그렇지 않으면 그 약속은 시행되지 않을 것이며 당신은 해를 당할 수 있다. 이런 이유로 베드로는 우리에게 마귀를 대적하라고 요구하는 것이다. 베드로는 "마귀를 제거해 달라고 하나님께 기도하라"라고 말하지 않는다. 우리가 직접, 담대하게, 목적을 가지고 원수를 대적해야 한다.

신약 성경 어디에서도, 우리 삶에서 마귀를 제거해 달라고 하나님께 기도하도록 가르치는 말씀은 찾을 수 없다. 사실 하나님은 그 일을 하실 수 없다! 하나님에 대하여 '할 수 없다'라는 말을 사용한 것에 대해 이상하다고 생각할지도 모르지만 사실이다. 하나님은 인간에게 세상에 대한 권한을 주셨다. 그리고 하나님은 당신이 하신 말씀을 무효화하지 않으실 것이다. 하나님이 에덴동산에서 뱀과 아담의 만남에 간섭하지 않으신 것도 이런 이유에서다. 그래서 예수님이 마귀를 물리치기 위해 사람의 아들로 오셔야만 했던 것이다. 또한 그것은 그리스도의 몸이 사탄과 그의 추종자들을 직접 대적해야 했던 이유다.

하나님은 모든 권한을 예수님께 주셨고, 예수님은 그것을 우리에게 주셨다. 주님의 몸인 우리는 이제 "선한 싸움"을 해야만 한다(딤전 6:12 참조).

예수님처럼

마귀를 대적하는 법을 예수님께 배우는 것보다 더 좋은 방법이 있을까? 우리는 예수님이 광야에서 거둔 승리에서 많은 것을 배울 수 있다.

> 예수께서 성령의 충만함을 입어 요단 강에서 돌아오사 광야에서 사십 일 동안 성령에게 이끌리시며 마귀에게 시험을 받으시더라(눅 4:1-2).

40일 넘는 기간 동안 원수의 유혹이 있었다. 그것은 예수님이 꽤 많이 저항하셔야 했다는 뜻이다. 제일 먼저 기록된 시험은 거의 40일 중 끝부분에 가까웠다. 그것은 예수님이 신적인 능력을 사용하여 자신이 하나님의 아들임을 입증하게 하려는 시도였다. 예수님은 배가 고프셨다. 그래서 원수는 예수님께 돌을 떡으로 만들 것을 제안했다. 이에 예수님은 담대하게 대응하셨다. "기록되었으되 사람이 떡으로만 살 것이 아니요 하나님의 입으로부터 나오는 모든 말씀으로 살 것이라 하였느니라"(마 4:4).

이 상황이 우리에게 주는 세 가지 교훈이 있다. 첫째, 예수님은 유혹을 신속하게 인지하고 대응하셨다. 그것을 오래 생각하거나 마음에 품고 있지 않으셨다. 만약 그랬다면 사탄의 제안이 예수님의 마음속에 들어올 기회를 제공했을 것이다. 우리는 예수님의 본을 따라야 한다.

둘째(매우 중요한 것이다), 예수님은 마귀에게 직접 말씀하셨다. 이 유혹을 제거해 달라고 아버지께 기도하지 않으셨다. "사탄이 나를 이기는 것은 하나님의 뜻이 아니다. 그러므로 나는 이 시험에 굴복하지 않을 것이다"와 같은 말로 원수에게 간접적으로 자신의 뜻을 전달하지도 않으셨다. 예수님은 직접 엄격하게 사탄을 다루셨다. 우리도 그와 같이 해야 한다. "마귀에게 틈을 주지 마라"(엡 4:27).

마지막으로 예수님은 기록된 하나님의 말씀을 언급하셨다. "기록되었으되"라는 말에 주목하자. 이것이 왜 그렇게 중요한가? 하나님의 말씀은 우리의 검이기 때문이다. 바울은 "성령의 검 곧 하나님의 말씀을 가지라"(엡 6:17)라고 말한다. 하나님의 말씀은 특별한 영적 무기다. 예수님은 말 그대로 영적인 칼로 원수를 찌르셨다. 하지만 원수는 굉장히 집요하여 포기하지 않았다. 원수는 고통스러운 상처를 입고도 공격을 계속했다.

그 다음에 기록된 시험에서, 사탄은 아담의 죄 때문에 마귀에게 넘어간 세상 나라들을 되찾을 수 있는 지름길을 예수님께 제안했다. 예수님이 하실 일은 사탄에게 절하는 것뿐이었다. 하지만 예수님은 이렇게 대답하셨다. "기록된 바 주 너의 하나님께 경배하고 다만 그를 섬기라 하였느니라"(눅 4:8).

예수님은 사탄에게 뒤로 물러나라고 하셨다. 이것은 우리가 대담하게 "뒤로 가!"라고 말하는 것과 비슷하다. 그때 예수님은 하나님의 말씀을 사용하여 다시 한 번 원수에게 잽을 날리셨다.

> 예수님은 유혹을 신속하게 인지하고 대응하셨다. 그것을 오래 생각하거나 마음에 품고 있지 않으셨다. 예수님은 마귀에게 직접 말씀하셨고, 기록된 하나님의 말씀으로 공격하셨다.

사탄이 한 번의 만남에서 할 수 있는 모든 시도를 다 할 때까지 유혹은 계속되었다. 누가는 "마귀는 잠시 물러갔고, 숨어서 다음 기회를 노렸다"(눅 4:13, 메시지)라고 기록했다.

몇 년 전에 켄이라는 한 목사가 내 사무실을 찾아왔다. 켄은 젊고, 건강하고, 잘 생긴데다, 훌륭한 아내와 아이들까지 있는 축복받은 사람이었다. 그리스도인이 되기 전에 켄은 불법 마약에 빠져 있었다. 켄은 그러한 어두운 과거에서 구원받은 것이 너무 감사하여, 종종 예배를 드리면서 눈물을 흘렸다. 이 사람이 가지고 있는 예수님을 향한 열정적인 사랑에 나는 마음 깊이 감동을 받았다. 켄은 자상하고 좋은 남편이었고 훌륭한 아버지였다. 자기가 얼마나 큰 용서를 받았는지 분명히 알았다. 그래서 켄은 더 많이 사랑했다.

하지만 그의 마음속에서는 몇 달 동안 치열한 싸움 중이었는데, 그는 그것을 아무에게도 이야기하지 않았다. 그러다 결국 더 이상 압박감을 견디지 못해 나에게 털어놓기로 결심한 것이다. 그가 사무실에 들어왔을 때 굉장히 측은한 얼굴이었다.

"무슨 문제가 있습니까?" 내가 물었다.

켄은 자신의 가족사를 내게 이야기했다. 우연히도 그의 집안 남자들 중에는 심장병으로 일찍 사망한 경우가 많았다. "저는 심장마비로 죽을 것만 같은 극심한 두려움과 싸우고 있어요. 정기적으로 검진을 받아 왔는데 다행히 아직까지는 괜찮아요. 하지만 갑자기 죽을지도 모른다는 불안감을 떨쳐 버릴 수가 없습니다. 가끔씩 그런 불안감이 완전히 저를 압도해 버려요. 그러면 몸에 땀이 엄청 많이 납니다. 땀에 옷이 완전히 젖을 정도로 말이에요. 한밤중이나 혼자 있을 때, 또는 사람들과 같이 있을 때나 교회 예배를 드리는 중에도 그럴 때가 있습니다. 두려움은 갑자기 예고 없이 밀려와서 저를 짓눌러 버린답니다. 그동안 기도도 열심히 했어요. 두려움을 없애 주시고 그 압도적인 감정에 굴복하지 않게 도와달라고 하나님께 기도했지요."

그때 내가 끼어들었다.

"켄, 당신은 하나님께 기도하고는 있지만, 예수님이 광야에서 하신 것처럼 원수에게 직접 말하지 않고 있어요. 하나님의 말씀에선 분명히 '마귀를 대적하라 그리하면 너희를 피하리라'(약 4:7)라고 가르쳐요. 그렇게 해야 합니다! 예수님은 사탄을 물리치셨지만, 그 후 하늘로 올라가셔서 하나님 우편에 앉아 계십니다. 가시기 전에 그분은 권위와 능력을 우리에게 주시며, 패배한 적을 주님의 뜻대로 처형하라고 하셨습니다. 예수님은 '귀신들이 너희에게 항복'(눅 10:20)한다고 말씀하시면서 그 사실을 분명히 밝히셨습니다. 우리는 하나님의 말씀을 사용하여 원수에게 말하고 하나님의 약속에 순종하도록 명령하라는 가르침을 받았습니다."

켄이 주의 깊게 듣기에, 나는 이야기를 계속했다. "켄, 나도 원수가 공격해 와서 자제력을 잃을 때가 있습니다. 그럴 땐 밖으로 나가 외딴 곳으로 가지요. 거기서 큰소리로 외칩니다. '그래, 사탄아, 그것이 네가 원하는 싸움이라면 한번 해 보자! 하지만 미리 말해 두는데, 나는 검이 있고 너는 없기 때문에 이번에도 네가 불리할 것이다. 나는 성령의 검을 들어 너를 산산이 베어 버릴 것이다. 그래도 네가 달아나지 않는다면, 네가 완전히 공포에 질려 도망칠 때까지 더 산산조각 내 버릴 테다. 자, 하나님의 말씀에 이르기를⋯⋯.'"

내가 치유, 두려움으로부터의 해방, 채워 주심, 구원에 관한 하나님의 말씀을 나누자 켄은 가만히 들었다. 나는 켄에게 기록된 약속의 말씀을 전투용 칼로 사용하는 법을 알려 주었다. 두려움의 영을 향해 열정을 다해 말해야 한다고 강조해서 이야기했다. 우리는 좀 더 이야기를 나누다가 내가 그를 위해 기도해 주고 헤어졌다.

6개월 후에 켄이 침통한 얼굴로 다시 찾아왔다. 여전히 그의 얼굴에서 부담감이 느껴졌다. 그에게 어떻게 지내냐고 물었지만, 나는 그가 무슨 말을 할지 이미 예상하고 있었다.

"존, 예전보다 오히려 더 나빠졌어요. 6개월 전보다 더 자주 두려움과 싸우고 있답니다. 거의 매일 그런 것 같아요. 땀이 비 오듯 쏟아져서 옷이 흠뻑 젖어요. 확신이 흔들려요. 내 문제 때문에 다른 사람을 돕는 것도 힘들답니다."

켄은 몸을 앞으로 구부린 채 실망한 얼굴로 고백했다. "존, 저는 금식하며 기도하고, 하나님께 도와달라고 열렬하고 간절하게 부르짖기도 했습니다. 그런데 어떤 위안이나 응답도 받지 못했습니다. 이젠 미쳐 버릴 것 같아요."

나는 믿기지가 않았다. "켄, 몇 개월 전에 내가 말한 대로 했나요? 한적한 곳으로 가서 마귀와 직접 싸웠나요? 원수에게 하나님의 말씀을 선포했습니까?"

"그건…… 사실 못했습니다."

나는 화가 났다. "켄, 당신이 하나님의 말씀인 성령의 검을 가지고 원수와 직접 맞서지 않는 한 아무 변화도 일어나지 않을 겁니다."

켄은 고개를 숙였다. 나는 그가 뒤로 물러나기 시작하는 것을 볼 수 있었지만 그가 나의 조언에 동의했다고 생각하지는 않았다. 켄은 믿음의 사람이었고 진심으로 하나님이 그의 부르짖음에 응답해 주실 능력이 있다고 믿었다. 그러나 응답을 받지 못해서 자포자기한 상태였다.

앉아서 그와 관련된 예화가 없을까 고민하는데, 갑자기 성령님이 적절한 예를 알려 주셨다.

"켄, 대통령은 전 군대의 공식적인 총사령관입니다. 간단히 말하면, 그가 모든 군인의 우두머리라는 겁니다. 군인 중 한 명이 전쟁터에 나가 있다고 상상해 봅시다. 적군이 사방에서 그에게 총을 쏘고 있으나, 우리 군인은 반격하지 않습니다. 겁에 질린 그는 무선으로 대통령에게 전화를 합니다. 대통령이 받자 군인이 애원을 합니다. '대통령 각하, 전 지금 심각한 공격을 받고 있습니다. 적군이 저를 죽이려고 해요. 각하, 제발 오셔서 적군을 물리쳐 주세요. 전 지금 굉장히 무섭고 간절합니다! 제발 부탁드리니, 와서 저 좀 도와주세요!'"

나는 켄에게 물었다. "물론 이 군인의 생명이 매우 위태로운 것은 사실입니다. 하지만 그렇더라도 대통령이 그의 애절한 요구에 어떻게 대답하겠습니까?"

나는 계속해서 이야기했다. "대통령은 그 군인에게 이렇게 소리치겠지요. '지금 나한테 전화해서 뭘 어쩌겠다는 겁니까? 나는 당신에게 세계 최고의 군사 훈련을 받게 해 주었습니다. 가장 좋은 무기들을 주었고,

적을 물리칠 수 있는 권한을 주었습니다. 그러니 어서 전화를 끊고 반격을 하세요! 적과 싸우세요!' 그러고 나서 대통령은 전화를 끊고 그 군인이 제 할 일을 다 하기를 기대할 겁니다."

켄의 눈이 반짝이기 시작했다.

"켄, 당신에겐 검이 있고, 당신과 싸우는 적은 검이 없습니다. 사실 우리 주님이 '통치자들과 권세들을 무력화하여 드러내어 구경거리로 삼으셨기' 때문에 그는 완전히 무력해진 상태입니다(골 2:15 참조). 게다가 당신은 예수님의 이름으로 모든 능력과 권위를 부여받았습니다. 성경에 보면 모든 무릎이 예수의 이름 앞에 꿇고 모든 입이 예수님의 주되심을 시인해야 한다고 말합니다(빌 2:10-11 참조). 당신에겐 하나님의 전신갑주가 있습니다. 의의 흉패, 믿음의 방패, 구원의 투구 등이 있지요. 당신의 믿음의 방패는 마귀가 당신에게 던지는 맹렬한 화살을 전부 막아 줄 것입니다. 하나님은 성경 말씀에 '너를 치려고 제조된 모든 연장이 쓸모가 없을 것이라 일어나 너를 대적하여 송사하는 모든 혀는 네게 정죄를 당하리니 이는 여호와의 종들의 기업이요'(사 54:17)라고 하셨습니다. 켄, 하나님은 공격에 대항하여 당신이 싸워야 한다고 분명히 말씀하십니다. 하나님이 그 일을 하시지 않습니다. 당신이 직접 마귀에게 말해야 합니다. 당신이 줄곧 하나님을 소리쳐 불러도, 하나님은 그 대통령처럼 당신에게 '성령의 검의 뜨거운 맛을 보여 줘라' 하고 말씀하십니다."

켄은 이제 나를 똑바로 쳐다보고 있었다. 그는 성령님이 나를 통해 전달하신 그 예화 속에서 지혜를 발견했다. 그리고 희망과 믿음을 가지고 내 사무실을 나섰다. 3주 후에 켄은 입이 귀에 걸린 듯한 표정으로 다시 내 사무실을 찾았다. 걸음은 뛰는 듯이 가벼웠고, 눈에선 반짝반짝 빛이 났으며, 목소리에선 생기가 가득 느껴졌다. "존, 당신에게 꼭 해 주고 싶은 얘기가 있어요!"

나는 무슨 얘기일지 잔뜩 기대하며 몸을 앞으로 숙였다.

"주일 아침에 교회 가는 길이었는데 또 그 두려움이 찾아왔어요. 언제든 심장마비로 죽을지도 모른다는 끔찍한 두려움이 제 안에 차오르는 거예요. 땀을 흘리기 시작했고, 옷은 젖어가고 있었지요. 하지만 예전처럼 하나님께 부르짖지 않았어요. 이젠 마귀에게 진절머리가 날 정도로 화가 났지요. 마음속에서 분노가 치밀어 올라, 옆에 앉아 있는 아내에게 아무 경고도 없이 주먹으로 자동차 계기판을 힘껏 쳤어요. 아내는 화들짝 놀랐지요. 저는 크게 소리쳤어요. '사탄아, 이제 신물이 난다! 이제 이 지긋지긋한 두려움과 관계를 끝내야겠다!' 그리고 제 삶과 관련된 하나님의 말씀을 큰소리로 외치기 시작했어요. 존, 제가 주먹으로 계기판을 치면서 '사탄아, 이제 신물이 난다!'라고 소리쳤을 때 갑자기 마음속에 한 가지 환상이 떠올랐어요. 천국 보좌 위에 계신 예수님이 제가 사탄에게 정면으로 맞서는 순간 펄쩍 뛰시고 두 팔을 위로 뻗으시며 '드디어 됐어!'라고 소리치시는 것을 보았습니다."

켄은 이렇게 말하며 웃었다. "마치 예수님이 '오랫동안 네가 이렇게 하기만을 기다려 왔다. 드디어 네가 행동하는 걸 보니 매우 기쁘구나'라고 말씀하시는 것 같았어요."

켄은 다시는 그 두려움에 빠지지 않았다. 두려움으로 인한 우울증도 깨끗이 나았다. 25년도 더 지난 지금, 이 귀한 하나님의 사람은 여전히 건강하게 살아 있고 미국 남부에서 큰 교회를 담임하고 있다. 켄은 육체적으로나 영적으로나 너무나 잘 지낸다.

끈질기게 대적하라

이제 베드로의 글을 좀 더 자세히 살펴보자.

> 근신하라 깨어라 너희 대적 마귀가 우는 사자 같이 두루 다니며 삼킬
> 자를 찾나니 너희는 믿음을 굳건하게 하여 그를 대적하라(벧전 5:8-9).

이 책의 서두에서 말했듯이, "굳건하다"라는 단어는 "끈질기다"와 같
은 의미다. 성경은 우리가 한 번 원수를 대적하면 싸움이 끝난다고 가르
치지 않는다. 오히려 정반대다. 원수는 몇 번이고 다시 공격해 올 수 있
다. 내가 여러 해에 걸쳐 알게 된 사실은, 바로 여기서 많은 그리스도인
이 낙심하고 패배한다는 것이다. 그들은 생각한다. '그 행동이 아무 효과
가 없었나 봐. 아니면 꼭 필요한 것을 내가 갖지 못했든지.' 이것은 거대
한 거짓말이다. 우리는 그렇게 체념해서는 안 된다.

이 사실을 잘 보여 주는 또 한 가지 이야기가 있다. 내 아내는 아기였
을 때 영아 산통을 겪었다. 이런 현상은 유아들에게, 특히 한 살 이하의
아기들에게 많이 나타난다. 산통을 앓는 아기들은 한번 울면 거의 하루
종일 끊임없이 울어대고, 그 상태가 몇 달 동안 계속될 수 있다. 의사들
은 영아 산통의 원인이 무엇인지 확실히 밝히지 못했지만, 많은 사람이
미숙한 소화기관 때문이라고 믿고 있다.

우리의 첫아들 애디슨도 산통 때문에 힘들어했다. 애디슨은 아무 이
유도 없이 심하게 울었다. 처음 몇 번은 도저히 울음을 멈출 것 같지가
않았다. 등을 토닥거려 주고, 안고 흔들어 주고, 노래도 불러 주었지만,
아이는 계속 괴성만 지를 뿐이었다. 어떻게도 아이를 진정시킬 수 없었
던 우리는 무력감을 느꼈다. 잠시 후에 나는 아이를 팔에 안고 그 몸에서

고통이 떠나도록 명령했다. 나는 그 아이의 소화기관에 대고 직접 말했다. 그리고 나서 성령 안에서 큰소리로 강력하게 기도하자 애디슨이 곧 잠이 들었다.

어느 날 밤 리사는 욕실에 들어가 있고 나는 이미 잠자리에 누워 있을 때였다. 갑자기 아기 방에서 소름끼치는 비명소리가 들려왔다. "존, 또 산통이 시작됐나 봐요!" 리사가 소리쳤다.

나는 침대에서 일어나 침대 옆 시계를 보았다. 밤 12시 11분이었다. 급히 아기 방으로 달려가 아기 침대에 있는 애디슨을 들어 안았다. 그리고 예수님의 이름으로 아이의 몸에서 고통이 떠나가도록 명령했다. 애디슨이 다시 잠들 때까지 계속 성령 안에서 기도했다. 애디슨이 진정하는 데는 거의 15분 정도 걸렸다.

다음날 밤에는 둘 다 잠자리에 들었는데 또다시 끔찍한 비명 소리가 들렸다. 솔직히 그때 제일 먼저 든 생각은 이것이었다. '소용없어! 계속 아이를 위해 기도했는데 조금도 나아지지 않잖아. 난 힘도 없고 믿음도 없어.' 나는 그 생각을 의식적으로 마음속에서 몰아내고 대신 기도 응답에 대한 하나님의 말씀을 생각했다. 나는 리사에게 "내가 가볼게"라고 말했다.

일어나서 시계를 보았다. 이번에도 12시 11분이었다. '참 우연의 일치군' 하고 생각했다. 서둘러 어린 애디슨의 방으로 들어가 아이를 꼭 안아 주었다. 그리고 아이가 잠들 때까지 예수님의 이름으로 고통이 떠나기를 명령하고 성령 안에서 기도했다. 이번에도 10분에서 15분 정도 걸렸다.

다음날 밤, 리사는 욕실에서 화장을 지우고 있었고 나는 침대에 누워 있었다. 연속 3일째 소름끼치는 비명소리가 들렸다. 이번에는 떠오르는 생각이 좀 더 강했다. '존, 너는 거의 2주 동안 애디슨을 위해 기도해 왔어. 어젯밤에도, 또 그 전날 밤에도 기도했지. 이젠 현실을 받아들여. 넌 네 아이에게 아무 도움도 안 돼! 네 기도는 아무 효과가 없어!' 이번에도 나는 그 생각들을 뿌리치고 대신 하나님의 말씀을 마음속에 채워 넣고는 침대에서 내려갔다.

자연스럽게 시계 쪽으로 눈이 갔다. 그리고 잠시 후 깜짝 놀라 다시 시계를 보았다. 3일 연속 밤 12시 11분에 비명소리가 들렸던 것이다. 이제 나는 몹시 화가 났다! 급히 아이 방으로 달려가 보니 힘들어하는 아이가 보였다. 침대로 다가가 아이의 가슴 위에 손을 얹었다. 어린 아들을 내려다보는데, 그 아이를 보고 있는 것이 나만이 아니라는 느낌이 들었다. 마치 성령님이 내 눈을 통해 아이를 바라보고 계신 것 같았다.

나는 큰 권한을 가지고 분노하며 이렇게 소리쳤다. "이 산통과 허약의 더러운 영아, 내 아들을 괴롭히는 너를 더 이상 참아 줄 수가 없다! 리사의 가족에게 전해 내려오는 이 저주를 내가 끊어 버리기 원한다. 예수의 이름으로 명하노니 애디슨에게서 네 더러운 손을 떼어라! 지금 당장 떠나고 다시 돌아오지 마라!"

이때 내 목소리에 아기가 놀랐을 거라고 생각하겠지만 사실은 정반대였다. 어린 애디슨은 바로 울음을 그쳤고 부드러운 눈빛으로 나를 쳐다보았다. 그리고 이내 눈을 감고 잠들었다. 애디슨이 영아 산통으로 운 것은 그날이 마지막이었다. 그날 밤 이후로 애디슨은 지극히 정상적인 아기가 되었다. 원수는 도망쳤다. 칼로 찔림을 당하다가 지쳐 버린 것이다. 원수는 더 이상 애디슨에게 돌아오지 않았다.

그 후로 3년이 채 안 됐을 때 둘째 아들, 오스틴이 태어났다. 그 아이가 태어난 지 몇 개월 후에 똑같은 증상을 보이기 시작했다. 나는 무슨 일이 일어날지 알았고, 또 한 번 싸울 준비를 했다. 한두 번 권위 있게 말했더니 끔찍한 울음이 그쳤다. 이틀 만에 산통은 멈추었고 다시는 오스틴을 괴롭히지 않았다. 몇 년 후 셋째 아들 알렉이 태어났을 때는 영아 산통이 없었다. 저주의 고리가 끊어진 것이다.

사랑하는 형제자매들이여, 마귀를 끈질기게 대적하라. 주 예수 그리스도가 당신에게 주신 권위로 엄격하게 원수를 꾸짖으라. 속박에서 벗어나겠다는 우리의 결심이 우리를 속박하려는 대적의 결심보다 더 단호해야 한다.

멕시코 인디언들을 전도하는 어느 훌륭한 선교사의 간증을 들은 적이 있다. 선교사는 주로 작은 산간 마을에서 사역을 하는데, 그의 팀 사역의 결실로 한 마을의 거의 모든 주민이 신자가 되었다. 어느 날 저녁에 마을 사람들이 선교사를 깨웠다. 마을 사람들은 몹시 흥분해 있었다. 교회에 다니는 한 부부의 아기가 죽었다는 것이다. 가족들은 황급히 선교사에게 와서 기도해 달라고 부탁했다. 선교사는 바로 일어나 집으로 갔다. 그리고 죽음의 영에게 그 아기에게서 떠나라고 명령했다. 몇 분 후에 아기가 기침과 재채기를 하더니 숨을 쉬기 시작했다. 죽은 아기가 다시 살아난 것이다! 모두가 기뻐했고, 선교사는 집으로 돌아와 다시 잠이 들었다.

잠시 후 똑같은 사람들이 다시 그의 집 문을 두드렸다. 그 아기가 다시 죽었다는 것이다. 선교사가 일어나 죽음의 영을 꾸짖자 아기가 다시 살아났다. 그 선교사는 그날 밤 죽음의 영이 아이에게서 영원히 떠날 때까지 몇 차례 더 죽음을 대적해야만 했다. 그 결과 아기는 살아났고, 선교사가 그 간증을 할 당시 그 마을에서 가장 건강한 아이가 되었다.

하나님이 벗겨 주신 짐을 왜 다시 지는가

나는 신자들이 비극적인 상실을 겪는 것을 너무 자주 보았다. 선량한 사람들은 하나님으로부터 오는 축복과 치유와 기적을 경험한다. 하지만 며칠, 몇 주, 몇 달, 때로는 몇 년 만에 자기들이 받은 것을 잃어버린다. 그래서 성경 말씀에 "좋은 것을 굳게 잡으십시오"(살전 5:21, 새번역)라고 말하는 것이다. 모든 신자는 이 권고의 말씀을 깊이 생각하고, 암송하고, 그 안에 굳게 서야 한다. 나는 이것을 신앙생활 초기에 배웠다.

나는 십대 시절 등 아랫부분의 심한 통증에 시달렸다. 신앙생활을 시작한 지 1년 정도 지났을 때 친구와 함께 어느 집회에 참석했다. 예배를 인도하던 목사님이 이렇게 말씀하셨다. "오늘 밤 이 모임에 등의 통증으로, 특히 등 아랫부분의 통증으로 고생하는 사람이 있습니다."

그분이 내 얘기를 하신다는 것을 바로 알았지만, 그 상황이 약간 미심쩍고 조심스러웠다. 그동안 주로 가톨릭 미사를 드려 왔던 나는 목회자가 누군가의 문제를 거론하는 것이 편치 않았다. 나는 자리에 가만히 앉아 있었다. 목사님은 모임을 계속 진행했고 나는 안심이 되었다.

10분 후에 그녀가 또다시 이렇게 말했다. "죄송하지만, 하나님이 이 문제에 대해 저를 그냥 내버려두질 않으시네요. 이 자리에 있는 사람 중에 등의 치유가 필요한 사람이 있습니다."

이번에도 나는 생각했다. '난 절대 이 모든 사람 앞으로 나가지 않을 거야. 난 안 나가.' 하지만 그때 성령님이 나를 끌어당기셨다. 그래서 나는 우려를 제쳐두고 성령님께 응답하기로 했다. 그 목사님과 남편 분이 나의 등을 위해 기도해 주셨고, 곧바로 나았다. 나는 깜짝 놀랐다! 오랫동안 그 고통에서 한 번도 벗어난 적이 없었는데. 그날 밤 나는 하나님이 내 몸 안에 행하신 일에 대해 경외심을 갖게 되었다.

그 다음 2주 동안 등이 아프지 않았다. 놀라웠다. 몸을 숙여 양치질을 하거나 면도를 하고 나서 다시 허리를 펼 때 괴로워하며 등을 꽉 움켜잡지 않아도 되는 것이 기뻤다. 하나님이 행하신 일로 인해 너무나 행복하고 감사했다.

그로부터 한 달 정도 지났을 때 침대에 누워 있다가 막 잠이 들려는데 무언가가 내 방으로 스윽 들어왔다. 어두워서 보지는 못했지만 분명히 느낄 수 있었다. 방 창문으로 달빛이 환히 비쳤는데, 이상하게 더 어두워지는 것 같았다. 그 무언가가 들어오자 두려움이 생겼다. 갑자기 내가 오랫동안 씨름했던 등의 통증이 느껴졌다. 머릿속에 이런 생각이 스쳐갔다. '네가 네 치유를 잃어버렸구나! 너의 고통 없는 날은 끝났다. 앞으로 남은 평생 동안 아픈 등을 갖고 살아갈 거다.'

젊은 그리스도인으로서 나는 하나님의 말씀에 몰입해 있었고 이것이 사탄의 공격이라는 것을 알 만큼 지식이 있었다. 원수는 내가 거짓말을 믿게 만들어서 그 고통이 지속되게 하려고 했다. 나는 즉시 침대에서 뛰쳐나와 방바닥을 걸어 다니며 소리치기 시작했다. "사탄아, 나는 2주 전 예배에서 치유를 받았다. 나는 그 고통을 계속 갖고 있지 않다! 성경은 예수님이 채찍에 맞으심으로 내가 나음을 입었다고 말한다. 너는 이 고통을 나에게 다시 가져올 수 없다. 나는 계속 고통 없이 살아갈 것이다. 그러니 예수님의 이름으로 지금 내 몸에서, 내 방에서 떠나라!"

예수님은 "네가 가진 것을 굳게 잡아 아무도 네 면류관을 빼앗지 못하게 하라"(잠 3:11)라고 말씀하신다. 우리는 하나님께 받은 것을 끈질기게 붙잡아야 한다.

정말로 방이 환해졌다. 두려움과 함께 찾아왔던 그 존재가 즉시 사라졌고 고통 또한 사라졌다. 그 후로 나는 등의 통증과 싸울 필요가 없었다. 예수님은 "네가 가진 것을 굳게 잡아 아무도 네 면류관을 빼앗지 못하게 하라"(계 3:11)라고 말씀하신다. 우리는 하나님께 받은 것을 끈질기게 붙잡아야 한다.

내가 경험한 가장 슬픈 이야기를 하나 해 보겠다. 어느 날 밤 내가 설교하는 교회 예배에서 기적적인 치유를 받았던 한 남자의 이야기다. 그날 예배에는 굉장히 많은 사람이 모여 있었다. 그래서 예배가 끝날 때 나는 대중 기도를 했다. 그때 한 남자가 수많은 군중 사이에서 눈물을 흘리며 내 앞에서 고개를 숙여 인사했다. 나는 무슨 일인가 하고 그에게 다가갔다. 알고 보니 그 남자는 몇 차례 등 수술을 받고 평생 장애인이 된 사람이었다. 그는 만성 통증을 안고 살아 왔지만 그날 밤 완전히 치유를 받았다. 너무나 큰 기쁨에 그는 울고 또 울었다. 성인이 그렇게 우는 것은 처음 보았다. 그가 받은 놀라운 자유 때문이었다.

그로부터 몇 주 후에 우리는 레스토랑에서 우연히 마주쳤다. 그는 아주 행복하고 활력이 가득해 보였다. 자신이 어떻게 장애를 벗어 버렸는지 이야기하며 새로 발견한 자유를 누리고 있었다. 그런 그를 보니 참 행복했다.

1년 남짓 지났을 때 그를 다시 보았다. 그런데 그는 전처럼 환한 미소를 지으며 나에게 다가오지 않았다. 그는 시간이 지나도 나에게 다가오지 않았다. 내가 그를 알아보고 어떻게 지내냐고 물었다. 그는 목과 등의 문제가 다시 나타났다고 했다. 그리고 그날 예배 때 받은 치유가 진짜였는지 의심했다. 그는 자신의 병이 재발한 것이 완전히 나쁜 일은 아니었다고 나에게 확신시키려 했다. 하나님이 그 고통을 통해 그에게 삶의 교훈을 가르쳐 주셨기 때문이라고 했다.

나는 그에게 "굳게 붙잡으라"라는 예수님의 말씀을 전해 주려 했다.

하지만 그는 내 말에 관심이 없었다. 그는 이미 다른 확신을 갖고 있었다. 지금까지도 그는 착한 사람이고, 훌륭한 아버지이자 남편이다. 하지만 불행히도 예수님이 비싼 값을 치르고 그에게서 벗겨 주신 그 짐을 여전히 지고 산다.

영적으로 건강하게 사는 법

지금 내가 이야기할 내용은 정말 중요하다. 당신이 믿고 굳건하게 사탄에게 저항한다면 항상 승리할 것이다. 이 약속을 굳게 붙잡고, 선포하고, 담대하게 행동으로 옮기라. "마귀를 대적하라 그리하면 너희를 피하리라"(약 4:7).

"피한다"라는 뜻의 헬라어 단어는 "퓨고"(pheugo)다. 그것은 '사라지다, 도망치다, 달아나다, 안전한 곳을 찾아 도주하다'라는 뜻이다. "퓨고"가 '극심한 공포를 느끼며 달아나다'라는 뜻이라고 가르치는 것도 들었다. 아주 좋다! 하나님의 말씀은 마귀가 당신을 피할지도 모른다고 말하지 않는다. 당신이 대적하면 당신을 피한다고 확실히 말한다. 원수는 성경 말씀에 근거한 담대한 공격을 싫어한다!

원수가 당신을 두려워한다는 사실을 알아야만 한다! 원수가 당신을 볼 때 그는 그리스도를 본다. 당신은 그리스도의 몸이며, 하나님의 기름 부음 받은 자이기 때문이다. 당신은 사탄을 멸하고 그의 모든 갑옷과 무기를 빼앗아 버리신 분의 형상으로 지음 받았다. 당신은 위협적인 존재다. 많은 사람이 상상 속에서 사탄의 능력을 부풀려 왔지만, 사실 그는 당신 밑에 있다. 그리스도의 발아래 있다는 뜻이다. 비록 당신이 그리스도의 몸에서 가장 작은 발가락일지라도, 모든 원수의 세력은 그리스도 안에 있는 당신보다 훨씬 더 밑에 있다.

"웬일이냐, 새벽의 아들 샛별아. 네가 하늘에서 떨어지다니! 민족들을 무찌르던 네가 땅에 처박히다니! 너는 속으로 이렇게 말했지. '내가 하늘로 올라가서 하나님의 별들보다 더 높은 곳에 내 보좌를 높이 세우겠다. 북쪽 끝에 있는 신들의 회의 장소인 산꼭대기에 내가 앉겠다. 내가 구름 꼭대기 위로 올라가서 가장 높으신 분과 같아지겠다.' 그러나 결국엔 너는 저 아래 무덤으로, 구덩이의 맨 밑에까지 내려가고 있구나. 너를 보는 사람들은 너를 가만히 쳐다보면서 곰곰이 생각할 것이다. '이 사람이 과연 땅을 뒤흔들고 여러 나라를 떨게 하던 그 사람인가?'"(사 14:12-16, 우리말성경)

역사적으로 이사야는 바벨론 왕에 대해 쓰고 있다. 하지만 예언적인 성경 말씀은 종종 두 가지 의미로 적용되고 성취된다. 하나는 자연적인 것이고, 하나는 영적인 것이다. 이사야가 개인과 가족과 나라들을 파멸한 세력에 대해 쓸 때는 틀림없이 영적인 차원에서 사탄을 말하는 것이다. 이사야의 말에 의하면, 결국 사탄이 이르는 곳은 불타는 유황 못의 맨 밑바닥이며 거기서 그와 사탄과 그 무리들은 "영원토록 밤낮 고통을 당할 것"이다(계 20:10 참조, 우리말성경).

당신이 믿음으로 어둠의 세력들과 맞선다면 하나님이 주시는 축복과 구원을 받지 않을 수가 없다. 재물, 지혜, 건강, 사업, 사역에서 복을 받을 것이며, 가장 중요한 것은 다른 사람들을 도울 수 있을 것이다. 당신이 성령의 검으로 싸운다면 예수님처럼 항상 이길 것이다.

이 장을 마치기 전에 나는 그리스도의 몸 안에서 보았던 두 가지 극단에 대해 이야기하려 한다. 첫 번째 극단은 모든 덤불 뒤에 있는 마귀를 찾아내는 것이다. 이 부류의 그리스도인들은 마귀를 너무 의식해서 오히려 하나님을 바라보지 않는다. 이것은 매우 건강하지 못한 태도이다.

　두 번째 극단은 하나님을 사랑하지만 원수를 완전히 무시하는 경우다. 내 사무실에 찾아왔던 켄 목사처럼 말이다. 이 부류의 그리스도인들이 가진 두드러진 사고방식은 이와 같다. '내가 마귀에게 관심을 기울이지 않으면 결국 가 버리겠지.' 그런 생각은 헛되고 진리와는 거리가 멀다. 우리는 하나님의 뜻이 승리할 때까지 원수를 계속 대적하라는 명령을 받았다. 우리가 예수님의 이름으로 물리치지 않으면 달라지지 않는다는 것을 명심해야 한다. 대결을 피하지 말라! 그것은 하늘나라 시민으로서 당신의 의무이고, 하나님께 순종하는 것이다. 영적 대결은 하나님이 그의 은혜로 당신에게 수여해 주신 탁월한 능력으로 가능한 일이다.

　성경은 우리에게 영적으로 건강하게 사는 법을 가르쳐 준다. "인내로써 우리 앞에 당한 경주를 하며 믿음의 주요 또 온전하게 하시는 이인 예수를 바라보자"(히 12:1-2). 건강한 삶의 기초는 항상 예수님만 바라보는 것이다. 마귀나 그를 따르는 무리들이 방해하면 공격하라! 당신이 대적하면 원수는 달아날 것이다. 그리고 나서 다시 예수님께 주의를 집중하라. 예수님은 우리에게 믿음을 주시며, 그 믿음 안에서 우리를 온전케 해 주시는 분이다.

말씀대로 사는 것이 순종이다

너희는 믿음을 굳건하게 하여 그를 대적하라
이는 세상에 있는 너희 형제들도
동일한 고난을 당하는 줄을 앎이라(벧전 5:9).

어느 사악한 군대가 당신의 나라에 쳐들어 와서 몇 년 동안 민간 인들을 포로로 잡아 두었다고 하자. 참된 해방을 이루기 위해, 당 신은 적군과 싸워야 할 뿐만 아니라 그들이 세워 놓은 요새들을 제거해 야 한다. 이것은 감춰진 지뢰, 위장 폭탄, 벙커 등이 될 수 있다.

지뢰나 폭탄, 벙커도 위험하지만 가장 다루기 힘든 요새는 적들이 포 로국 국민들의 마음속에 심어 놓은 왜곡되고 악한 사고방식이다. 이런 요 새는 직접적인 싸움으로는 무너뜨릴 수가 없다. 그것은 육적인 것이 아니 라 심리적인 것이기 때문이다. 하지만 이렇게 가장 음흉한 전쟁에서 승리 하지 못하면, 싸워서 무엇을 얻더라도 결국 다 잃어버리고 말 것이다.

이 장에서 우리는 이런 형태의 저항을 위해 무장할 것이다. 직접적인 싸움과 마찬가지로 그것도 꾸준히, 끈질기게 해야 한다. 그렇지 않으면 다른 모든 싸움이 아무 소용없게 된다. 야고보는 "너희는 하나님께 복종 할지어다 마귀를 대적하라 그리하면 너희를 피하리라"(약 4:7)라고 말하 며 전쟁의 이런 면을 강조한다.

이 구절에서 야고보는 마귀와 싸우는 가장 중요한 방법이 하나님께 복종하는 것임을 보여 준다. 이것은 곧 하나님을 한결같이 신뢰하고 순 종하며 사는 것을 의미한다. 그렇게 함으로써 당신은 왜곡되고 비정상적 인 세상에 하나님의 길과 사고방식과 원칙을 보여 줄 수 있다. '절대 순 종'은 적의 요새나 공격을 물리치는 주된 방법이며, 우리가 새로운 차원 의 권위와 통치권을 발휘할 수 있는 방법이다.

바울의 말을 들어 보자. "우리가 육신으로 행하나 육신에 따라 싸우지 아니하노니 우리의 싸우는 무기는 육신에 속한 것이 아니요 오직 어떤 견고한 진도 무너뜨리는 하나님의 능력이라 모든 이론을 무너뜨리며 하 나님 아는 것을 대적하여 높아진 것을 다 무너뜨리고 모든 생각을 사로

잡아 그리스도에게 복종하게 하니 너희의 복종이 온전하게 될 때에 모든 복종하지 않는 것을 벌하려고 준비하는 중에 있노라"(고후 10:3-6).

마귀의 견고한 진은 하나님의 뜻이나 하나님에 대한 지식과 반대되는 생각의 과정, 사고방식, 추론, 지적인 견해, 상상, 또는 또 다른 심리학적 패턴이다. 이것들은 질투, 탐욕, 이기심, 조작, 정욕, 증오, 다툼, 유혹, 부러움 등을 포함하지만 그것에만 한정되는 건 아니다. 이런 마음과 생각은 하나님의 진리에 대해 적대적이며, 영적인 갈등을 일으킨다. 하지만 바울의 말처럼 우리의 순종은 이러한 불순종을 짓밟을 수 있는 능력을 준다.

순종하는 영혼은 날마다 자란다

앞에서도 말했듯이, 우리가 역경에 잘 대처할수록 우리의 권위와 능력의 수준이 높아진다. 다시 말하면, 점차 발전하여 통치권 안으로 들어가게 되는 것이다. "갑옷을 입으라"라는 베드로의 권고를 다시 살펴보며 좀 더 많은 통찰을 얻어 보자. "그리스도께서 이미 육체의 고난을 받으셨으니 너희도 같은 마음으로 갑옷을 삼으라 이는 육체의 고난을 받은 자는 죄를 그쳤음이니 그 후로는 다시 사람의 정욕을 따르지 않고 하나님의 뜻을 따라 육체의 남은 때를 살게 하려 함이라"(벧전 4:1-2).

고난을 겪은 사람들은 죄를 그쳤다. 베드로는 무슨 의미로 이 말을 한 걸까? 베드로는 영적인 성숙함에 이르는 것, 그리스도 안에서 장성한 사람이 되는 것에 대해 이야기하고 있다. '영적인 성인'은 더 이상 인간의 욕망을 따라 살지 않으며 하나님의 뜻에 온전히 헌신하고 순종한다. 그는 더 이상 세상의 압력에 굴복하지 않으며 이제는 세상의 견고한 진을 무너뜨릴 수 있다. 바울은 이 능력을 고린도후서 10장 6절에서 "너희의 복종이 온전하게 될 때에 모든 복종하지 않는 것을 벌하려고 준비하는 중에 있노라"라고 묘사한다.

우리는 자신의 육체적 나이가 몇 살이든 상관없이 하나님의 가정에 아기로 태어났다는 사실을 명심해야 한다. 그리고 하나님은 그런 우리가 성장하기를 기대하신다. 베드로는 "갓난아기들같이 순전하고 신령한 젖을 사모하라 이는 그로 말미암아 너희로 구원에 이르도록 자라게 하려 함이라"(벧전 2:2)라고 명령한다. 신체 발달에 여러 단계가 있듯이(유아기, 아동기, 성인기), 영적 성숙에도 단계가 있다. 바울은 "형제들아 내가 신령한 자들을 대함과 같이 너희에게 말할 수 없어서 육신에 속한 자 곧 그리스도 안에서 어린아이들을 대함과 같이 하노라"(고전 3:1)라고 말한다. 이 고린도의 그리스도인들은 나이로는 성인이었지만 영적 성숙에 있어서는 아기들이었다. 신자는 누구든지 그 단계에 계속 머물러 있으면 안 된다.

다른 서신서에서 바울은 영적 성장의 다음 단계인 아동기에 대해 말한다. "이는 우리가 이제부터 어린아이가 되지 아니하여 사람의 속임수와 간사한 유혹에 빠져 온갖 교훈의 풍조에 밀려 요동하지 않게 하려 함이라"(엡 4:14). 그리고 또다시 "형제들아 지혜에는 아이가 되지 말고 악에는 어린아이가 되라 지혜에는 장성한 사람이 되라"(고전 14:20)라고 말한다. 우리는 오직 악에 관해서만 아기들처럼 정직해야 한다. 그리고 지혜와 끈기에 있어서는 성숙한 성인이 되어야만 한다.

아기는 좋든 나쁘든 훈련받은 대로 반응할 것이다. 어린이들 또한 연약하며 쉽게 영향을 받는다. 하지만 성인은 대개 자기가 어떤 위치에 있는지 알며 잘못된 세력에 쉽게 휘둘리지 않는다. 우리는 진리 안에 굳게 서고 모든 불순종을 물리치거나 벌할 수 있도록 그리스도 안에서 성장하라는 충고를 받는다. 바울의 말에 의하면, 그리스도 안에서 성장하려면 지혜가 필요하다. 하지만 그리스도인의 성장에는 더 많은 것이 관련되어 있으며, 베드로가 그것을 이야기하고 있다.

우리는 어떻게 영적으로 성장하는가? 먼저 육적인 성장과 정신적인 성장을 생각해 보는 것이 도움이 될 것이다. 육적인 성장은 무엇에 제한되는가? 바로 시간이다. 6개월 된 아기의 키가 180센티미터인 것을 본 적이 있는가? 아이가 보통 성인의 키에 도달하려면 15년에서 18년은 걸린다. 육체적 성장은 시간의 함수다.

정신적 성장은 육체적 성장에 비해 시간의 제한을 받지 않는다. 나는 열네 살에 고등학교를 졸업하고 "영재"로 불리는 아이들을 만난 적이 있다. 또 고등학교를 졸업하지 않은 쉰 살의 어르신들도 만나 보았다. 그러므로 정신적·지적인 성장은 시간의 함수가 아니며 학습의 함수다. 당신은 1학년에서 2학년으로, 그 다음 계속 3학년, 4학년, 5학년 등으로 성장해 가야 한다. 하지만 이것은 당신이 원하는 만큼 빨리 혹은 천천히 할수 있다.

그러면 영적인 성장과 성숙은 시간의 제한을 받는가? 나는 거듭난 지불과 1년 만에 성숙함에 이른 사람들을 보았다. 그런가 하면 20년 전에 구원받았으나 아직도 '영적인 기저귀'를 차고서 동료 그리스도인들은 물론 지도자들에게 많은 폐를 끼치는 사람들도 보았다. 그러므로 영적 성숙은 시간의 함수가 아니다.

그렇다면 영적 성장과 성숙은 학습의 함수이며, 학습의 제한을 받는가? 바리새인들은 성경의 첫 다섯 권을 암송할 수 있었지만, 하나님의 아들이 바로 그들의 면전에서 환자를 고쳐 주시고 귀신을 쫓아내실 때도 그를 알아보지 못했다. 바리새인과 사두개인으로 대표되는 종교 지도자들의 삶에는 위선이 가득했고, 그들은 메시아의 도래와 사역에 대해 영적으로 무지했다.

그렇다면 영적 성장은 무엇의 함수인가? 무엇의 제한을 받는가? 그 답은 바로 고난이다. 베드로의 말을 다시 살펴보자. "육체의 고난을 받은 자는 죄를 그쳤음이니"(벧전 4:1). 죄를 그친 사람은 완전한 영적 성숙에 도달한 사람이다.

이렇게 반박할 사람이 있을 것이다. "저는 고난을 겪어 온 사람들을 보았는데 지금도 몹시 괴로워하는데요." 물론 그럴 수 있다. 영적 성숙에 중요한 역할을 하는 다른 요소도 틀림없이 있기 때문이다. 그러나 히브리서 저자는 영적 성장과 고난의 단계에 대해 다음과 같이 설명한다. "그가 아들이시면서도 받으신 고난으로 순종함을 배워서"(히 5:8).

이 구절은 예수님이 세상에 오셨을 때 저절로 순종하게 되신 것이 아님을 말해 준다. 예수님은 고난으로 순종을 배우셔야만 했고, 완벽하게 해 내셨다. 예수님은 죄를 짓거나 실수하지 않으셨다. 여기서 중요한 점은 예수님이 고난으로 순종을 배우셨다는 것이다. 영적 성장은 우리 삶에서 해가 밝게 비칠 때 일어나지 않는다. 또 모든 사람이 우리를 칭찬하고 친절하게 대하고 모든 일이 순조로울 때 일어나지도 않는다. 오히려 시련 가운데서 계속 하나님께 순종할 때 우리는 영적으로 성장한다. 사람들이 우리를 비방하고, 욕하고, 학대하고, 해치려 하고, 실직하고, 변호사나 의사로부터 나쁜 소식을 듣고, 필요한 돈이 어디서 나올지 모를 때, 그럴 때마다 하나님의 지혜에 순종하면서 더욱 강해진다.

> 영적 성장은 모든 일이 순조롭게 풀릴 때 일어나지 않는다. 시련 가운데서 계속 하나님께 순종할 때 우리는 비로소 영적으로 성장한다.

우리는 고난 가운데서 하나님을 믿기로 결단한다. 하나님께 순종하는 것이 우리에게 불리해 보여도 그렇게 한다. 우리를 공격하는 마귀를 대적하기로 결단하며, 그러기 위해 제일 먼저 하나님의 말씀에 순종한다. 이럴 때 참된 영적 성장이 일어난다. 이것은 야곱의 아들 요셉의 삶 속에도 아름답게 나타났다.

하나님은 아브라함과 언약을 맺으셨다. 그 약속은 그의 아들 이삭과 그의 손자 야곱에게 전해져 내려갔다. 야곱에게는 열두 명의 아들이 있었다. 그 중 열한 번째 아들이 요셉이었다. 요셉의 형들은 그를 미워했다. 성경을 보면 그 이유에 관한 단서가 보인다. 어린 요셉은 고자질쟁이였고 약간 허풍쟁이였다(창 37:2, 5 참조). 게다가 그의 아버지 야곱은 다른 형제들보다 요셉을 사랑했고, 요셉에게 아름다운 채색옷을 선물해 줌으로써 더 으쓱하게 만들었다. 이런 요소들 때문에 형제들은 요셉에게 더 안 좋은 감정을 품게 되었다.

그들의 관계에 이미 긴장감이 감돌고 있었는데, 하나님이 요셉에게 두 가지 꿈을 주시자 갈등은 절정에 이르렀다. 첫 번째 꿈에서 요셉은 밭에 있는 곡식단을 보았다. 자신의 곡식단은 꼿꼿이 서 있고 형제들의 곡식단은 그의 곡식단에게 절했다. 두 번째 꿈에서는 해와 달과 열한 개의 별이 그에게 절하는 것을 보았다. 요셉은 순진하게도 이 두 가지 꿈을 형제들에게 신나게 얘기했고, 언젠가 자기가 형제들을 다스릴 거라는 해석까지 곁들였다. 형들이 요셉의 얘기를 듣고 그를 더욱 미워하게 된 것은 어찌 보면 당연한 일이었다.

그 후 열 명의 형들은 아버지의 양떼에게 풀을 먹이려고 새로운 풀밭을 찾아 먼 곳으로 떠났다. 시간이 흐르자, 야곱은 요셉에게 가서 형들이 잘 있는지 보고 오라고 시켰다. 형들은 요셉이 오는 것을 보고 음모를 꾸몄다. "우리 동생, 꿈꾸는 자, 우리의 저명한 지도자 선생이 온다. 저 아이를 죽이자! 그리고 그의 꿈이 어떻게 되는지 보자."

그래서 그들은 요셉을 구덩이에 던져 넣고 거기서 죽게 내버려 두려고 했다. 하지만 몇 시간 후 이스마엘 상인들이 애굽으로 가는 길에 그곳을 지나갔다. 이때 넷째인 유다가 좋은 아이디어를 냈다. "잠깐만. 우리가 그를 구덩이에서 죽게 하면 우리한테 아무 이익이 없잖아. 그러지 말고 요셉을 노예로 팔아서 돈을 받자. 그러면 그 아이는 죽은 것이나 다름없고 다시는 우리를 짜증나게 하지 않을 거야. 우리는 전리품을 나눠 갖게 될 거고 말이야. 무엇보다도 우리한테 저 아이를 죽인 책임이 없잖아."

형제들은 그 제안을 마음에 들어 했다. 그래서 요셉을 은 이십에 팔았다. 형제들의 시기와 미움, 악한 생각은 결국 요셉에게서 유산과 가족을 빼앗는 행동으로 이어졌다. 이 일을 한 자들이 바로 요셉의 형제들이었다는 사실을 명심하라!

오늘날 우리는 요셉이 당한 부당한 일을 이해하기 힘들다. 요셉을 노예로 판 것은 거의 그를 죽이는 것만큼 잔인한 일이었다. 그 당시에는 아들을 갖는 것을 매우 중요시했다. 아들이 아버지의 이름과 유산을 물려받았기 때문이다. 요셉의 형들은 그에게서 이 명예를 빼앗았다. 그들은 요셉의 정체성을 완전히 빼앗아 버렸다. 요셉은 그에게 소중했던 모든 것을 잃어버렸다. 평생 노예로 사는 것도 힘든 일이지만 부잣집 아들로 태어났다가 모든 것을 빼앗기는 것, 그것도 자기 혈육에게 그런 일을 당한다는 것은 말할 수 없을 만큼 더 힘든 일이었다!

요셉은 이제 살아 있는 '시체' 같았다. 요셉은 노예로 팔려 가느니 차라리 죽는 게 낫겠다는 생각이 들었을 것이다. 요셉의 형들이 한 짓은 말로 형용할 수 없을 만큼 잔인하고 악한 일이었다.

상인들이 애굽에 도착했을 때 요셉은 바로의 친위대장 보디발에게 팔렸다. 요셉은 이제 보디발의 소유물이 되었다. 당시 요셉으로서는 외국에서 노예로 사는 것 외에 어떤 미래가 기다리는지 전혀 알 수 없었다.

요셉은 10년 동안 보디발을 섬겼다. 집에서는 아무 소식이 없었고, 한 해 한 해 지날수록 형들이 자기가 사랑하는 모든 사람에게 그가 죽었다고 말했을 거라는 가슴 아픈 사실이 더욱 확실해질 뿐이었다. 이제는 그의 아버지 야곱이 아들을 잃은 것을 애도하며 살아갈 거라고 확신했다. 아버지와 다시 만날 수 있을 거라는 희망은 없어졌다.

시간이 흐르면서, 요셉은 보디발의 총애를 받았다. 요셉은 보디발의 집과 모든 소유물을 관리하게 되었다. 하지만 동시에 아주 끔찍한 일이 일어나고 있었다. 보디발의 아내가 요셉에게 눈짓을 보내며 유혹했던 것이다. 사실 그녀는 매우 끈질겼다. 요셉에게 매일 접근했기 때문이다. 그녀는 제멋대로 행동하는 데 익숙한 부잣집 마나님이었다. 그녀는 요셉을 유혹하겠다는 결심을 단단히 했을 뿐만 아니라 최고의 옷과 향수로 치장을 했고, 자기에게 이성을 끄는 강한 매력이 있다고 확신하고 있었다.

하지만 요셉은 그녀의 모든 시도를 지혜롭게 뿌리쳤다. "당신은 주인님의 아내입니다! 그런데 제가 어떻게 그분의 신뢰를 저버리고 하나님께 죄를 짓겠습니까?"(창 39:9, 메시지) 비록 요셉의 젊은 시절은 배신과 실망으로 몰락한 듯했지만, 요셉은 하나님께 순종하는 진실한 사람이었다. 그것이 요셉의 결론이었다.

어느 날 요셉과 보디발의 아내가 단 둘이 집안에 있게 되었다. 여전히 요셉을 유혹하려 했던 그녀는 그의 옷을 붙잡고 애원했다. "제발, 남편도 없는데 함께 침대로 가요. 아무도 모를 거예요. 우린 하루 종일 사랑을 나누며 아주 즐거운 시간을 보낼 수 있어요."

이번에도 요셉은 성적 부도덕을 거부하고 그 집에서 나갔다. 너무 급히 나오는 바람에 그녀의 손에 잡힌 옷을 두고 나와 버렸다. 멸시당한 여자의 당혹감은 금세 분노로 바뀌었다. 그녀는 온 집이 떠나가도록 "강간범이야!"라고 소리쳤다.

보디발은 지체 없이 요셉을 바로 왕의 감옥에 가두었다. 형들에게 팔렸을 때처럼 이번에도 하루 만에 요셉이 충성스럽게 쌓아 왔던 모든 것이 물거품처럼 사라져 버렸다.

바로 왕의 감옥은 오늘날 교도소와 비교가 안 된다. 중동 지방의 고대 감옥은 춥고, 축축하고, 음울하며, 햇빛과 온기가 전혀 없었다. 단지 지하 방들이나 바위로 만든 텅 빈 물탱크뿐이었다. 게다가 대부분의 감방들은 높이가 고작 120−150센티미터밖에 안 되는 비인간적인 곳이었다.

그 당시에 죄수들에게는 간신히 목숨을 부지할 만큼의 물과 음식만 제공되었다. 그냥 죽는 것은 그들에게 너무 편안한 일이었기 때문이다 (왕상 22:27 참조). 시편 105편 18절에 의하면, 요셉은 발에 차꼬를 차고 몸이 쇠사슬에 매인 채 지냈다. 보디발은 요셉을 죽을 때까지 이 감옥에 가둬 둘 생각이었다. 만약 요셉이 애굽 사람이었다면 석방될 기회가 있었겠지만, 외국인 노예로서 왕의 시위대장의 아내를 강간하려는 혐의로 고소당한 요셉에게는 희망이 없었다. 요셉은 산 사람으로서 가장 바닥까지 내려갔다.

그 축축하고 어두운 감옥에서 어떤 생각들과 싸워야 했을지 상상이 가는가? 분명 그 많은 시간에 원수가 그의 생각과 상상력을 무자비하게 공격했을 것이다. 요셉은 이런 생각과 싸워야 했다. '나는 보디발과 그의 집안을 충성스럽게 섬기며 10년 넘게 정직하고 성실하게 일해 왔어. 그의 아내보다 그에게 더 충성했고. 난 매일 지긋지긋한 유혹을 뿌리치며 하나님과 내 주인께 충성을 지켜 왔어. 그런데 그 순종의 대가가 뭐야? 지하감옥! 왜 내가 보통의 혈기 왕성한 남자처럼 그 여자와 쾌락을 즐기지 않았을까? 우리가 단둘이 있을 때 그냥 그녀의 요구를 들어 주었으면 아무도 몰랐을 것이고 지금 이 감옥에 있지도 않았을 텐데.'

만일 요셉이 이런 거짓말에 속아 넘어갔다면, 그의 생각은 더 낮은 수준으로 급락했을 것이다. '이것이 사랑 많으시고 신실하신 하나님이 당신에게 복종하는 사람들을 돌보시는 방법이야? 하나님은 사실상 자신의 종들을 학대하시는 분 같아. 순종한 나는 이렇게 고통을 받는데, 악인들은 오히려 편안히 잘 살잖아. 하나님께 순종해 봐야 무슨 유익이 있어? 하나님이 나에게 지도자가 되는 꿈을 주셔서 난 그저 그것을 형들에게 이야기했을 뿐인데, 그게 뭐가 잘못이야? 구덩이에 빠지고 노예로 팔리고! 그래도 하나님께 순종하며 열심히 살아 왔는데, 그 대가가 고작 이거야? 이 지하감옥? 내가 순종할수록 내 삶은 더 최악의 상황으로 가는 것 같아. 하나님을 섬기는 건 정말 바보 같은 짓이야!'

요셉은 감옥에서 자유가 극히 제한되었지만, 여전히 자기에게 일어난 모든 일에 어떻게 반응할지 선택할 권리가 있었다. 그가 억울해하며 분개했는가? 부정적이며 냉소적이었는가? 하나님의 말씀을 경멸하고, 복수의 칼을 갈며, 그의 마음 문을 두드리는 증오를 받아들였는가? 아니면 그의 영혼에 밀려든 부정적인 생각과 감정에 끈질기게 저항했는가?

이 끔찍한 사건이 그를 통치자로 준비시키는 하나님의 방법이었다는 걸 생각이나 했을지 모르겠다. 요셉은 고난을 통해 순종을 배우고 있었다. 그의 순종의 근육들이 최대한 잡아당겨지고 있었다. 마치 315파운드짜리 역기를 들려고 벤치에 누워 있는데 마음속에 온통 '포기해!'라는 아우성이 울려 퍼지는 것 같았다. 그는 "계속해! 계속해! 계속해!"라는 천국의 외침을 들었을까, 아니면 인간의 논리에 귀 기울이고, 매서운 보복이라는 가장 쉬운 길을 택하며, 압력의 무게에 굴복했을까?

고난도 복이 되는 인생

요셉에게 가장 중요한 것은 그의 형들이었다. 그들이 아니었다면 요셉이 이런 끔찍한 곳에 올 이유가 없기 때문이다. 2년 동안 감옥에서 살면서, 만약 형들이 그를 배신하지 않았다면 상황이 얼마나 달라졌을까 하는 생각을 수도 없이 했을 것이다.

우리도 그와 같은 생각과 싸울 때가 얼마나 많은가? 알다시피 그런 생각들은 모두 '만약 ……라면'이 붙는다.

- 우리 사장님만 아니었으면 나는 해고되는 게 아니라 승진했을 거야.
- 전 남편만 아니었으면 이런 경제적인 어려움에 빠지지 않았을 거야.
- 직장에서 나를 비방했던 그 사람만 아니었으면 나는 실직하지 않았을 거고, 아파트 관리인한테 퇴거하라는 협박을 받지도 않았을 거야.
- 우리 부모님이 이혼하지 않았더라면, 내 인생도 평안했을 거야.

시련을 다른 사람 탓으로 돌리며, 당신을 반대하는 것처럼 보였던 그 사람만 없었다면 얼마나 더 잘됐을까 하는 상상을 하기는 쉽다. 하지만 아이러니한 사실은 그런 생각이 우리의 저항력을 약화시킬 뿐이며 궁극적으로는 우리에게 해롭다는 것이다. 진짜 위협적인 것은 우리의 불행한 환경이 아니라 고난 중에 살짝 들어오려고 하는 잘못된 신념과 생각들이다. 우리는 하나님의 주권적인 계획에 대한 믿음을 끝까지 지켜야 하며,

진짜 위협적인 것은 우리의 불행한 환경이 아니라 고난 중에 살짝 들어오려고 하는 잘못된 신념과 생각들이다. 우리는 하나님의 말씀과 반대되는 논리를 확고하게 물리쳐야 한다.

하나님의 말씀과 반대되는 논리에 대해서는 확고하게 물리쳐야 한다.

궁극적으로 이 진리가 우리의 마음속에 굳건히 심겨야 한다. 어떤 사람도, 또는 마귀도 우리를 하나님의 뜻에서 벗어나게 할 수 없다! 하나님만이 우리의 운명을 붙잡고 계신다. 요셉의 형들은 하나님이 그에게 주신 비전을 망가뜨리려고 열심히 노력했다. 그리고 자기들이 그 비전을 끝장냈다고 생각했다. 심지어 서로 이렇게 말했다. "자, 그를 죽여 한 구덩이에 던지고 …… 그의 꿈이 어떻게 되는지를 우리가 볼 것이니라"(창 37:20). 그들은 의도적으로 요셉을 파멸시키려 했다. 그것은 우연한 사건이 아니라 고의적인 것이었다!

하나님이 방심하고 계신 틈을 타서, 그들이 요셉을 노예로 팔았을 거라고 생각하는가? 하나님 아버지가 성자와 성령을 보시며 당혹스럽고 걱정되는 어투로 "이제 어떻게 하지? 요셉의 형들이 한 짓을 좀 봐! 그들이 요셉의 인생에 대한 우리의 계획을 망쳐 버렸어. 어서 다른 계획을 생각해 내야겠어. 대안이 있을까?"라고 말씀하시는 모습을 상상할 수 있겠는가?

위기 상황에 대한 많은 그리스도인의 반응을 보면, 천국에서 바로 이런 일이 일어나는 것만 같다. 성부 하나님이 예수님께 "예수야, 사라가 남편과 이혼을 했는데 남편이 위자료나 자녀 양육비를 주지 않아서 지금 그녀와 아이들은 수입이 없단다. 설상가상으로 경기도 매우 안 좋고, 그녀는 교육도 거의 받지 못했고 기술도 없다! 우리가 어떻게 해야 할까?" 참 터무니없게 들리지만, 우리가 종종 시련에 반응하는 모습을 보면 하나님을 이런 식으로 생각한다는 것을 알 수 있다.

받은 만큼 갚아 주는 것은 어떤가? 만일 요셉이 우리 중 많은 사람과 같았다면 무슨 일을 했을 것 같은가? 복수할 음모를 꾸몄을 것이다. 하나님의 말씀에 반대되는 생각으로 스스로 위안을 삼았을 것이다(롬 12:19 참조). '내가 이 감옥에서 나가면 그들이 한 일에 대한 대가를 치르게 할 거야. 제일 훌륭한 변호사를 선임해서 형들을 법정에 세우고 고소해 버릴 거야! 아니, 왜 쓸데없이 돈과 시간을 낭비해? 그냥 죽여 버리겠어. 형들이 나한테 했던 것처럼, 나도 그것을 우연한 사고처럼 위장할 거야.'

하지만 요셉이 정말 이렇게 생각했다면, 하나님은 그를 감옥에서 죽게 내버려 두실 수밖에 없었을 것이다. 왜 그런가? 그가 이런 계획을 실행에 옮겼다면 이스라엘 열두 부족 중 열 부족의 우두머리를 죽이는 것이기 때문이다! 여기에는 다윗 왕의 혈통과 가장 중요한 예수 그리스도의 혈통을 지닌 유다가 포함되어 있었다. 그날 밤 요셉한테 그렇게 악한 짓을 했던 사람들이 바로 이스라엘의 족장들이었다!

요셉은 하나님의 방법보다 높아지려고 하는 추론, 생각, 상상에 끈질기게 저항해야만 했다. 그는 하나님의 약속에 대한 믿음을 굳게 지켜야만 했다. 가장 중요한 믿음과 순종의 시험이 아직 남아 있었기 때문이다.

두 명의 새로운 죄수가 감옥에 들어왔다. 그들은 바로 왕의 술 맡은 관원장과 떡 굽는 관원장이었다. 이윽고 그들 각각 골치 아픈 꿈을 꾸게 되어 요셉에게 꿈 이야기를 했다. 요셉의 시험은 무엇이었는가? 10년이 넘는 세월 동안 자신의 삶 속에서 하나님의 신실하심의 증거를 전혀 보지 못했던 그가 과연 이 두 사람에게 하나님의 신실하심을 선포할 수 있었을까? 생각해 보라. 요셉은 형들이 자기를 섬길 거라는 꿈을 꾸었다. 그러나 당시 그 약속은 조금도 이루어지지 않았다. 만약 요셉이 오늘날 많은 사람 같았더라면, 그 두 사람에게 이렇게 말했을 것이다. "그러니까 두 분은 어젯밤에 꿈을 꾸셨군요. 네, 좋습니다. 저도 한때는 꿈을 꾸었죠. 저 좀 가만히 내버려 두세요."

만일 그랬다면 요셉은 감옥 안에서 매우 억울해하며 "하나님은 약속을 지키시지 않아"라고 불평하다가 죽었을 것이다. 그러나 요셉은 그렇게 하지 않았다. 그리고 2년 후에 술 맡은 관원장이 바로 왕에게 요셉이 꿈을 잘 해석한다고 말해 줌으로써 요셉이 감옥에서 나가 바로 왕의 꿈을 해석할 수 있게 되었다. 그 한 번의 사건으로 요셉은 깊은 지하감옥에서 나와 애굽 전역을 다스리는 총리가 되었다. 그리고 9년 후에 결국 오래 전 꿈에서 약속받은 대로 정확히 형들이 그에게 절하는 것을 보게 되었다.

요셉은 21년 동안 하나님의 약속이 성취되는 것을 보지 못했다. 하지만 그 약속이 이루어졌다. 하나님은 약속을 지키시는 신실하신 분이기 때문이다. 3년 안에 기도가 응답되지 않으면 포기해 버리는 사람들이 얼마나 많은가? 아니면 3개월? 3주? 하나님의 방법과 타이밍이 우리의 생각과 다르면 부당하게 하나님을 비난하는 경향이 있다. 하지만 그 꿈의 성취 과정을 중단시키는 것은 하나님이 아니라 우리다! 우리에게는 끈질긴 믿음과 순종이 필요하다. 그리고 우리에게 필요한 능력은 하나님의 은혜 안에서 얻을 수 있다. 그것은 우리 모두에게 거저 주시는 하나님의 선물이다. 우리는 단지 하나님에 대한 믿음을 굳건히 해야 한다. 우리가 포기하지 않으면 반드시 결실이 있을 것이다.

이스라엘 나라를 생각해 보자. 하나님은 모세를 보내어 그 민족을 애굽의 속박으로부터 구해서 약속의 땅으로 인도하게 하셨다. 하나님의 뜻은 그들이 애굽을 떠난 지 1년 후에 가나안에 들어가는 것이었다. 하지만 불신과 잘못된 생각들, 불평, 모세에 대한 원망 때문에 그들은 자신들의 운명을 이루지 못했다. 단 두 사람, 갈렙과 여호수아를 제외한 전 세대가 광야에서 죽게 되었다. 그들은 항상 하나님이 신실하시지 않다고 투덜댔지만, 사실은 그들이 하나님께 신실하지 못했던 것이다. 그들은 믿음과 순종을 끈질기게 지키지 못했기 때문에 자신들의 운명을 스스로 파괴했다.

요셉은 처음에는 고자질쟁이에 허풍쟁이였고 조금 거만하기까지 했다. 하지만 계속 그런 상태로 남아 있지 않았다. 그는 역경을 통해 순종했고, 결국 능력 있는 통치자가 되기 위해 필요한 성품을 개발했다. 그는 세상에서 두 번째로 힘 있는 사람이 되었다. 만일 그가 원망과 악의와 용서하지 않는 마음과 형제들을 향한 미움을 품고 있었다면 쉽게 보복할 수 있었을 것이다. 그의 형들은 전 세계적인 가뭄이 들자 양식을 구하러 애굽으로 왔다. 이때 요셉은 그들을 평생 감옥에 집어넣을 수도 있었고, 고문하고 심지어는 죽일 수도 있었다.

하지만 요셉은 그와 정반대로 행했다. 공짜로 곡식을 주었고, 그들의 가족들이 애굽의 가장 좋은 땅에 살게 해 주었다. 형제들은 나라에서 주는 가장 좋은 음식을 먹었다. 요컨대 자격이 없는 형들에게 애굽에서 가장 좋은 것을 내어 준 것이다. 요셉의 마음속에는 성숙한 성품이 형성되고, 강해지고, 자리를 잡았다. 이는 그리스도를 닮은 성품이었다. 자신을 저주한 형들을 축복하고 자신을 미워한 형들에게 좋은 일을 해 주었기 때문이다(마 5:44-45 참조).

이제 베드로의 권면이 어떤 결론에 이르는지 자세히 살펴보자. "너희는 믿음을 굳건하게 하여 그를 대적하라 이는 세상에 있는 너희 형제들도 동일한 고난을 당하는 줄을 앎이라 모든 은혜의 하나님 곧 그리스도 안에서 너희를 부르사 자기의 영원한 영광에 들어가게 하신 이가 잠깐 고난을 당한 너희를 친히 온전하게 하시며 굳건하게 하시며 강하게 하시며 터를 견고하게 하시리라"(벧전 5:9-10).

이것은 우리를 위한 네 가지 강력한 약속의 말씀이다. 각각의 단어에 대한 제임스 스트롱의 정의를 인용해 보겠다.

- 온전하게 하다 – "보수, 조정, 또는 수리를 통해 회복시키거나 완전케 하다"
- 굳건하게 하다 – "단단히 고정시키다, 특정 방향으로 단호하게 돌리다, 고정시키다, 확립하다, 확실하게 세우다"
- 강하게 하다 – "영적인 지식과 능력을 확실히 하거나 강화하다"
- 터를 견고하게 하다 – "기초를 놓다, 세우다"

각 단어들은 하나님이 요셉을 통치자로 준비시키시는 동안 요셉 안에서 행하신 일을 묘사한다. 요셉은 하나님의 놀라운 은혜로 강해지고 높임을 받아 운명의 자리에 이르게 되었다. 요셉은 형들을 축복하고 저주하지 않았다는 점에서 영적으로 강해졌다. 절망적으로 보이는 상황에서도 끈질기게 순종함으로써 부인할 수 없는 지혜와 용기와 성품이 만들어진 것이다.

앞장에서 우리는 하나님의 말씀을 붙잡고 입으로 말함으로써 원수와 직접 싸우는 것의 중요성을 살펴보았다. 하지만 말씀을 입으로 말하는 건 실제로 우리의 '가장 훌륭한' 무기는 아니다. 싸움을 위한 우리의 가장 강력한 무기는 하나님의 말씀에 굳건히 순종하는 것이다. 그것은 하나님의 진리를 생각하고, 말하고, 그대로 사는 것이다. 하나님은 예레미야 선

지자를 통해 이렇게 말씀하신다. "진리를 위해 용감하게 싸우는 자들이 어디 있느냐?"(렘 9:3 참조)

하나님은 우리 세대의 요셉들을 찾고 계신다. 하나님의 말씀을 끈질기게 순종하고 담대하게 입으로 선포하면 풍성한 열매를 거두게 될 것이다. 그 열매는 약속의 성취, 성숙한 인격, 더 큰 권위, 무너진 적군의 요새 같은 것이다. 우리의 영향력이 미치는 사람들은 우리의 견고한 믿음과 순종으로 인해 틀림없이 복을 받을 것이다.

하나님이 당신을 얼마나 위대한 삶으로 부르셨는가! 당신을 위한 하나님의 계획은 당신이 모태에서 형성되기 전부터 세워진 것이다. 하나님은 요셉처럼 당신도 위대한 사람이 되도록 부르셨다. 베드로는 결론 부분에서 그 모든 것을 이렇게 요약한다. "너희에게 간단히 써서 권하고 이것이 하나님의 참된 은혜임을 증언하노니 너희는 이 은혜에 굳게 서라"(벧전 5:12).

끈질기게 순종하는 힘은 하나님의 은혜 속에서 발견된다. 하나님의 은혜로 우리는 주 예수 그리스도의 완전한 영광을 위해 뛰어난 사람이 되어야 한다.

구하면 반드시 좋은 것을 주신다

내가 진실로 진실로 너희에게 이르노니
너희가 무엇이든지 아버지께 구하는 것을
내 이름으로 주시리라(요 16:23).

하나님과의 개인적인 상호작용을 언급하지 않으면, '끈질김'에 대한 우리의 논의는 완전하지 못할 것이다. 우리는 하나님께 어떻게 나아가고 간구해야 하는가? 소심한 마음과 움츠린 자세로 나아가야 하는가? '막연히 기대하는' 태도로 '큰일'을 위해서만 기도하고, 설령 응답을 받지 못하더라도 실망하지 말아야 하는가? 우리 기도가 몇 퍼센트 정도 응답되기를 기대해야 하는가?

이 질문들이 터무니없게 들릴 것이다. 하지만 20년 넘게 순회 사역을 하며 많은 지도자나 신자와 함께 기도해 온 나에게 이런 질문들은 사실상 그렇게 억지스러운 게 아니다.

나는 일상의 수많은 기도가 어떤 확신이나 열정 없이 드려지는 것을 보았다. 내가 참석했던 여러 기도 모임에서 우리가 중보 기도하는 동안 사람들은 주위를 두리번거리고, 성경을 읽거나, 예배 음악을 들었다. 나는 이런 그리스도인들이 모임에 그저 참석만 해도 하나님이 응답해 주시리라고 생각하는 건지, 아니면 단호하고 끈질긴 믿음으로 기도하고 모든 일에서 하나님을 의지하는 것을 오래 전에 포기한 것인지 종종 궁금해진다. 또 지도자들이 피상적이고 불분명한 기도를 하는 것을 듣고 마음 아팠던 적이 너무나 많았다.

그럴 때 나는 이런 생각이 들었다. '만일 그가 정치인을 찾아가 지금 하나님께 간구하는 식으로 말한다면, 그 정치인은 아마 이렇게 반응할 거야. 당신은 뭐 때문에 여기 온 것이오? 쓸데없이 내 시간만 빼앗고 있잖아!' 즉 이런 기독교 지도자들은 기도할 때 영적으로 그럴 듯한 단어들을 선택할 뿐, 사람들에게 희망을 북돋워 주지 않는다. 그것은 오늘날 많은 그리스도인에게 영적인 세계가 얼마나 비현실적인 것인지를 보여 주기에 매우 슬픈 사실이다.

담대하고 간절히 기도하라

우주의 하나님이 우리에게 "은혜의 보좌 앞에 담대히" 나아오라고 다정하게 초대하신다(히 4:16 참조). "담대하다"라는 건 확신 있고, 용감하고, 진취적이고, 강하고, 굳건하다는 것이다. 반대어로는 "소심하다, 주저하다, 수줍어하다" 등이 있다. 생각해 보라. 하나님께서 당신에게 필요한 것들을 주시려고 확신과 굳건한 마음으로 하나님께 나아오라고 초청하며 지시하신다. 이것이 하나님이 바라시는 것이다!

야고보는 "의인이 간절히 비는 기도는 큰 효력을 냅니다"(약 5:16, 새번역)라고 말한다. 여기서 "간절한"이라는 말은 '매우 강렬한 마음과 느낌과 열정을 품거나 나타낸다'라는 뜻이다. 사전에 나오는 동의어로는 "열정적인, 마음에서 우러난" 같은 것이 있다. 야고보는 간절한 기도가 효과적인 기도라고 말한다. 이에 반해 효과적이지 못한 기도는 활기가 없고, 열정이 없고, 진심이 담겨 있지 않은 기도다.

"간절히"라는 말을 들으면 "끈질긴"이라는 단어가 생각나는가? 그래야만 한다. 야고보는 위대한 선지자 엘리야의 이야기를 함으로써 자신의 요점을 강조한다. "엘리야는 우리와 같은 본성을 가진 사람이었지만, 비가 오지 않도록 해 달라고 간절히 기도하니, 삼 년 육 개월 동안이나 땅에 비가 내리지 않았으며, 다시 기도하니, 하늘이 비를 내리고, 땅은 그 열매를 맺었습니다"(약 5:17-18, NASB).

엘리야는 간절히, 끈질기게 기도했고 기적적인 결과를 체험했다. 여기서 "간절히"라는 단어는 '진심으로'와 같은 뜻이다. '의도와 목적 또는 노력이 진지하고 진심으로 열성적인'이라는 뜻이다.

엘리야는 비가 그치기를 기도하고 얼마 시간이 흐른 뒤에 다시 비가 내리게 해 달라고 기도하기 시작했다. 성경의 기록에 의하면 "엘리야가 갈멜 산 꼭대기로 올라가서 땅에 꿇어 엎드려 그의 얼굴을 무릎 사이에 넣"(왕상 18:42)었다고 한다.

NLT 성경에는 "땅에 엎드려 기도했다"라고 번역되어 있다. 나는 엘리야가 매우 열정적으로 하나님께 부르짖는 모습을 상상해 보았다. 엘리야는 무릎을 꿇고, 또는 앉은 자세로 무릎 사이에 얼굴을 묻은 채 앞뒤로 몸을 흔들흔들하며 이렇게 소리치지 않았을까? "아브라함과 이삭과 야곱의 하나님, 하나님이 저에게 다시 비가 내리기를 바라신다고 말씀하셨습니다. 그러니 구름과 비를 보내 주셔서 이 땅에 다시 열매가 맺히게 하옵소서! 하나님이 지체하지 않으시고 비를 내려 주셔서 주의 백성들이 다시 한 번 주의 선하심을 기뻐하게 해 주옵소서!" 엘리야는 담대하고 끈질기게, 진심어린 열정으로 간구했을 것이다. 그리고 나서 엘리야는 사환에게 이렇게 지시했다. "올라가 바다 쪽을 바라보라"(왕상 18:43).

예전에 이스라엘에 주기적으로 비가 내릴 때는 비구름이 지중해에서 서쪽으로 왔을 것이다. 엘리야는 사환에게 구름이 오는 방향을 바라보라고 명령한다. 우리가 진심으로 믿을 때 바로 이렇게 행동할 것이다. 엘리야의 사환은 돌아와서 이렇게 보고한다. "아무것도 없습니다."

우리 중 많은 사람이 바로 거기서 멈출 것이다. 그렇지 않은가? 우리는 이렇게 말했을 것이다. "그래, 내가 잘못 들었나 봐. 하나님은 악한 행동을 한 이스라엘 백성에게 계속 벌을 주기 원하시는 것 같아. 아합이 왕으로 있는 한 아마도 비를 못 보지 않을까." 우리는 믿음 안에 굳건히 서지 않고, 하나님께 간구하기를 멈춘 결과 하나님의 뜻을 이루지 못했을 것이다. 하지만 엘리야는 그렇게 하지 않았다.

엘리야는 하나님의 뜻이 반드시 이루어지리라는 것을 알고 있었다. 그는 다시 한 번 부르짖는다. 이번에는 자신의 기도를 들어 주시는 하나님께 믿음으로 감사드리며 담대하고 간절하게 기도한다. 그리고 사환을 두 번째로 갈멜 산 꼭대기로 보낸다.

행동이 따르지 않는 기도와 믿음은 종교적 행위와 시간 낭비에 불과하다. 간절히 기도한다는 것은 당신의 마음과 생각과 영혼과 몸이 응답을 받기 위해 단호하게 기도하고 그에 따라 행동하는 것이다. 당신이 하나님의 뜻 안에서 행한다는 확신이 있기 때문에, "노"(NO)라는 응답을 받아들이지 않는다. 당신은 상황과 환경은 얼마든지 바뀔 수 있고, 반드시 바뀌리라는 것을 안다.

하지만 엘리야의 사환은 똑같은 답을 가지고 돌아왔다.

"아무것도 없습니다."

대부분의 사람들은 첫 번째에 포기하진 않더라도 이 두 번째 보고를 듣고는 포기할 것이다. 하나님이 특별히 이 시점에 이 요구를 들어 주시지 않는 이유에 대해 좋은 신학적 이유를 찾아낼 것이다. 하지만 엘리야는 그렇게 하지 않았다! 그는 다시 한 번 하늘 보좌로 나아가고, 세 번째로 사환을 산으로 올려 보낸다. 이번에도 대답은 똑같다. 네 번째, 다섯 번째, 여섯 번째, 일곱 번째까지 똑같이 시도한다! 사환은 일곱 번째 산에 올라갔다온 후 이렇게 보고했다. "구름이 있어요. 사람 손바닥만큼 작은 구름이 바다에서 올라오고 있어요!"

물론 사람 손바닥만 한 구름은 엘리야가 기도하며 구했던 그런 비를 내려 줄 수 없었다. 하지만 엘리야가 간구를 멈추고 행동을 시작하기에는 충분한 것이었다. 그는 자기 기도가 응답되었다는 것을 알았다.

이르되 올라가 아합에게 말하기를 비에 막히지 아니하도록 마차를 갖추고 내려가소서 하라 하니라 조금 후에 구름과 바람이 일어나서 하늘이 캄캄해지며 큰 비가 내리는지라(왕상 18:44-45).

엘리야는 일곱 번 기도했고 일곱 번 사환을 보냈다. 엘리야는 끈질기게 요청했다. 그에게는 응답을 받겠다는 결심이 확고했다. 야고보가 효과적이고 간절한 기도에 대해 말할 때 언급한 것이 바로 이런 기도다. 엘리야의 기도는 믿음과 말과 인내심과 행동에 있어 간절한 기도였다.

엘리야가 본 작은 구름은 우리가 끈질긴 믿음으로 기도할 때 가질 수 있는 확신을 예시하는 것이다. 성령이 우리의 영과 더불어 증언하신다(롬 8:16 참조). 때로는 말씀이, 때로는 기쁨이, 때로는 우리가 하나님께 간구해 온 것이 이루어졌다는 마음의 깨달음이 우리의 작은 구름이다. 일단 우리의 작은 구름이 올라오는 것을 보면, 엘리야처럼 행동할 수 있다.

우리 부부가 넷째 아들의 출산을 기다리던 때가 기억난다. 이미 예정일이 5일이나 지났지만, 아내는 우리 아이들을 낳을 때 항상 예정일을 지나서 낳았던 전적이 있었다. 하지만 이번에는 뭔가 문제가 있다는 걸 알았다. 아기가 배 속에서 요동을 하기 시작했다. 아내가 의사에게 전화를 걸어 자신의 우려를 이야기했더니, 의사가 "내일 아침에 병원으로 오세요. 유도 분만을 하겠습니다"라고 말했다.

다음날 아침 의사가 아내의 양수를 터뜨리고, 아마 곧바로 진통이 시작될 거라고 알려 주었다. 의사는 자궁 수축을 촉진시키기 위해 우리에게 산책을 다녀오라고 했다. 아내와 나는 오전 내내 걸어 다녔으나 아무 진전이 없었다. 정오쯤 되자 피곤해진 아내는 병실로 돌아왔다.

리사는 "여보, 나가서 기도 좀 해 주세요. 곧 진통이 시작되지 않으면 의사들이 강도 높은 방법을 써서 아기가 나오게 할 거예요. 그런 일은 없었으면 좋겠어요"라고 말했다.

그 방법이란 피토센이라는 약물과 경막외마취제를 투여하는 것이었다. 아내는 첫 아이를 낳을 때 이런 절차를 거쳤는데, 그 결과 오랫동안 등의 통증으로 고생했다. 아내가 그것을 꺼리는 또 한 가지 이유가 더 있었다. 그렇게 하면 돈이 많이 들었다. 우리는 사역 초창기였기 때문에 의료 보험을 들지 않은 상태였다. 우리는 저소득 가정이었고 기본 출산 비용 외에는 감당할 돈이 없었다.

정오에 병원에서 나와 근처에서 한적한 곳을 찾았다. 하늘을 향해 마음껏 목소리를 높일 수 있는 그런 장소 말이다. 나는 간절히 기도했다. 45분 후에 병실로 돌아왔으나 아무 진전이 없었다. 아내와 함께 한 시간을 있다가 다시 나가서 두 번째로 기도했다. 하나님을 향한 나의 간청은 점점 더 간절해졌다. 오후 3-4시 무렵에 돌아왔으나 이번에도 아무 진전이 안 보였다.

우리는 또 한 시간을 함께 있었다. 여러 가지 이유로 아내의 근심은 계속 커져 갔지만, 가장 걱정되는 것은 아기의 안전이었다. 리사는 "여보, 가서 계속 기도해 주세요. 너무 걱정돼요"라고 말했다.

세 번째로 나는 한적한 기도 장소로 돌아갔다. 이번에는 더 열정적으로, 강력하게 기도했다. 나는 큰소리로 기도했다. 반드시 응답을 받겠다는 결심이 확고했다. 나는 아내의 얼굴에서 두려운 표정을 보았고, 아내를 안심시켜 주고 싶었다. 나는 하나님께 그분의 약속을 상기시켜 드린 뒤에 성령으로 뜨겁게 기도했다.

몇 분 후에 나는 마음속에서 뚜렷한 음성을 들었다. '네 아이는 오늘 태어날 것이다. 그리고 네 아내와 아기 둘 다 내일 건강하게 집으로 돌아갈 것이다.' 나에게 말씀을 주심으로써, 내 기도가 응답되었다는 것을 성령님이 내 영과 더불어 증거하셨다. 성령님이 나에게 "손바닥만 한 작은 구름"을 주신 것이다. 이제 나는 행동할 준비를 했다.

오후 5시에 병실로 돌아가 말했다. "넷째가 오늘 태어날 거고, 당신과 아기 둘 다 내일 건강한 몸으로 집에 돌아가게 될 거요." 아내는 안심했다. 하지만 시간이 지나도 아무 변화가 없자, 불안이 찾아왔다. 아직 진통이 시작되지도 않은 것이다. 오늘 태어나려면 시간이 별로 안 남았는데, 어떻게 아기가 그렇게 빨리 태어날 수 있을까? 하지만 나는 작은 구름을 보았다!

저녁이 되자 간호사들과 의사가 다음 조치를 논의하고 있었다. 아내는 나에게 거듭 물었다. "여보, 다시 나가서 기도해야 하는 것 아니에요?"

"아니, 그럴 필요 없어요. 자정 전에 아기가 태어날 테니까"라고 나는 대답했다.

한 시간, 한 시간이 지날 때마다 나는 그토록 뚜렷하게 들었던 말씀을 놓아 버리고 싶은 마음이 강렬해졌다. 하지만 하나님이 내 기도를 들으셨다는 걸 확신했기에 포기하지 않았다.

마침내 밤 11시가 조금 지나서 리사의 진통이 시작되었다. 아이는 밤 11시 51분에 태어났다. 아기가 나왔을 때 탯줄이 아기 목에 단단히 감겨 있었다. 아기의 머리가 몸과 다른 색깔을 띠고 있는 그 무서운 광경을 지금도 기억한다. 아기는 목이 졸려서 죽어가고 있었던 것이다. 의사가 급히 탯줄을 잘랐고 정밀한 관찰을 위해 아이를 데리고 나갔다.

다음날 우리는 오후 3시 30분에 병원 퇴원 수속을 했다. 리사와 아기는 오후 4시 30분에 집에 도착했다. 하나님께서 내게 속삭여 주신 말씀이 정확히 이루어진 것이다.

계속 구하라

우리는 대부분 "구하라 그러면 너희에게 주실 것이요 찾으라 그러면 찾아낼 것이요 문을 두드리라 그러면 너희에게 열릴 것이니"(눅 11:9)라는 예수님의 말씀을 잘 안다. 이 말씀을 AMP로 보면 더 많은 것이 보인다.

> 그러므로 내가 너희에게 이르노니 구하라 또 계속 구하라 그러면 너희에게 주실 것이요 또 계속 찾으라 그러면 찾아낼 것이요 문을 두드리고 또 계속 두드리라 그러면 너희에게 열릴 것이니 구하고 계속 구하는 이마다 받을 것이요 찾고 또 계속 찾는 이는 찾아낼 것이요 두드리고 계속 두드리는 이에게는 문이 열릴 것이니라(눅 11:9-10).

예수님이 우리에게 끈질기게 구하고, 찾고, 두드리라고 권면하시는 것을 알 수 있다. 왜 그럴까? 하나님이 듣기가 힘드신 걸까? 절대 그렇지 않다! 그것은 우리 믿음의 문제다. 나는 꼭 응답을 받겠다고 결심한 사람들과 단지 응답 받기를 바라는 사람들을 보았다. 여기에는 큰 차이가 있다. 어떤 사람이 결심을 했다면, 그는 집요하고 열정적이고 담대할 것이다. 빈손으로 돌아가는 것은 있을 수 없는 일이다. 반면에, 그가 단지 응답받기를 희망한다면 좀 더 쉽게 포기할 것이다. 당신이 진심으로 믿는다면, 응답이 오래 걸릴수록 더욱더 간절히 구할 것이다.

주님으로부터 직접 배우는 이 교훈을 생각해 보라.

> 예수께서 그들에게 항상 기도하고 낙심하지 말아야 할 것을 비유로 말씀하여 이르시되 어떤 도시에 하나님을 두려워하지 않고 사람을 무시하는 한 재판장이 있는데 그 도시에 한 과부가 있어 자주 그에게 가

서 내 원수에 대한 나의 원한을 풀어 주소서 하되 그가 얼마 동안 듣지 아니하다가 후에 속으로 생각하되 내가 하나님을 두려워하지 않고 사람을 무시하나 이 과부가 나를 번거롭게 하니 내가 그 원한을 풀어 주리라 그렇지 않으면 늘 와서 나를 괴롭게 하리라 하였느니라 주께서 또 이르시되 불의한 재판장이 말한 것을 들으라 하물며 하나님께서 그 밤낮 부르짖는 택하신 자들의 원한을 풀어 주지 아니하시겠느냐 그들에게 오래 참으시겠느냐 내가 너희에게 이르노니 속히 그 원한을 풀어 주시리라 그러나 인자가 올 때에 세상에서 믿음을 보겠느냐 하시니라(눅 18:1-8).

"낙심하지 말아야 할 것"이라는 예수님의 말씀에 주목하자. 하나님은 당신이 절대로 포기하지 않는 것을 원하신다. 이야기에 나오는 과부는 너무나 끈질기게 간청해서 불의한 재판관을 지치게 만들었다. 간단히 말해서, 그녀의 집요함이 재판관을 거의 미치게 만든 것이다. 불의한 재판관은 단지 과부에게서 벗어나려고 그녀의 원한을 풀어준다. 내가 놀란 것은 예수님이 우리가 하나님께 어떻게 간구해야 하는지를 말씀하시면서 이 예화를 사용하셨다는 것이다.

예수님은 "불의한 재판장이 말한 것을 들으라"라고 하셨다. 그러고는 밤낮 간구하며 부르짖는 하나님의 백성에 대해 말씀하신다. "[하나님이] 그들에게 오래 참으시겠느냐?" 하나님은 불의한 분이 아니다. 하나님은 우리를 위하시는 분이다. 그러므로 예수님의 이야기 속에 나오는 여자처럼 끈질기게 구하면 속히 우리의 기도를 들어 주실 것이다.

이 지점에서 분명히 짚고 넘어가야 할 것이 있다. 이 비유를 잘못 적용하면 밤낮 기계적인 기도를 반복하는 잘못을 범할 수 있다. 예수님은 사실상 이것에 대해 경고하신다. "기도할 때에 이방인과 같이 중언부언하지 말라 그들은 말을 많이 하여야 들으실 줄 생각하느니라"(마 6:7). 우리는 자주 생각 없이 기도를 암송하거나 반복해서는 안 된다. 우리가 하나님께 간구할 때 중요한 것은 끈질기고 간절하고 확신 있는 태도로 구하는 것이다.

> 하나님 앞에서 간구할 때 중요한 것은 끈질기고 간절하고 확신 있는 태도로 구하는 것이다.

열심히 찾고 두드리라

예수님은 우리에게 구할 뿐만 아니라 계속 찾고 두드리라고 하신다. 간절한 기도는 골방에서 말로 기도하는 것에 국한되는 게 아니라, 끝까지 열심히 찾고 두드리는 것도 포함된다. 즉 우리가 구한 것을 실행하는 것이다. 이것은 결과를 보는 데 있어서 매우 중요한 요소다.

나의 경험상, 기도의 이러한 특징과 관련하여 해 줄 이야기들이 굉장히 많다. 최근에 있었던 몇 가지 일만 이야기해 보겠다.

아내와 나에게 컨퍼런스에서 말씀을 전하기 전에 하와이 마우이 섬에서 단둘이 이틀 반을 보낼 기회가 생겼다. 꽤 오랫동안 둘이서 휴식을 취하며 원기를 충전하는 시간이 없었던 데다가, 장인어른이 얼마 전에 돌아가셨기 때문에 마침 쉴 시간이 필요했던 참이었다. 나는 이 특별한 둘만의 시간을 위해 열심히 계획을 세웠다.

출발일이 하루하루 다가오는데, 일기예보는 변함이 없었다. 폭우가 계속된단다! 나는 비가 오지 않게 해 달라고 열심히 기도했다. 비구름에게 그 지역을 피해 가도록 명령했고, 하늘의 천사들에게 내가 기도한 대로 해 달라고 말했다.

"비가 올 거야. 비가 올 거야"라고 아내는 계속 말했다. 그러면 나는 계속 "날씨가 끝내줄 거야. 모든 게 완벽할 거야"라고 맞받아쳤다.

저녁에 하와이에 도착하니 어둡고 침울한 날씨가 우리를 맞이했다. 일기예보는 여전히 비가 그치지 않을 거라고 했다. 마침 호텔에서 텔레비전으로 일기예보를 보게 됐다. 거대한 비구름이 몰려와 하와이 전역뿐만 아니라 태평양 주변의 넓은 지역을 덮어 버렸다는 것이다.

아침에 먹구름과 쏟아지는 비를 보려고 커튼을 젖혔다. 온통 빽빽한 먹구름들 사이에 빈틈을 찾을 수가 없었다. 예보가 정확히 맞았다. 하지만 나는 내가 기도한 내용과 반대되는 말을 하지 않았다. "아버지, 아름답고 화창한 날을 주셔서 감사합니다. 아내가 수영복을 입고 햇볕 아래 누워서 쉬는 모습을 보고 싶습니다"라고 소리쳤다.

이런 나의 유치한 행동을 보고 리사가 웃었다. 나는 아내와 함께 기도했다. 나는 정말이지 진지했다. 절대로 의지를 굽히지 않았다. 우리는 아침을 먹으러 갔다. 폭우 때문에 레스토랑 직원들이 야외 테라스에 있던 테이블을 호텔 복도로 들여 놓고 있었다.

우리가 주문한 음식이 나오자, 나는 비 내리는 어두운 하늘을 한 번 쳐다보고는 일부러 이렇게 기도했다. "하나님, 이 음식을 주셔서 감사합니다. 그리고 햇빛이 밝게 비치는 아름다운 날을 주셔서 감사합니다."

아내는 미소를 지으며 말했다. "여보, 확실히 응답받을 수 있는 걸 기도하지 그래요?" 우리는 둘 다 웃었다.

나는 "난 정말 진지해. 두고 봐. 오늘은 꼭 아름다운 날이 될 테니"라고 대답했다.

웨이터가 우리 테이블에 다가와 살피며 물었다.

"더 필요하신 것 있습니까?"

"네. 비 좀 그치게 해 주실래요?" 내가 대답했다.

우린 모두 웃었다. 하지만 우리가 아침식사를 마치기 전에 비가 멈추었고 먹구름이 사라졌다. 파란 하늘이 나타났고 태양이 밝게 빛났다. 마우이 섬에 있는 나머지 시간 동안 우리는 한 번도 비를 보지 못했고 심지어 햇빛을 가리는 구름도 없었다.

나중에 컨퍼런스를 위해 하와이의 다른 곳, 오아후 섬으로 갔다. 그곳에 도착해서 몇몇 현지인들의 말을 들으니, 우리가 마우이 섬에서 햇빛을 받는 동안 그곳엔 계속 비가 내렸다고 했다. 현지인들은 우리가 마우이에 있을 때 정말 날씨가 좋았다는 말에 깜짝 놀랐다.

나는 우리 놀라우신 하나님이 나의 끈질긴 간구에 응답해 주셔서 거대한 먹구름 속에 구멍을 만들어 주셨다고 믿는다.

내가 앞의 이야기를 나눈 것은, 하나님께서 '큰 기도제목'에만 관심을 가지신다는 잘못된 생각을 뿌리 뽑기 위해서다. 하나님은 참으로 우리 삶의 모든 부분을 보살펴 주신다. 그분은 우리의 아버지이시다! 하지만 이제는 훨씬 더 중요한 기도에 하나님이 응답해 주신 간증을 해 보겠다.

우리 부부는 우리의 책이 세계 교회를 위해 주신 하나님의 메시지라고 믿는다. 그 책들을 설명할 때 나는 종종 책에 내 이름이 쓰여 있는 이유는 단지 내가 그것을 처음 읽은 사람이기 때문이라고 말한다. 이렇듯 우리는 중요한 청지기직을 맡았다. 우리 부부는 이 메시지들을 전 세계 교회에 전하기 위해 기도할 책임이 있다.

이 책을 쓰고 있는 지금, 나의 책들이 60개 이상의 언어로 번역되었다. 우리는 이 책들을 폐쇄 국가나 개발도상국가의 목회자들과 지도자들에게 선물할 수 있게 되기를 오랫동안 간절히 기도해 왔다. 사실 우리는 판매되는 책보다 더 많이 기부하고 싶다.

지난 10년 동안 대략 25만 권의 책들을 중국, 이란, 파키스탄, 인도, 피지, 탄자니아, 르완다, 우간다와 기타 여러 나라의 지도자들에게 보냈다. 그러나 여전히 판매하는 책보다 더 많은 책을 기부한다는 우리의 목표에는 한참 미치지 못하고 있다.

2011년 초에 우리 리더십 팀이 모여 미래를 위한 전략을 짜는데, 우리가 2010년에 겨우 33,000권밖에 기부하지 못했다는 사실을 알게 됐다. 많은 논의 끝에 나는 이렇게 선언했다. "올해 우리는 25만 권의 책을 외국의 지도자들에게 보내는 것을 목표로 할 것입니다."

회의실은 조용해졌다. 한 팀원이 큰소리로 말했다. "목표를 좀 높게 잡으신 것 같은데요. 작년에 비해 너무 많은 양을 늘리신 거잖아요. 재무 파트너들에게 이 대규모의 봉사활동을 점진적으로 소개해야 합니다. 우리에겐 시간이 필요해요. 올해는 일단 10만 권으로 잡고 조금씩 더 늘려가면 어떨까요?"

"안 됩니다. 우리는 하나님을 믿고 이 세계의 궁핍한 목회자들과 교회들을 도와야 합니다. 25만 권은 과한 목표가 아닙니다"라고 내가 말했다. 논쟁이 과열되었다. 문제를 제기한 팀원은 내 목표가 너무 높다는 것에 대해 여러 이유들을 제시했다. 결국 그는 그것이 불합리한 목표라는 걸 명백하게 밝혀냈다. 그의 평가는 정확하고 논리적이었다. 하지만 그는 하나님의 은혜를 고려하지 않고 있었다.

나는 더욱 확고해졌다. "여러분, 이런 책들을 갖고 있는 선교회는 없습니다. 하나님이 우리에게 그 책들을 맡기신 거예요. 우리는 하나님을 믿고 이 일을 할 책임이 있습니다. 높은 곳을 바라보아야 합니다."

반대는 계속되었다. 내 목소리는 더 커지고 단호해졌다. "우리가 예수님의 심판대 앞에 섰을 때 그렇게 조금 구했던 이유를 해명해야 할 일이 없었으면 좋겠습니다. 그 심판대 앞에서 목회자들이 우리에게 '왜 하나님이 당신에게 맡기신 이 책들을 우리한테 주지 않았습니까?'라고 따져 묻는 일이 없었으면 좋겠습니다. 다른 목회자들은 이것에 대해 설명할 필요가 없을 겁니다. 오직 우리에게만 그 책임이 있습니다!"

분위기가 격해졌고 충돌이 있는 가운데 회의를 끝맺었다. 문제가 그렇게까지 확대되고 너무 강하게 말한 것에 대해 미안한 마음이 들었다. 우리 부서의 책임자들은 매우 진실하고 경건한 사람들이다. 단지 선교회의 유익을 위해 조심스럽게 행하려고 했을 뿐이다. 하지만 나는 절대로 주장을 굽힐 수 없었다. 세계의 개발도상국가에 있는 굶주린 목회자들과 궁핍한 교회를 돕는 것은 중요한 일이었다.

며칠 후 행정부장이 나에게 다가와 말했다. "존의 생각대로 하겠습니다. 당신이 기도하고 그렇게 믿으신다면, 우리는 100퍼센트 이 일에 동참하겠습니다. 함께 기도하며 열심히 그 목표를 향해 노력하겠습니다."

나는 다시 하나님을 찾았다. 그리고 여전히 25만 부를 목표로 삼아야 한다고 믿었다. 베트남, 라이베리아, 중국, 이란, 터키, 가나, 레바논, 미얀마, 그 외 여러 나라 지도자들에게 책들을 나눠 줄 기회의 문들이 이미 열려 있었다. 또한 우리는 더 많은 요청이 들어오리라는 것을 알고 있었다. 이 많은 책을 인쇄하고 전 세계로 배부하려면 약 60만 달러에서 70만 달러 정도가 들었다. 이것은 우리에게 거대한 액수였다. 하지만 하나님께는 그렇지 않았다.

2주 후에 우리 팀원들이 내가 묵고 있는 플로리다의 호텔 방으로 전화를 했다. 그들은 흥분된 목소리로 말했다. "존, 외국 지도자들을 위해 책을 인쇄하라고 30만 달러짜리 수표가 들어왔어요." 그 말을 들은 나는 호텔 발코니에서 기쁨의 함성을 질렀다.

알고 보니 우리 직원 중 한 명이 그 비전을 텍사스의 한 사업가에게 얘기했더니, 그가 수표를 써 주었던 것이다. 우리 선교회에서 지난 20년 동안 받은 가장 큰 개인 기부액은 5만 달러였다. 이것은 정말 기적이었다! 이 돈이면 거의 15만 부를 인쇄할 수 있었다. 그 전화통화는 축하행사로 바뀌었다. 우리는 모두 힘을 얻고 기쁨이 충만했다.

전화를 끊기 전에 내가 물었다. "이제 제가 2주 전 회의 때 왜 그렇게 강하고 단호하게 말했는지 이해하시겠습니까?"

회의 때 나의 가장 큰 도전자였던 행정부장이 웃으며 말했다. "당신이 '사탄아 내 뒤로 물러가라' 하고 말할 것 같았어요." 우리는 모두 웃었다.

그날 밤 늦게 리사가 말했다. "하나님은 우리가 가능한 일에 대해 하나님을 믿고 의지하기를 원치 않으셨어요. 불가능해 보이는 일에 대해 하나님을 믿고 의지하길 원하셨던 거예요. 만일 우리가 그 목표를 고수하지 않았다면, 30만 달러짜리 수표가 우리에게 들어오지 않았을 거예요." 나도 그녀의 말에 동의한다. 아내의 지혜가 정확했다.

2011년이 끝나가는 지금, 26만 권 이상의 책들이 41개국 지도자들의 손에 배부되었다. 동역자들의 후원과 기도와 노력이 없었다면 이 일은 불가능했을 것이다. 이 봉사활동의 간증들을 기록하면 책 몇 권이 나올 것이다.

이것은 우리 팀 전체의 믿음을 세워 준 큰 행사였다. 수많은 사람의 삶에 영향을 미치는 이 문이 열릴 때까지 우리는 끊임없이 구하고, 찾고, 두드려야만 했다. 하나님이 "우리 가운데서 역사하시는 능력대로 우리가 구하거나 생각하는 모든 것에 더 넘치도록 능히 하실 이"(엡 3:20)라는 것을 항상 기억해야 한다. 유한한 인간의 마음으로 하나님을 우리 생각과 믿음 속에 가둬둘 수 없다. 우리가 정말로 믿는다면 하나님의 영광이 나타나는 것을 볼 때까지 끈질기게 구하고 계속 두드려야 할 것이다.

하나님은 당신의 간구를 기다리신다

하나님나라가 영적인 영역에서 먼저 확고히 세워지기 전에는 자연적인 영역에서 진전을 보이지 않는다. 바울은 디모데에게 "믿음 안에서 힘을 다해 열심히 달려가십시오. 영원한 생명, 곧 부름 받은 그대가 수많은 증인들 앞에서 뜨겁게 껴안은, 그 생명을 붙잡으십시오"(딤전 6:12, 메시지)라고 말한다. 영원한 생명을 붙잡는다는 것은 예수님이 공급해 주시는 것을 꼭 붙잡는 것이고, 그것은 마음을 다하지 않고는 할 수 없는 일이다. 하나님은 자녀들의 확고한 각오를 보실 때 마음을 움직이신다.

"믿음이 없이는 하나님을 기쁘게 할 수 없습니다. 그러므로 하나님께 나아가는 사람은 하나님이 계신 것과 하나님은 그분을 간절히 찾는 사람들에게 상 주시는 분임을 믿어야 합니다"(우리말성경)라고 히브리서 11장 6절은 말한다. 하나님은 무심코 그분을 찾는 자들에게 상 주시는 것이 아니라, 간절히 찾는 자들에게 상을 주신다. 하나님은 진실하고 마음에서 우러난 끈질긴 열정에 끌리신다.

이와 같은 관점에서 하나님은 예레미야 선지자를 통해 말씀하신다.

여호와의 말씀이니라 너희를 향한 나의 생각을 내가 아나니 평안이요 재앙이 아니니라 너희에게 미래와 희망을 주는 것이니라 너희가 내게 부르짖으며 내게 와서 기도하면 내가 너희들의 기도를 들을 것이요 너희가 온 마음으로 나를 구하면 나를 찾을 것이요 나를 만나리라 이것은 여호와의 말씀이니라 나는 너희들을 만날 것이며(렘 29:11-14).

당신의 삶을 향한 하나님의 계획은 좋은 것뿐이다. 하지만 이 풍성한 공급을 받기 위해서는 열정적이고 끈질기게 간구해야 한다. 이것이 참된 믿음이다. 과부와 불의한 재판관 비유에서 예수님의 마지막 말씀을 기억하는가? "인자가 올 때에 세상에서 [그런 끈질긴] 믿음을 보겠느냐?" 예수님이 말씀하시는 그런 믿음은 끈질긴 요구로 재판관을 지치게 한 과부의 믿음이다.

그러므로 하나님께 나아갈 때는 수줍어하지 말라. 소심하게 당신의 요구를 웅얼거리지 말라. 담대하고, 강하고, 단호하고, 명확하게 말하라. 우리가 하나님께 집요하게 매달리는 것은 절박함 때문이 아니라 굳은 확신이 있기 때문이다.

당신은 무엇을 기다리는가? 당신 주변에는 당신의 기도를 필요로 하는 사람들이 많다. 하나님 앞에 담대히 나아가 그들을 위해 간구해야 한다. 그들에게 빛이 되라! 이제 끈질기게 하나님께 나아가라!

Part 4

끈질기게 완주하라,
영광의 상을 받으리라!

1

하나님의 비전을
함께 품으면 완주할 수 있다

너희도 상을 받도록 이와 같이 달음질하라(고전 9:24).

🏃 우리는 힘겨운 경주를 하고 있다. 고린도전서 9장 24절 말씀이 보여 주듯이, 그 경주는 개인적인 것이다. 그것은 당신의 경주이고 나의 경주다.

우리의 경쟁상대는 서로가 아니라 우리가 끝까지 잘 달리기를 원치 않는 세력들이다. 우리는 타락한 세상에 살고 있다. 그 세상은 필연적으로 우리를 반대한다. 그래서 우리는 싸우고 있다.

사도 바울이 "이와 같이"라고 말한 것에 주목하라. 우리는 어떻게 달려야 하는가? 끈질기게 달려야 한다. 히브리서 저자는 그것을 자세히 설명한다. "인내[와 지속적이고 적극적인 끈기]로써 우리 앞에 당한 경주를 하며"(히 12:1, AMP).

내 친구들 중에는 아마추어나 프로 운동선수들이 꽤 많다. 운동 선수들은 열심히 연습하고, 시련을 참아 내며, 힘든 훈련을 잘 견뎌 낸다. 바울은 "이기기를 다투는 자마다 모든 일에 절제하나니"(고전 9:25)라고 말한다. 운동 선수들이 이렇게 하는 이유는 무엇인가? 바울은 "상을 받기 위해서"라고 말한다.

축구 선수에게 상은 월드컵 경기에서 우승하는 것이다. 프로 골프 선수에게 상은 PGA 대회나 마스터즈 대회, 또는 다른 메이저 대회에서 우승하는 것이다. 하키 선수에게 상은 스탠리컵이고, 올림픽에 출전한 선수에게 상은 금메달이다. 상에 대한 비전은 그들에게 동기를 부여한다. 상을 받겠다는 비전이 확실한 사람들은 더 끈질기게 훈련하며 심한 역경을 참는다. 상을 받겠다는 비전이 없거나 동기 부여가 안 된 사람들보다 더 많이 노력하는 것이다.

어떤 축구 선수는 코뼈가 부러졌는데도 붕대를 감고 계속 경기하는 것을 보았다. 월드컵 우승에 대한 그의 비전이 극심한 고통보다 더 중요했던 것이다. 스포츠나 다른 분야에서 종종 이런 경우를 보았을 것이다. 비전은 중요한 동기 부여자 역할을 한다. 비전이 있는 사람들은 다른 사람들보다 뛰어난 능력을 발휘한다. 그들을 챔피언으로 만드는 것이 바로 비전이다. 확고하게 상만 바라보고 나아가는 사람들만이 그런 역경을 견뎌 내는 것이다.

하나님나라의 백성들이 매일 강력하고 파괴적인 사탄의 부대와 싸울 때, 우리가 과연 무엇을 위해 싸우는지를 알아야 한다. 끝까지 잘 싸우려는 동기가 무엇인가? 왜 우리가 끝까지 충성하는 것이 그토록 중요한가? 하나님의 백성으로서 우리의 개인적인 삶은 결국 어떻게 되는가? 하나님이 우리 앞에 두신 경주가 하나님나라의 큰 그림에서 중요한 이유가 무엇인가?

바울은 이 각 질문들에 대한 답이 운동선수들의 경우와 똑같다고 말한다. 우리는 상을 받기 위해 노력한다. "너희도 상을 받도록 이와 같이 달음질하라." 나중에 사도 요한은 비슷한 하나님의 명령을 기록했다.

> 여러분은 스스로 삼가서, 우리가 수고하여 맺은 열매를 잃지 말고, 충분히 포상을 받을 수 있도록 하십시오(요이 8절, 새번역).

솔로몬은 끝까지 강건하지 못했기 때문에 가장 높은 상을 받을 자격을 잃었다. 한결같이 목표만 바라보지 않았던 것이다.

출발을 잘하는 것은 중요하다. 하지만 하나님의 관점에서는 어떻게 끝내는지가 훨씬 더 중요하다. 잘 끝내서 상을 받으려면 끈기와 인내가 필요하며, 둘 다 동기 부여가 필요하다. 그러므로 여기서 매우 중요한 질문을 던지겠다. 우리는 무슨 상을 받기 위해 노력하고 있는가? 즉 우리가 잃어버리지 말아야 하는 상은 무엇인가?

하나님의 집을 짓는 삶

첫 번째 상은 우리 삶의 길이 하나님의 집을 건축하는 것과 관련이 있다는 사실을 중심으로 한다. 여기서 하나님의 집은 하나님이 영원히 거하실 집을 말하는 것이다.[1]

하나님은 직접 집을 짓고 계신다. 매우 영광스러운 커스텀홈(custom home: 개인 건축업자를 고용해 개개인이 취향에 맞게 짓는 주택−옮긴이주)을 짓고 계시는 것이다. 그곳은 하나님이 거하기 원하시는 집이며, 수천 년 동안 하나님의 계획의 중심이 되어 왔다. 또한 하나님은 그것에 대해 매우 열의가 있으시다!

우리 부부는 커스텀홈을 지을 수 있는 특권을 누려 보았다. 1980년대 말 플로리다 주 올랜도에 살 때 로버트라는 유명한 커스텀홈 건축가가 우리를 찾아왔다. "저는 당신들의 사역을 좋아합니다"라고 그가 말했다. 그리고 뒤이어 "당신들에게 커스텀홈을 지어 드리고 싶습니다"라고 말했다. 그 당시 우리는 작고 소박한 집에 살고 있었고, 그가 우리에게 너무 비싼 금액을 부를 거라고 생각했다. 하지만 우리가 머뭇거리자 로버트가 불쑥 말했다. "'하나님 가격'으로 해 드리겠습니다." 알고 보니 그는 그 집을 지어 주고 이윤을 한 푼도 남기지 않았다.

그 일이 있기 전에 리사와 나는 두 채의 집을 소유하고 있었다. 둘 다 작은 규격형 주택이었고, 우리는 그 집의 설계도나 청사진에 전혀 관여하지 않았었다. 따라서 우린 표준 평면도에 제한된 컬러와 재료들을 선택하는 데 익숙했다. 한 번도 중요한 결정들을 해 본 적이 없었던 것이다. 그래서 커스텀홈을 짓는 과정이 우리에게는 매우 낯설었다.

며칠 후 로버트가 우리 집에 와서 식탁에 함께 앉아 빈 종이를 펼쳐 놓고는 의욕적으로 "당신들의 꿈의 집을 그려 보세요"라고 말했다. 나는 그 순간을 절대로 잊지 못한다.

우리는 깜짝 놀랐다. 우리에게 그런 일이 일어날 거라고는 생각지도 못했기 때문이다. 아내는 곧 작업에 들어갔다. 아내는 마치 오랫동안 커스텀홈을 꿈꾸어 왔던 것처럼(실제로 그랬다!) 바로 그림을 그리기 시작했다. 나는 좀 더 천천히 그리면서, 나의 서재와 창고에 대한 제안을 했다. 나머지 거의 모든 부분에 대해선 리사가 제안했다. 그것은 매우 신나는 일이었다. 우리가 바라는 대로 우리의 새 집을 디자인할 수 있다는 사실을 알게 되니 흥미가 점점 더해졌다. 아무런 제한이 없었다.

커다란 종이 위에 대충 그려진 우리의 꿈은 건축가와 디자이너들에게 보내졌고, 며칠 후에 로버트가 우리에게 청사진을 보여 주었다. 굉장히 흥분되는 일이었다. 곧 땅을 파고 건물을 짓기 시작했다.

우리 부부는 모든 공사가 진행되는 동안 매일같이 현장에 갔다. 어떤 때는 하루에 두 번 간 적도 있었다. 너무나 기대되었고, 집이 지어지는 것을 보고 싶어 견딜 수가 없었다. 그 몇 달간이 몇 년처럼 느껴졌고, 며칠이 몇 주처럼 느껴졌다. 우리의 커스텀홈에 새로운 것이 더해지는 기쁨에, 궁극적으로는 그 집으로 들어갈 날에 대한 기대에 부풀어 있었기 때문이다. 우리가 빈 종이에 그렸던 꿈이 바로 눈앞에서 현실로 이루어지는 것을 보니 참으로 감개무량했다!

나는 그때 우리가 느꼈던 그 즐거운 기대감이 바로 하나님께서 그의 꿈의 집에 대해 느끼시는 감정이나 기대감과 매우 비슷할 거라고 생각한다. 하지만 하나님은 몇 개월이 아니라 훨씬 더 오랜 기간을 기다려 오셨다. 사실 하나님은 세상의 기초가 만들어졌을 때부터 그것이 완성될 날을 고대해 오셨다. 하나님은 아직도 건설 중인 그의 영원한 집을 "시온"이라고 부르신다.

"여호와께서 시온을 택하시고 자기 거처를 삼고자 하여 이르시기를 이는 내가 영원히 쉴 곳이라 내가 여기 거주할 것은 이를 원하였음이로다"(시 132:13-14).

하나님이 이 집을 원하신다는 사실에 주목하라. 그러니까 아내와 내가 우리의 새 집을 간절히 기대했던 것처럼 하나님도 그 집을 간절히 기대하신다는 것이다. 다른 성경 구절들도 시온이라는 그 집을 하나님이 굉장히 오랫동안 마음에 품고 계셨음을 말해 준다. "여호와께서 시온을 건설하시고"(시 102:16). "시온에 계신 여호와"(시 9:11). "온전히 아름다운 시온에서 하나님이 빛을 비추셨도다"(시 50:2).

우리는 집을 지을 때 기초부터 시작한다. 이사야의 말을 들어 보라. "보라 내가 한 돌을 시온에 두어 기초를 삼았노니 곧 시험한 돌이요 귀하고 견고한 기촛돌이라"(사 28:16). 기초가 되는 주춧돌은 무엇인가? 바로 하나님의 사랑하는 아들, 예수 그리스도이시다. 이사야의 말에 의하면, 예수님은 하나님의 영원한 집, 시온의 건축 재료의 일부분이시다. 사실 주춧돌이신 예수님은 가장 중요한 부분이다.

그리고 하나님의 말씀은 "너희도 산 돌 같이 신령한 집으로 세워지고"(벧전 2:5)라고 선언한다. 베드로가 말하는 집은 물론 시온이다. 예수님을 상징적으로 "한 돌"이라고 표현했고 우리도 마찬가지다. 우리는 "산 돌"이며, 예수님은 주

우리는 "산 돌"이며, 예수님은 주춧돌이시다. 그리스도인들은 예수님과 함께, 하나님이 영원히 거하실 집을 구성하는 건축 재료들이다.

춧돌이시다. 그리스도인들은 예수님과 함께 하나님이 영원히 거하실 집을 구성하는 건축 재료들이다.

> 하나님은 한 집을 짓고 계십니다. 하나님은 우리가 어떻게 이 믿음의 나라에 이르게 되었는지 따지지 않으시고 우리 모두를 사용하셔서, 그분이 짓고 계신 그 일에 우리를 참여시키십니다. 하나님은 사도들과 예언자들을 기초로 삼으셨습니다. 이제 벽돌을 차곡차곡 쌓듯이, 여러분을 그 기초 위에 끼워 넣으십시오. 그리스도 예수께서는 그 건물의 각 부분을 떠받치는 모퉁잇돌입니다. 우리는 날마다 그 집의 모양이 잡혀 가는 모습을 봅니다. 그 집은 하나님께서 세우시는 성전, 우리 모두가 벽돌처럼 쌓여 이루어지는 성전, 하나님이 머무시는 성전입니다(엡 2:19-22, 메시지).

우리는 집의 건축 재료일 뿐만 아니라, 또한 함께 일하는 동역자로 불린다(고전 3:9 참조). 더 현대적인 용어로 말하면 하청업자들일 것이다. 하청업자들은 누구인가? 배관공, 전기 기사, 석고보드 설치자, 지붕 이는 사람, 기와공, 벽돌공, 카페트 까는 사람 등이 있다. 이들은 집을 짓는 사람들이다. 로버트가 우리 집을 지을 때 그는 그 집에 못 하나도 박지 않았고, 벽돌 하나도 쌓지 않았고, 나무나 석고보드 한 조각도 자르지 않았다. 이런 일은 모두 하청업자들이 했다.

하청업자들이 집을 짓는 사람들이라면, 건축가는 무슨 일을 하는가? 세 가지로 대답할 수 있다. 첫째, 건축가는 집을 설계한다. 자신의 집을 직접 건축하시는 하나님은 먼 옛날에 기본 설계를 다 해 놓으셨다. 사도 바울은 "하나님께서는 땅의 기초를 놓으시기 오래 전부터 우리를 마음에 두셨다"(엡 1:4, 메시지)라고 말한다. 히브리서에서는 "세상을 창조할 때부터 그 일이 이루어졌느니라"(4:3)라고 말한다. 하나님의 집은 아담이 창조되기 전에 완전히 계획되어 있었다. 정말 놀랍지 않은가!

둘째, 건축가는 집을 짓는 데 사용될 재료들을 주문한다. 하나님이 우리를 주문하셨다는 사실이 기쁘지 않은가? 하나님이 "내가 너를 모태에 짓기 전에 너를 알았고 네가 배에서 나오기 전에 너를 성별하였고"(렘 1:5)라고 말씀하시는 이유가 이것이다. 바울은 하나님이 "창세 전에 그리스도 안에서 우리를 택하셨다"(엡 1:4)라고 말한다.

건축가의 세 번째 임무는 하청업자들의 작업 일정을 짜는 것이다. 이것은 매우 중요한 부분이다. 배관공보다 석고보드 설치자가 먼저 작업하면 곤란하다. 카페트 까는 사람이 지붕 이는 사람이나 페인트 칠하는 사람보다 먼저 오면 안 된다. 하청업자들의 작업 순서를 알맞게 정해 놓지 않으면 반드시 혼란이 일어난다.

현대의 집을 지을 때는 보통 '최고 하청업자'라는 것이 없지만 하나님의 집을 지을 때는 있다. 하나님의 커스텀홈을 짓는 최고 하청업자는 누구라고 생각하는가? 예수 그리스도이시다. 갈라디아서 4장 4절을 보면 "때가 차매 하나님이 그 아들을 보내사"라고 쓰여 있다. 건축가이신 하나님은 주춧돌이자 최고 하청업자인 예수님이 적절한 때에 시온을 건축하도록 계획해 놓으셨다.

최고 하청업자로서 예수님의 일에 대해 말하자면, 그분은 자신의 임무를 완벽하게 수행하셨다. 마지막 만찬 때 예수님은 아버지께 겸손하고 확신 있게 "아버지께서 내게 하라고 주신 일을 내가 이루어"(요 17:4)라고 말씀하실 수 있었다. 예수님은 시온을 건축하는 주요 하청업자로서 자신의 일을 잘 끝마치셨다.

그렇다면 우리는 어떤가? 하나님의 집을 건축하는 하청업자들로서 우리 역할에 대해 하나님의 말씀은 어떻게 말하고 있는가?

"우리는 그가 만드신 바라 그리스도 예수 안에서 선한 일을 위하여 지으심을 받은 자니 이 일은 하나님이 전에 예비하사 우리로 그 가운데서 행하게 하려 하심이니라"(엡 2:10). 우리가 그리스도 안에서 "선한 일을 위하여" 지으심을 받았다는 사실에 주목하라. 다른 말로 하면, 우리는 어떤 사람이 되기 위해 지음 받았을 뿐만 아니라 그리스도 안에서 어떤 일을 감당하기 위해 지음 받았다는 뜻이다.

최근 몇 년 동안 그리스도의 몸 안에서 이것에 대한 가르침이 균형을 잃었다. 우리는 그리스도 안에서 우리가 누구인지를 매우 강조해 왔다. 그것은 매우 중요하다. 그러나 그것만 강조하다 보니, 그리스도 안에서 우리가 무엇을 하기 위해 지음 받았는지를 도외시하게 되었다. 이 불균형이 두 가지 중요한 문제들을 만들어 냈다.

첫째, 그것은 매우 무기력한 교회를 만들어 냈다. 대부분의 신자들이 일주일에 한 번 교회에 가고, 종종 그것도 빼먹는 사람들이 허다하다. 우리는 직장에서 성공하고, 좋은 사회생활을 해 나가고, 최신 장비들을 구입하고, 집세를 내고, 자녀들을 키우고, 자녀 교육을 위해 저축을 하고, 은퇴 준비 자금을 모으는 일에만 몰두해 있다. 이 모든 일이 하나님께 받은 사명을 완수하는 것보다 더 큰 동기를 우리에게 부여했다. 우리가 마쳐야 할 영원한 '과업'이 있다는 사실조차 모르는 사람들이 너무 많다.

생각해 보자. 바울이 자신의 길을 몰랐다면 어떻게 "나의 달려갈 길을 마치고"(딤후 4:7)라고 말할 수 있었겠는가? 고등학교 때 국토 횡단(장거리) 달리기를 해보았다면, 모든 참가자가 달리기에 앞서 지도를 본다는 사실을 알 것이다. 계획된 코스를 모르고 장거리 달리기를 할 경우, 달리다가 쓰러져서 같은 팀 동료가 당신을 집으로 데리고 올 때까지 달리고 또 달릴 수 있다. 하지만 당신은 여전히 자기가 경주를 마쳤는지 모를 것이다. 정직하고 정확하게 경주를 마쳤다고 말하려면, 계획된 코스를 미리 알고 완주해야만 한다.

바울은 예수님처럼 "주께서 내게 완수하라고 주신 일을 제가 다 마쳤습니다"라고 말했다. 우리가 오로지 일상의 먹고 사는 일에만 신경을 쓴다면 어떻게 우리의 경주를 마칠 수 있겠는가? 하나님과 우리가 만나는 시간이 매주 주일에 드리는 짧은 예배 시간뿐이라면 어떻게 하나님이 우리에게 맡기신 일을 알 수 있겠는가? 매일 열심히 하나님을 찾지 않으면 어떻게 우리가 그분의 계획을 알 수 있겠는가?

우리가 '하는 것'(doing)보다 '되는 것'(being)을 더 강조함으로써 나타나는 두 번째 문제는 많은 그리스도인이 전임사역을 하는 자들만 진정한 부르심을 받은 자들이라고 오해하는 것이다. 이것은 거짓말이다! 모든 하나님의 자녀들은 남녀노소 불문하고 거룩한 부르심을 받았다. 그 부르심은 하나님의 커스텀홈을 건축하는 신실한 하청업자들이 되라는 것이다. 성경은 우리가 "그리스도 예수 안에서 선한 일을 위하여 지으심을 받은 자니 이 일은 하나님이 전에 예비하사 우리로 그 가운데서 행하게 하려 하심이라"(엡 2:10)라고 말한다.

> 정직하고 정확하게 경주를 마쳤다고 말하려면, 계획된 코스를 알고 완주해야만 한다. 오로지 일상의 먹고 사는 일에만 신경을 쓰고 살아간다면 어떻게 우리가 그분의 계획을 알 수 있겠는가?

하나님은 당신에게 그의 영원한 집 시온을 건축하는 하청업자 중 한 사람으로 섬길 특권을 주셨다. 그것은 벽돌과 몰탈, 또는 목재와 치장벽

토로 만든 집이 아니다. 손으로 지은 집이 아니라, 충성스러운 아들들과 딸들로 지어진 살아 있는 집이다. 오늘날 많은 하청업자처럼, 당신은 자기 삶의 소명이 하나님의 집에 대한 전체적인 설계에서 어떤 역할을 하는지 (아직) 보지 못할 수도 있다. 오직 뛰어난 건축가이신 하나님만이 그것을 보고 아시기 때문이다. 언젠가 하나님의 집이 다 지어지면 우리가 한 일이 온전히 이해가 될 것이다. 또 우리는 하나님과 함께 그곳에서 영원히 즐거워할 것이다.

로버트는 우리 집을 짓는 하청업자들의 일정을 짤 때 청사진과 설계도에서 각 사람에게 필요한 부분들을 나눠 주었다. 정확히 그들이 해야 할 일들을 제시해 주었다. 그는 전체적인 계획을 알았다. 그러나 하청업자들은 자신이 해야 할 부분만 알고 있었고, 자기에게 주어진 부분만 하면 되었다. 그들은 작업장에 와서 자기가 필요하다고 생각되는 일이나 좋아 보이는 일을 하지 않았다. 건축가가 미리 정해 놓은 계획을 따랐을 뿐이다.

하나님은 그리스도를 구세주로 믿는 모든 사람을 위한 최선의 길을 계획해 놓으셨다(엡 2:10 참조). 우리 집을 지은 하청업자들처럼 우리 각 사람은 하나님의 영원한 집을 짓는 과정에서 구체적이고 중요한 역할을 맡았다. 어떤 임무도 다른 것보다 더 중요하거나 덜 중요하지 않다. 하나님은 그분의 집이 정확히 계획한 대로 지어지기를 원하시며, 그러기 위해선 우리 각 사람이 맡은 부분을 잘해 내야 한다.

동기 점검하기

당신은 이제 성경에 우리가 종종 건축자들로 언급되는 이유를 더 잘 이해할 수 있을 것이다. 시편 기자는 "건축자가 버린 돌이 집 모퉁이의 머릿돌이 되었나니"(118:22)라고 말한다. 앞에서도 말했듯이 베드로는 모든 신자가 하나님의 집을 이루는 돌들이라고 말한다. 하지만 그 다음에 '우리가 누구인가'에서 '우리가 그리스도 안에서 무엇을 하도록 부름 받았는가'로 초점이 옮겨지면서 상징적으로 우리를 하나님의 집의 건축자들(또는 하청업자들)이라고 부른다. "너희도 산 돌 같이 신령한 집으로 세워지고 …… 그러므로 믿는 너희에게는 보배이나 믿지 아니하는 자에게는 건축자들이 버린 그 돌이 모퉁이의 머릿돌이 되고"(벧전 2:5, 7).

베드로의 말에서, 순종하는 자들은 신실한 자요 하나님의 집을 건축하는 참된 하청업자들이고 말씀(하나님의 계획과 설계도)에 순종하지 않는 자들은 최종 목표에 반대하는 자들임을 알 수 있다.

이를 염두에 두고, 과정과 상에 대한 사도 바울의 설명을 들어 보자.

> 각각 자기가 일한 대로 자기의 상을 받으리라 우리는 하나님의 동역자들이요 너희는 하나님의 밭이요 하나님의 집[시온]이니라 내게 주신 하나님의 은혜를 따라 내가 지혜로운 건축자[하청업자]와 같이 터를 닦아 두매 다른 이[다른 하청업자]가 그 위에 세우나 그러나 각각 어떻게 그 위에 세울까를 조심할지니라[우리는 모두 하청업자로 간주된다] 이 닦아 둔 것 외에 능히 다른 터를 닦아 둘 자가 없으니 이 터는 곧 예수 그리스도라(고전 3:8-11).

바울은 기초를 세웠다. 그의 서신들은 거의 2천 년 전에 쓰여졌는데, 오늘날에도 그리스도 안에서 우리가 어떻게 살아야 하는지 알려 주는 믿을 만한 근거로 사용되고 있다. 플로리다에서 우리 집을 처음 건축한 하청업자들은 터를 닦았다. 그들의 일이 끝나자, 다른 하청업자들이 와서 먼저 만들어 놓은 콘크리트 바닥 슬래브 위에 집을 지었다.

바울은 계속해서 이렇게 말한다. "만일 누구든지 금이나 은이나 보석이나 나무나 풀이나 짚으로 이 터 위에 세우면"(고전 3:12). 금, 은, 보석은 영원한 것을 나타내고, 나무, 풀, 짚은 현세적인 것을 뜻한다. 삶의 모든 순간에 우리는 선택을 해야 한다. 영원을 위해 집을 지을 수도 있고 현세를 위해 집을 지을 수도 있다.

우리의 동기가 돈을 버는 것, 인기를 얻는 것, 오로지 우리의 개인적인 이익을 위해 사람들을 돕는 것, 중요한 사람이 되기 위해 성공의 사다리를 오르는 것, 또는 다른 이기적인 목적이라면, 현세를 위해 집을 짓고 있는 것이다. 하지만 궁핍한 자들에게 하나님의 영원한 말씀과 하나님의 채워 주심을 전함으로써 하나님나라와 하나님의 집을 세우는 데 초점이 맞춰져 있으면, 우리는 영원을 위해 집을 짓는 것이다.

바울은 계속해서 "각 사람의 공적이 나타날 터인데 그날이 공적을 밝히리니 이는 불로 나타내고 그 불이 각 사람의 공적이 어떠한 것을 시험할 것임이라"라고 말한다. 불이 우리의 공적을 시험할 것이다. 하지만 그것은 또한 우리 공적의 배후에 있는 동기와 의도들도 시험할 것이다(고전 4:5 참조). 나무, 풀, 짚 아래 불을 두면 불이 그것들을 삼켜 버린다. 하지만 똑같은 불을 금, 은, 보석 아래 두면 그것들은 더 깨끗해지고 더 아름다워진다. 시험을 받고 정제되는 것이다. 이제 중요한 순간이 왔다. "만일 누구든지 그 위에 세운 공적이 그대로 있으면 상을 받고 누구든지 그 공적이 불타면 해를 받으리니 그러나 자신은 구원을 받되 불 가운데서 받은 것 같으리라"(고전 3:14-15).

건축자인 당신이 끝까지 잘 마치면 상을 받게 된다는 것에 주목하라!

하지만 당신이 하는 일이 하나님의 말씀에 어긋나면, 즉 동기가 이기적이거나 불순종하거나 교만하면, 당신의 공적은 불에 타 버릴 것이다. 그리스도를 믿는 사람으로서 당신은 천국에 들어갈 것이나 계속 노력해 온 일에 대한 상은 받지 못할 것이다. 우리 모두를 향한 강력한 경고의 말씀이다!

이 중요한 구절을 계속 살펴보면서, 바울이 한 개인에게 말하는 것이 아니라 전 교회를 향해 말한다는 것을 기억하라.

"너희는 너희가 하나님의 성전[커스텀홈]인 것과 하나님의 성령이 너희 안에 계시는 것을 알지 못하느냐 누구든지 하나님의 성전을 더럽히면 하나님이 그 사람을 멸하시리라 하나님의 성전은 거룩하니 너희도 그러하니라 아무도 자신을 속이지 마라"(고전 3:16-18).

다시 한 번 강한 경고의 말씀이 나온다! 이 말씀이 하나님의 집, 또는 그리스도의 신부인 교회를 학대하거나 잘못 인도하려고 하는 사람들 안에 거룩한 두려움을 일으켜야 한다. 하나님 집의 가장 작은 '벽돌'이나 우리가 '성도들 중에 가장 작은 자'라고 부르는 자라도 말이다.

끝까지 신실하게

바울은 "아무도 자신을 속이지 마라"(고전 3:18)라고 결론을 내린다. 불행하게도 어떤 그리스도인들은 이기주의의 꾐에 넘어가서 가던 방향을 바꾸었기 때문에 끝까지 잘 마치지 못했다. 그들은 하나님의 영광을 위해 하나님의 집을 짓다가 돌아서서는 시들해질 영광을 좇아갔다. 즉 금방 지나가 버리는 사람들의 칭찬이나 언젠가 불타 없어질 세상의 부를 추구한 것이다.

속지 말라! 초점을 유지하라. 당신은 그리스도 안에서 할 일이 있다. 당신의 일은 하나님이 처음에 계획하신 대로 끝마쳐야 한다. 그렇지 않으면 당신이 하기로 되어 있었던 일이 바뀔 것이다.

그러니 일을 맡은 목수가 그 기초 위에다 각자 신중하게 집을 짓게 하십시오. 기억하십시오! 이미 놓은 기초는 하나뿐입니다. 그 기초는 다름 아닌 예수 그리스도이십니다. 여러분은 각별히 신경 써서 건축 재료를 고르십시오. 그러다 보면, 마침내 준공 검사를 받을 날이 올 것입니다. 여러분이 값싸거나 부실한 재료를 쓴다면 다 드러나고 말 것입니다. 준공 검사는 철저하고 엄격하게 이루어질 것입니다. 어느 것 하나 대충 넘어가는 일이 없을 것입니다. 여러분이 지은 것이 검사를 통과하면 잘된 일입니다. 그러나 검사에 통과하지 못하면, 여러분이 지은 것을 뜯어내고 다시 시작해야 할 것입니다. 여러분은 뜯기지 않고 살아남겠지만, 간신히 살아남을 것입니다(고전 3:10-15, 메시지).

우리의 공적이 하나님의 검사 기준을 통과하지 못하면, 우리가 "지은 것을 뜯어내고 다시 시작해야" 한다. 자기가 한 일을 처음부터 다시 하고 싶은 사람은 아무도 없다. 특히 그것이 우주의 창조주이신 하나님을 위해 한 일이라면 더더욱 그럴 것이다!

우리 집을 지을 때 한 하청업자가 일을 제대로 못해서 마음고생을 한 적이 있었다. 그는 로버트가 준 설계도대로 자기가 할 일을 다 하지 않았다. 아내와 나는 매일 현장에 있었기 때문에 제일 먼저 그 문제를 알아차렸다. 나는 로버트에게 전화를 했고 공사 현장에서 만났다. 로버트는 그 하청업자에게 불같이 화를 냈다. 이 하청업자는 그의 정규 직원도 아니었기 때문에 로버트는 즉시 그를 해고했다. 그 사람은 자기 상을 잃었다. 그가 잃은 것은 월급만이 아니었다. 집 건축에 관여한 사람들 사이에서 신임을 잃었다.

나는 이 사람이 해 놓은 일을 로버트가 뜯어내는 것을 보았다. 그 다음에 그는 다른 하청업자를 고용했다. 그는 로버트가 설계도에 명시한 대로 정확히 일을 했다. 이 사람은 상을 받았다. 보수도 받았고, 자기가 아름다운 집을 짓는 데 긍정적으로 기여했다는 뿌듯함도 느꼈다.

성경은 이 원칙이 하나님의 집을 건축하는 데 더 잘 적용된다고 말한다. 한 계절(또는 평생) 동안 해 온 일이 계속 남아 있지 못할 사람들이 있을 것이다. 그것은 뜯겨지고 영원한 집의 한 부분이 되지도 못할 것이다.

이것의 심각성을 마음속에 그려 볼 수 있도록 도와주겠다. 나는 매일 건축 현장에 갔기 때문에 하청업자들과 꽤 친해졌다. 그들은 나를 "목사님"이라고 불렀다. 우리는 한참 동안 같이 수다를 떨었다. 그 사람들과 좋은 대화도 많이 나누었다. 때로는 훌륭한 전도의 기회가 되기도 했다. 하루는 하청업자들이 건축했던 멋진 집에 대해 함께 이야기를 나누었다. 자기들이 기여한 부분을 이야기할 때는 모두 신이 나서 얼굴빛이 환해졌다. 그런 영광스러운 일에 참여했다는 데서 오는 엄청난 자부심과 만족감을 느낄 수 있었다.

하나님의 집을 짓는 우리도 마찬가지다! 그러나 우리가 짓는 집은 몇백 년 후에 부수고 다시 지을 집이 아니다. 우리는 영원히 온 우주의 중심이 될 집을 건축하고 있다. 미가 선지자의 말을 들어 보자.

끝날에 이르러는 여호와의 전의 산이 산들의 꼭대기에 굳게 서며 작은 산들 위에 뛰어나고 민족들이 그리로 몰려갈 것이라 곧 많은 이방 사람들이 가며 이르기를 오라 우리가 여호와의 산에 올라가서 야곱의 하나님의 전에 이르자 그가 그의 도를 가지고 우리에게 가르치실 것이니라 우리가 그의 길로 행하리라 하리니 이는 율법이 시온에서부터 나올 것이요(미 4:1-2).

우주의 일이 이 집을 중심으로 돌아갈 것이다. 모든 피조물을 다스리는 지혜와 율법이 이 집의 리더십에서부터 흘러나올 것이다. 그리고 아마 가장 놀라운 사실은 이것일 것이다. 하나님의 집, 시온은 완공된 첫날만큼 앞으로 10조 년 후에도 똑같이 아름다울 것이다.

끝까지 충성을 다한 위대한 복음 사역자가 있었다. 그는 60년 넘게 능력 있는 사역을 했고, 세기가 바뀌어갈 무렵에 하늘 아버지께로 갔다. 그가 떠난 지 1년 정도 지난 후에 중서부 지방에 있는 큰 교회에 갔는데, 그곳의 예배 인도자가 하나님께서 자기에게 생생한 꿈을 보여 주셨다고 증언했다. 그 꿈 속에서 그는 천국에 있었는데, 끝까지 충성했던 이 위대한 사역자를 보았다고 했다.

그 사역자는 함박웃음을 지으며 예배 인도자에게 이렇게 말했다고 한다. "제가 상상했던 것보다 훨씬 더 좋습니다." 그들은 몇 분 동안 이야기를 나누었고, 그 다음에 사역자는 자기가 시온에서 이룬 업적을 가리켰다. 그것은 거대했다. 이 사람의 신실함이 세상에 있을 때 꿈꾸었던 것보다 훨씬 더 멀리, 더 넓게 영향을 미쳤고, 그것이 바로 그 앞에 놓여 있었던 것이다. 건설 하청업자들이 자기들이 건설에 참여했던 집들에 대해 내게 이야기했던 것처럼, 그는 자기의 업적을 보여 줄 수 있었다. 얼마나 큰 상인가!

당신의 후손들과 열방들과 하나님의 영광스러운 집을 보러 오는 수많은 사람에게 당신 역시 그 집의 건축에 기여한 부분을 보여 줄 수 있다는 것이 상상이 가는가?

이제 다른 면을 생각해 보자. 당신이 마무리를 잘하지 못했기 때문에 시온이라는 집에서 당신이 한 일을 보여 줄 수 없게 되는 것을 상상할 수 있겠는가? 당신의 조상들과 후손들과 열방이 당신이 한 일을 보러 왔는데, 당신이 한 일이 뜯겨졌고 다른 충성스러운 사람이 그 부분을 다시 만들었기 때문에 영원히 보여 줄 게 없는 것이다. 바울이 고린도전서 3장에서 말했듯이, 이것은 영원한 손실이다.

사랑하는 형제자매들이여, 당신이 그렇게 되지 않기를 바란다. 하나님은 그런 일이 당신에게 일어나기를 원치 않으신다. 그러나 안타깝게도 이런 일이 많은 신자에게 일어날 것이다. 하지만 지금 당신은 그런 사람이 되지 않겠다고 결심할 수 있다. 요한은 "여러분은 스스로 삼가서, 우리가 수고하여 맺은 열매를 잃지 말고, 충분히 포상을 받을 수 있도록 하십시오"(요이 8절, 새번역)라고 말했다.

하나님께서 그의 모든 자녀들이 하나님의 영원한 집의 건설에 참여한 것에 대해 충분히 포상을 받을 수 있는 길을 만들어 놓으셨다. 당신이 한 일은 사라지지 않고, 낡지도 않으며, 다시 할 필요도 없을 것이다. 그것은 수많은 천사와 성도들에게 영원히 칭송을 받을 것이다.

2

천국을 품으면
완주할 수 있다

너희는 스스로 삼가 우리가 일한 것을 잃지 말고
오직 온전한 상을 받으라(요이 8절).

역경은 필연이다. 적절한 자극은 우리가 가야 할 길을 꿋꿋하게 달릴 수 있게 해 준다. 동기가 부족한 다른 사람들이 흔들리거나 그만둘 때조차 혼자서 달리는 것이다. 끝까지 잘 달리려면 동기 부여가 매우 중요하다.

우리가 받을 첫 번째 상은 하나님의 커스텀홈을 짓는 데 당신이 기여했다는 것을 영원히 간증하고, 또 당신이 한 일이 하나님께 "잘했다"라는 칭찬을 받는 것이다. 두 번째 상은 좀 더 명확하다. 우리가 영원히 예수님과 친밀한 관계를 맺게 된다는 것이다.

주님과 가까워지는 복

몇 년 동안 전 세계를 다니며 신자들과 이야기를 나누다 보니, 많은 그리스도인이 하나님께서 모든 사람에게 똑같이 상을 주실 것이며 우리 모두 새 하늘과 새 땅에서 똑같은 권위와 책임과 명예를 갖게 될 거라고 생각한다는 걸 알게 되었다. 그런 잘못된 생각으로 인해 그들은 이 진리를 깨닫지 못한다. 즉 하나님의 구속은 모두에게 똑같이 주어지며 우리의 행함이나 공적에 근거한 것이 아니지만, 하나님의 상급은 우리가 어떻게 순종하고 인내하고 그의 말씀을 잘 지켰는지에 따라 주어지는 것이다.

끝까지 잘 마친 데 대한 가장 큰 상은 영원히 예수님과 친밀한 관계를 맺게 되는 것이다. 그것은 앞장에서 살펴보았던 것보다 훨씬 더 큰 상이다. 우리가 사랑하고 흠모하는 분과 친밀하게 지내는 것보다 더 아름다운 것이 있을까. 성경은 이에 대한 결정적인 근거를 제시한다. 그 중 하나가 이기는 자들은 "어린 양이 어디로 인도하든지 따라가는"(계 14:4) 특권을 누리게 된다는 것이다.

또한 이 진리는 복음서에서도 명확히 볼 수 있다. 예수님의 지상 사역이 끝나갈 무렵, 두 제자의 어머니가 다가와 간청했다. "제 두 아들에게 주님 나라에서 최고 영광의 자리를 주십시오. 하나는 주님 오른편에, 하나는 주님 왼편에 두시겠다고 약속해 주십시오"(마 20:21, 메시지).

물론 가장 높은 영광의 자리는 하나님 아버지 옆에 앉아 계신 예수님의 오른편일 것이다. 그보다 더 좋은 자리가 있을까! 성경은 스랍이라는 훌륭한 천사들이 하나님의 보좌에 매우 가까이 있음을 보여 준다(사 6:1-6 참조). 그들은 줄곧 서로 이렇게 외친다. "거룩하다, 거룩하다, 거룩하다, 만군의 여호와여!"

그리스도인들은 그들의 말을 따라 찬송가를 부른다. 하지만 그들이 노래를 부르는 것은 하나님을 기분 좋게 해 드리기 위함이 아니다. 그들은 그저 보이는 것에 반응하고 있을 뿐이다! 하나님의 위대함의 새로운 면이 나타날 때마다 그들이 할 수 있는 것은 "거룩하다!"라고 외치는 것뿐이다. 사실 그들의 외침이 얼마나 열정적인지, 하늘의 수많은 천사와 성도들이 앉아 있는 강당의 문기둥이 그들의 목소리에 흔들릴 정도다.

이 훌륭한 천사들은 오랫동안 한 자리에 머물러 있는 것에 대해 불평하지 않는다. 마음속으로 몰래 이렇게 생각하지 않는다. '우리는 10조 년이나 이 일을 해 왔어. 조금씩 지루해지고 있어. 하나님이 다른 사람을 데려와 우리 자리에 앉히시면, 우리가 좀 쉬면서 하늘나라나 우주의 다른 곳도 좀 구경하고 다닐 수 있을 텐데.'

절대로 그렇지 않다! 하늘나라의 천사들은 다른 곳에 있기를 원치 않는다. 온 우주에서 하나님의 옆 자리보다 더 좋은 자리는 없다. 하나님의 위대하심을 보고, 하나님의 지혜를 들을 수 있는 자리가 바로 그곳이다. 간단히 말해서, 모든 피조물 가운데 창조주보다 더 아름다운 존재는 없다. 하나님의 눈에 보이지 않는 것은 없다는 사실을 명심해야 한다. 따라서 우리가 하나님 옆에 있으면 하나님의 시각에서 모든 것을 보게 된다.

나는 천국에 갔다 온 한 사역자를 안다. 그는 천국에 있는 동안 하나님 보좌에 가까이 가고 싶은, 채울 수 없는 열망을 느꼈다고 했다. 즉 천국에 있는 모든 이가 하나님께 최대한 가까이 가고 싶어 했다고 한다. 그 친구는 천국은 자기가 상상했던 것보다 훨씬 더 아름다운 곳이라고 말했다. 하지만 천국에 있는 그 무엇도 하나님만큼 마음을 끄는 것이 없었다고 했다.

야고보와 요한의 어머니가 드린 간청을 다시 살펴보자. 예수님은 "영광의 자리를 주는 것은, 내 소관이 아니다. 내 아버지께서 하시는 일이다"(마 20:23, 메시지)라고 대답하셨다. 이제 우리는 이렇게 물어야 한다. 정말 천국에서 영광의 자리를 상으로 수여받게 될까? 아니면 예수님이 이런 식으로 말씀하신 걸까? "영광의 자리는 생각하지 말라. 왜 나와 내 아버지에게 누가 더 가까이 있게 될지를 생각하느냐? 너와 네 아들들은 그저 하나님을 위해 살아야 한다. 언젠가 하나님이 모든 그리스도인에게 똑같이 영광의 자리를 주실 것이다. 그것은 너희가 한 일이 아니라 내가 한 일로 인해 주어지는 것이니, 네가 신경 쓸 일이 아니다."

이 질문에 답하기 위해 내세에 관한 또 다른 질문을 살펴봐야겠다. 어느 날 사두개인들이 예수님을 찾아왔다. 그들은 자기들이 신학적으로 예수님을 궁지에 몰아넣을 수 있는지 시험해 보고 싶었다. 사두개인들은 이야기를 시작했다. 일곱 명의 형제가 있었다. 제일 큰아들이 한 여자와 결혼을 했는데 자식이 없이 죽었다. 둘째 아들이 그녀와 결혼을 했으나 그 또한 자식 없이 죽었다. 그렇게 차례대로 계속되어, 결국 일곱 형제 모두 그녀를 아내로 삼았다. 사두개인들은 물었다. "그러면 나중에 부활했을 때 그녀는 누구의 아내가 되겠습니까?"

예수님의 반응은 제자들의 어머니에게 대답해 주셨을 때와 또 달랐다. 예수님은 "결혼은 이 세상 사람들을 위한 것이다"라고 말씀하셨다.

"저 세상과 및 죽은 자 가운데서 부활함을 얻기에 합당히 여김을 받은 자들은 장가 가고 시집 가는 일이 없으며 그들은 다시 죽을 수도 없나니 이는 천사와 동등이요 부활의 자녀로서 하나님의 자녀임이라"(눅 20:35-36).

그렇게 예수님은 사두개인들의 잘못된 생각을 바로잡아 주시고, 천국에서 결혼이 어떻게 여겨지는지를 정확히 말씀해 주셨다. 하지만 야고보와 요한의 어머니에게는, 그녀가 질문한 내용을 정확하게 바로잡아 주지 않으셨다. 사실 예수님은 천국에 더 큰 영광의 자리들이 있을 것이며, 그곳에 있는 자들은 하나님과 가장 가까이 있게 될 거라고 말씀하셨다. 이 자리들은 심판날에 하나님 아버지가 상으로 주시는 것이다. 다른 성경 말씀도 그 영광의 자리가 경주를 잘 끝마친 자들에게, 즉 끈질긴 신자들에게 수여되리라는 것을 보여 준다.

당신의 우상을 버리라

이 진리는 또한 에스겔서에서도 볼 수 있다. 여기서는 비록 구약의 제사장들이 언급되지만, 에스겔은 예언자의 통찰력으로 영원한 하나님의 집, 위대한 시온 성전에서 펼쳐질 삶을 예시한다.

하나님은 에스겔 선지자를 통해 레위인들, 즉 구약의 제사장들에 대해 말씀하신다. 이것이 우리와 무슨 관련이 있는가? 사도 요한은 이렇게 말한다. "우리를 사랑하사 그의 피로 우리 죄에서 우리를 해방하시고 그의 아버지 하나님을 위하여 우리를 나라와 **제사장**으로 삼으신 그에게 영광과 능력이 세세토록 있기를 원하노라 아멘"(계 1:5-6).

성령으로 거듭난 그리스도인들은 이제 영원히 하나님 앞에 제사장들이다. 하나님의 말씀을 들어 보자. "이스라엘 족속이 그릇 행하여 나를 떠날 때에 레위 사람도 그릇 행하여 그 우상을 따라 나를 멀리 떠났으니 그 죄악을 담당하리라 그러나 그들이 내 성소에서 수종 들어 성전 문을 맡을 것이며 성전에서 수종 들어 백성의 번제의 희생물과 다른 희생물을 잡아 백성 앞에 서서 수종 들게 되리라"(겔 44:10-11).

여기서 "우상"은 이스라엘의 우상숭배를 뜻하는 것이다. 우리 사회의 우상숭배가 그 시대의 우상숭배와 늘 같은 형태로 나타나지는 않지만, 하나님 보시기에 가증한 것은 마찬가지다. "땅에 속한 지체들을 죽이십시오. 그것들은 음행과 더러운 것과 정욕과 악한 욕망과 탐심입니다. 탐심은 우상숭배입니다"(골 3:5, 우리말성경).

우리가 이 세상의 매력적인 것에 강한 욕망을 느낄 때 우상숭배가 시작된다. 오늘날 서구 문화에서 우상숭배는 승진, 돈, 재물, 지위, 인기, 쾌락, 명예, 그밖에 질투나 이기적인 욕망의 표현들을 우선시하고 추구하는 것이다. 우상은 우리가 하나님보다 더 사랑하고 갈망하는 것을 말한다. 우리의 힘을 쏟거나 또는 우리가 힘을 얻는 대상이나 사람이 우상이다.

우상숭배는 삶의 모든 분야에서 나타날 수 있다. 먹는 것처럼 기본적인 것에서도 나타난다. 먹는 것에 욕심을 내는 그리스도인들이 굉장히 많다. 그들은 영양가와 상관없이 슬플 때 먹고, 기쁠 때 먹고, 맛있으면 먹는다. 순간적인 미각의 즐거움을 위해 몸에 안 좋은 정크푸드를 먹는다. 자동차에는 결코 폐유나 더러운 가스를 넣지 않으면서, 먹는 음식의 질과 양에 대해서는 이성을 버렸다. 그들은 음식을 우상으로 삼았다. 일시적인 미각의 만족과 포만감에서 힘을 얻기 때문에 그 감각에 힘을 쏟는 것이다.

또한 우상숭배는 유명해지고 싶은 개인의 욕망에서도 발견된다. 교회에서, 직장에서, 또는 사회에서 '명예로운' 지위를 얻기 위해서라면 뭐든지 하는 사람들이 있다. 사람들에게 인정받고 지위와 권위를 얻기 위해 다른 사람을 험담하고, 비방하고, 속이고, 거짓말하고, 양심을 버리기도 한다. 그런 공정치 못한 행동을 하지는 않더라도, 높은 지위에 오르는 것이 신이 되어 버렸다. 인기, 지위, 명성에서 힘을 얻으며, 그 결과 그것에 힘을 쏟는다.

우상은 당신에게서 끈질긴 신실함을 빼앗아갈 것이다. 믿음으로 끝까지 달음질하기 위해 필요한 힘을 빼앗아갈 것이다. 앞의 에스겔서 말씀에서, 하나님은 영원한 만족을 줄 수 없는 일들 때문에 하나님을 따르는 일을 그만둔 신자들에 대해 말씀하신다. 그 우상들은 잠깐의 기쁨을 우리에게 줄지 모르지만, 장기적으로는 결코 만족을 주지 못한다. 하나님은 우상숭배자들이 잘못한 모든 일에 대해 값을 치를 것이라고 말씀하신다. 그들은 자기의 상이 타 버린 것을 봄으로써 값을 치를 것이다. 구원은 받겠지만 간신히 받을 것이다. 하나님의 집에서 살게 되겠지만, 종으로서 천한 일을 하고 집안의 허드렛일들을 도우며 살 것이다.

> 우상은 당신에게서 끈질긴 신실함을 빼앗아간다. 믿음으로 끝까지 달음질하기 위해 필요한 힘을 빼앗아간다.

하나님은 지금 우리에게도 똑같이 말씀하신다는 것을 명심해야 한다. 하나님이 우리를 위해 예비해 두신 모든 부를 우리가 누리지 못하는 것은 하나님이 원하시는 바가 아니다. 하늘나라는 우리가 상상할 수 있는 것보다 훨씬 더 좋을 것이다. 땅에 있는 그 무엇도 하늘나라의 광채에 비할 것이 없다. 하지만 천국에는 지위가 있을 것이다. 즉 더 명예로운 자리와 그보다 못한 자리가 있을 것이다. 하나님의 집에서는 어떤 지위도 이 땅의 모든 지위보다 훨씬 더 좋다. 다윗도 "악인의 장막에 [편안하게] 사는 것보다 내 하나님의 성전 문지기로 있는 것이 좋사오니"(시 84:10)라고 단언하기 때문이다. 메시지 성경에서는 이 구절을 아름답게 표현한다.

주의 집에서, 이 아름다운 예배당에서 보내는 하루가 그리스 섬의 해안에서 보내는 천 날보다 좋습니다. 죄의 궁전에서 귀한 손님 대접을 받느니 내 하나님의 집에서 바닥을 닦겠습니다.

다윗은 "다른 어느 곳에 있는 것보다 하나님의 집에서 종으로 있는 것이 더 좋습니다"라고 말한다. 온 우주에 하나님이 거하시는 처소보다 더 사모할 만한 곳은 없다. 시온의 어떤 자리도 다른 것, 또는 다른 곳보다 훨씬 더 좋다.

하지만 여기서 하나님이 말씀하시는 요점을 놓치면 안 된다. 하나님은 우리를 너무도 사랑하시기 때문에, 우리가 최선에 미치지 못할 때 경험할 수 있는 슬픔을 미리 알려 주신다. 즉 영원히 하나님과 더 가까워지고 친밀하게 지내는 상을 받지 못하는 것이다.

성도가 심판을 받을 때 눈물을 흘릴 것이나, 반드시 하나님이 "모든 눈물을 그 눈에서 닦아 주실"(계 21:4) 것이다. 그러나 우리가 짧은 인생을 남용했다는 사실, 그래서 그것이 영원한 우리의 지위를 결정했다는 사실은 변함이 없을 것이다. 우리가 영원히 지속되지 않을 것을 추구함으로써 잃어버린 것이 무엇인지 항상 알 것이다. 이것이 앞장에서 길게 이야기한 영원한 손실이다(고전 3:12-15 참조).

한편, 계속해서 하나님의 말씀을 들어 보자. "이스라엘 족속이 그릇 행하여 나를 떠날 때에 사독의 자손 레위 사람 제사장들은 내 성소의 직분을 지켰은즉 그들은 내게 가까이 나아와 수종을 들되"(겔 44:15).

이 구절에서 하나님은 구체적으로 구약의 제사장들을 언급하고 계시지만, 이것은 "장래 일의 그림자"(골 2:17)이며 "그들에게 일어난 이런 일은 본보기가 된다"(고전 10:11)라고 했다. 많은 경우에 구약의 사건들은 장차 일어날 일들의 유형, 그림자, 실례가 된다. "수종을 든다"라는 말에 주목하라. 바울이 원했던 것처럼 집에서 바닥을 닦으며 종노릇 하는 것과 하나님을 섬기는 것은 완전히 다른 것이다!

하나님과 가까운 곳에 머무는 특권이 어떨지 상상할 수 있겠는가? 끈질긴 신자들, 즉 자신의 일을 잘하고 끝까지 참고 잘 달려온 신자들은 장차 하나님과 가까이 있게 될 것이다. 그들은 영광의 처소에 앉은 자들이 될 것이다. 하나님은 에스겔 44장 28절에서 "그들에게는 기업이 있으리니 내가 곧 그 기업이라"라고 말씀하신다.

이보다 더 큰 상이 있을까? 하나님과 가까이 있게 될 사람들, 하나님의 생각과 비전과 통찰들을 가까이서 듣게 될 사람들은 바로 부지런하고 충성스럽게 견디는 자들이다. 그들은 영원히 하나님과 함께 앉아 다스릴 것이다. 직접 하나님을 섬길 것이다. 얼마나 놀라운 약속인가!

바울의 권면을 다시 들어 보자.

경기에 나서는 사람은 모든 일에 절제를 합니다. 그런데 그들은 썩어 없어질 월계관을 얻으려고 절제를 하는 것이지만, 우리는 썩지 않을 월계관을 얻으려고 하는 것입니다. 그러므로 나는 목표 없이 달리듯이 달리기를 하는 것이 아닙니다(고전 9:25-26, 새번역).

프로 운동 선수들은 슈퍼볼 트로피, 마스터스 대회의 그린 자켓, 스탠리컵, 올림픽 금메달을 얻기 위해 철저히 훈련하며 끈기 있게 노력한다. 그러나 우리가 달려가는 목표에 비하면 이런 것들은 아무것도 아니다! 성경에서 "인내로써 우리 앞에 당한 경주를 하라"(히 12:1)라고 권면하는 이유도 이 때문이다. 메시지 성경에서는 다음과 같이 결론을 맺는다. "여러분도 상을 받을 수 있도록 달려가십시오"(고전 9:24).

이제 스스로 이렇게 질문해 보자. 나를 기다리고 있는 상에 대해 알게 되니, 이 말씀이 더욱 의미 있게 다가오는가?

3

마지막 순간까지
집중하라

포기하지 마라. 굴복하지 마라.
마지막에 가면 그 가치를 알게 될 것이다(마 10:22, 메시지).

🏃 아무도 당신에게 포기하라고 강요할 수 없다. 그 결정을 할 수 있
　 는 사람은 당신뿐이다. 그러니 포기하지 말라. 이생에서나 내세
에서나 이기는 자에게 주어지는 상은 지금 만나는 역경이나 고난보다 훨
씬 더 크다. 그래서 예수님도 "마지막에 가면 그 가치를 알게 될 것이다"
라고 말씀하신 것이다.

우리의 구세주께서 훗날에 일어날 매우 슬픈 현실을 미리 말씀해 주
신다. "많은 사람이 실족하게 되어"(마 25:10). 아마 이렇게 말씀하시는 것
만으로도 마음이 무척 아프셨을 것이다. 그들의 자유와 성공을 위해 목숨
까지 내어 줄 만큼 그렇게 사랑하는 사람들이 중간에 포기하게 된다니.

더 안타까운 사실은, 사실 그들은 포기할 필요가 없다는 것이다. 하나
님이 우리에게 그분의 강력한 은혜를 주셨다. 그 은혜로 우리는 고난을
통과할 수 있을 뿐만 아니라, 고난받기 전보다 더 강하고 지혜롭고 열매
를 많이 맺는 사람이 될 수 있다. 많은 사람이 올바른 관점을 갖고 있지
못해서 포기할 것이다. 그들은 '갑옷'을 입고 있지 않다.

포기하는 것은 여러 가지 형태로 나타난다. 많은 경우에 포기하는 이
유는 '끈질김'과 반대인 '타협' 때문이다. 이 책을 시작하며 이야기한 환상
에서, 물살과 반대 방향으로 노를 저어간 사람을 본받아야 한다. 하나님
과 동행하고, 하나님나라를 나타내고, 하나님의 명성을 위해 뛰어난 사
람이 되려면 세상의 흐름과 반대로 움직여야 한다. 끈질기게 하나님의
지혜를 고수해야 한다. 타협은 선택 사항이 아니다.

진리를 타협하지 말라
사도 바울은 순교하기 직전에 말세의 힘든 현실을 예견했다. "말세에

고통하는 때가 이르러"(딤후 3:1)라고 디모데에게 말했다. 바울은 서른아홉 번씩 다섯 번 매를 맞았고, 세 번 태장으로 맞고, 한 번 돌로 맞고, 감옥에서 몇 년을 고생했다. 가는 곳마다 박해를 받았다. 그런데도 바울은 우리 시대에 하나님을 위해 살기가 더 힘들어질 거라고 예언한다! 어떻게 그런 극한 고난을 경험한 사람이 이런 말을 할 수 있을까? 그는 계속해서 자세히 설명한다.

> 사람들이 자기를 사랑하며 돈을 사랑하며 자랑하며 교만하며 비방하며 부모를 거역하며 감사하지 아니하며 거룩하지 아니하며 무정하며 원통함을 풀지 아니하며 모함하며 절제하지 못하며 사나우며 선한 것을 좋아하지 아니하며 배신하며 조급하며 자만하며 쾌락을 사랑하기를 하나님 사랑하는 것보다 더하며(딤후 3:2-4).

처음에 언뜻 보면 이렇게 질문할 수 있다. "요점이 뭡니까? 우리 시대에 대해 예언한 이런 행동 패턴들이 바울 시대와 다른 게 뭡니까?" 사실 이런 인격 특성들은 그 당시 사회에서도 볼 수 있었다. 사람들은 자신을 사랑하고, 돈을 사랑하고, 거룩하지 못하고, 용서하지 않았으며, 위에 언급한 내용들이 다 해당되었다. 오죽하면 베드로는 오순절날 "너희가 이 패역한[비뚤어진, 사악한, 부정한] 세대에서 구원을 받으라"(행 2:40, AMP)라고 말했다.

그렇다면 바울은 왜 우리 세대를 지목해서 말한 것일까? 왜 역사상 하나님과 동행하기가 가장 힘든 때를 묘사하며 이런 특성들을 지적하는 걸까? 그 다음 구절이 답을 알려 준다. "경건의 모양은 있으나 경건의 능력은 부인하니"(딤후 3:5).

바울은, 가장 큰 어려움은 진리를 타협하는 "신자들"로부터 비롯된다고 말한다. 신약 성경의 다른 저자들과 함께 사도 바울은 우리 시대에 스스로 '거듭난 그리스도인'이라고 고백하는 사람들 중 많은 사람이 하나님의 은혜 안에 강건하게 서지 못할 거라고 경고한다. 그들은 자기가 은혜로 구원받았다는 사실을 의지하지만, 그들을 하나님나라의 꿋꿋한 전사로 구별해 줄 수 있는 은혜의 능력은 거부할 것이다.

이들은 노 젓는 걸 멈춘 사람들이다. 방향은 상류를 향해 있어도, 이 세상의 흐름에 따라 흘러가고 있다. 설상가상으로 내가 환상 속에서 본 것처럼 이런 사람들로 가득한 커다란 배들이 있다. 그들의 통일된 신념은 속임수를 더 강하고 설득력 있게 만든다. 그들은 자기 기만에 빠져 있을 뿐만 아니라 다른 사람들까지 잘못된 길로 인도하고 있으며, 많은 진실한 사람조차 걸려 넘어지게 하고 있다. 이것이 바울이 말하는 고통이다.

역사를 돌아보면, 초대 교회 교부들에게 가장 큰 싸움은 '율법주의'였다. 율법주의는 새신자들이 하나님의 은혜를 의지하기보다 구원받기 위해 다시 율법 아래 들어가게 하려고 했다.

우리는 지금 힘든 싸움을 하고 있다. 이 말세에 우리가 직면한 가장 큰 싸움은 '무법'이다. 무법은 변화된 삶은 기대하지 않고 구원만을 이야기한다. 우리는 그리스도인으로서 구원받기 전과 삶이 전혀 달라지지 않았다. 단지 하나의 그룹에 속했고, 배가 물살을 따라 아래로 흘러갈 때 우리 안에서 통하는 언어로 이야기할 뿐이다. 하나님을 믿고 그의 뜻에 순종하기 위해 끈질기게 노력하지 않는다.

예수님은 말세에 "불법이 성하므로 많은 사람의 사랑이 식어지리라 그러나 끝까지 견디는 자는 구원을 얻으리라"(마 24:12-13)라고 경고하신다. 그러나 잠깐, 예수님이 이 말씀을 하실 때에도 이미 불법은 성하고 있었다. 우리 시대와 뭐가 다른가? 충격적인 사실은, 예수님이 전반적인 사회에 대해 말씀하신 것이 아니라는 것이다. 예수님은 자기를 따른다고 주장하는 사람들에 대해 말씀하신다. 그분은 우리 시대에 자칭 그리스도인들 가운데서 불법(어떤 번역본에서는 '죄')이 성할 것이라고 말씀하신다. 그렇지 않다면 왜 "그러나 끝까지 견디는 자는 구원을 얻으리라"라는 말로 마무리를 하셨겠는가? 당신은 비신자에게 "당신이 끝까지 경주를 하면 구원받을 것입니다"라고 말하지 않는다. 그는 경주를 하고 있지 않기 때문이다. 하지만 이미 신앙이 있는 사람, 즉 경주를 이미 시작한 사람에게는 "당신이 끝까지 하면"이라고 말할 것이다.

예수님이 사용하신 핵심 단어는 "견디는"이다. 견딘다는 것은 진리를 지키는 데 있어 반대와 저항과 고난이 있을 거라는 뜻이다. 우리는 경주를 잘 마칠 수 있도록 끈질기게 노력해야 한다.

이렇게 볼 때, 바울이 디모데에게 보낸 두 번째 서신은 좀 더 주의 깊게 살펴볼 만하다. 바울은 그 고통을 설명한 후에 해결책을 제시한다. "악한 사람들과 속이는 자들은 더욱 악하여져서 속이기도 하고 속기도 하나니 그러나 너는 배우고 확신한 일에 거하라"(딤후 3:13-14).

진리는 유행을 타지 않는다. 그것은 시간이 가도 변하지 않으며, 사람들의 의견이나 문화의 영향을 받지 않는다. 바울이 제자에게 "배우고 확신한 일에 거하라"라고 권면하고 경고한 것에 주목하라. 진리를 확고하게 지키는 것이 해결책이다. 세상의 유행을 따르라는 유혹은 그럴 듯해 보이지만 결국은 속임수다. 이런 이유로 바울은 계속해서 다음과 같이 말한다.

또 어려서부터 성경을 알았나니 성경은 능히 너로 하여금 그리스도 예수 안에 있는 믿음으로 말미암아 구원에 이르는 지혜가 있게 하느니라 모든 성경은 하나님의 감동으로 된 것으로 교훈과 책망과 바르게 함과 의로 교육하기에 유익하니 이는 하나님의 사람으로 온전하게 하며 모든 선한 일을 행할 능력을 갖추게 하려 함이라(딤후 3:15-17).

나는 이 구절에서 "어려서부터"와 "성경"을 강조하고 싶다. 모든 성경은 하나님의 감동으로 쓰여졌다. 그것은 시간과 문화를 초월하는 하나님의 진리다. 우리는 그것을 기초로 삶을 세워 가며, 그로 인해 우리는 모든 면에서 하나님을 기쁘시게 하는 지식과 능력을 갖추게 된다.

디모데후서 3장이 대단원에 이르니, 대부분의 사람들은 바울이 이 특별한 생각으로 마무리를 한다고 생각한다. 하지만 교회가 성경을 장과 절로 구분한 것은 그보다 한참 후인 AD 1227년이었고, 본래 디모데후서는 하나의 서신이었다. 그리고 바울은 자신의 생각으로 서신을 끝맺지 않는다. 바울의 그 다음 말들도 같은 방식으로 계속 이어진다.

하나님 앞과 살아 있는 자와 죽은 자를 심판하실 그리스도 예수 앞에서 그가 나타나실 것과 그의 나라를 두고 엄히 명하노니 너는 말씀을 전파하라 때를 얻든지 못 얻든지 항상 힘쓰라 범사에 오래 참음과 가르침으로 경책하며 경계하며 권하라 때가 이르리니 사람이 바른 교훈을 받지 아니하며 귀가 가려워서 자기의 사욕을 따를 스승을 많이 두고 또 그 귀를 진리에서 돌이켜 허탄한 이야기를 따르리라(딤후 4:1-4).

바울은 자기 제자에게 강하게 명령한다. 엄히 명한다는 것은 무엇인가? 하나님의 말씀을 선포하고 가르치는 것이다. 철학이나 세속적인 리더십의 원리, 인생 코칭 테크닉, 또는 시대에 맞는 다른 자료들을 가르치는 것이 아니다. 엄히 명한다는 것은 세월이 흘러도 변치 않는 성경 말씀을 전하는 것이다.

바울은 좀 전에 모든 성경은 하나님의 영감으로 된 것이며 우리 삶을 바르게 인도하는 데 유용한 것이라고 말했다. 그 다음에 디모데에게 그 말씀을 선포하고 가르치라고 엄히 명한다. 왜 그런가? 때가 이르면(또한 나는 그때가 지금 이르렀다고 믿는다) 속이는 자들과 속임을 당하는 자들이 바른 교훈을 받지 않을 것이기 때문이다. 교훈은 무엇인가? 그것은 단순한 가르침이 아니라, 성경의 근본적인 가르침을 말하는 것이다. 모든 것을 포괄하는 교훈이다.

슬픈 현실이지만, 우리는 영적인(성경적인) 기초들이 시대와 유행을 따라 바뀌는 것을 보았다. 얼마나 변했냐면, 큰 교회의 목사가 성도들 앞에서서 자기가 동성애자임을 밝히고 기립박수를 받을 정도다. 또 어떤 목사는 병을 고쳐 주는 것이 더 이상 하나님의 뜻이 아니라고 선언하고, 그의 성도들은 하나님의 말씀 대신 목사의 말을 믿는다. 어떤 목사는 모든 인간이 결국 천국에 들어갈 거라는 내용의 책을 쓴다. 아무도 영원한 불 속에 들어가지 않을 거라고 그는 말한다. 그리고 전 세계 그리스도인들 사이에서 '스타'로 남는다. 동정녀 탄생과 예수 그리스도의 재림에 이의를 제기하면서도 변함없이 기독교 신앙의 지도자로 칭송받는 사람도 있다. 이처럼 매일 점점 더 슬픈 시나리오들이 '그리스도인들' 사이에서 나타나고 있다.

몇 가지 최근 조사 결과들을 보면 이런 터무니없는 변화를 이해하는 데 도움이 될 것이다. 어느 전국적인 조사에 의하면, '거듭난 그리스도인들' 중에 절대적인 도덕적 진리를 믿는 사람이 46퍼센트밖에 안 된다. '복음주의적인 그리스도인들' 가운데 50퍼센트 이상은 사람이 예수 그리스도의 희생 외에 다른 길로 천국에 갈 수 있다고 믿는다. '거듭난 그리스도인들' 가운데 40퍼센트만이 사탄을 실제 세력으로 믿는다.[1]

어떻게 이럴 수가 있을까? 그 답은 바울이 디모데에게 한 말 속에서 발견된다. 즉 진리 안에 끈질기게 거하지 않기 때문이다.

최근 인기 있는 한 교리는 죄를 회개할 필요성을 없애 주는 것이다. 수많은 신자가, 이미 하나님이 은혜로 모든 죄를 덮어 주셨기 때문에 죄를 고백하거나 하나님께 불순종한 것에 대해 경건한 슬픔을 느낄 필요가 없다는 말을 듣고 기뻐한다. 나는 이 가르침을 받은 사람들이 정말 단순하고, 참신하고, 해방감을 주는 메시지라며 자랑하는 것을 들었다. 그러나 단순하고 참신하고 해방감을 주는 것이 진짜 진리의 지표라면, 육신을 만족시키는 모든 교리가 진리일 것이다! 그리스도인이 더 이상 회개할 필요가 없다는 것이 바른 가르침이라면, 요한계시록에서 일곱 교회 중 다섯 교회를 향해 "회개하라"라고 말씀하신 예수 그리스도는 틀려도 한참 틀린 것이다(계 2:5, 16, 21, 22, 3:3, 19 참조).

진리는 죄를 짓기 원하는 사람들에게 맞춰서 변하는 게 아니다. 진리는 인간의 욕구와 편의, 또는 소위 '정치적 정당성'을 따르지 않는다. 그와 반대로 하나님의 아들은 "생명으로 인도하는 문은 좁고 길이 협착하다"(마 7:14)라고 주장하신다.

우리는 우리 자신을 위해, 참된 교리에서 돌아선 교사들을 많이 만들어 냈다. 이 교활한 교사들은 우리 문화의 도덕적 붕괴에 적합한 복음을 만들었다. 이제는 진리가 신자들의 삶을 만들어가는 것이 아니라, 문화적인 트렌드를 통해 진리가 수정되고 해석되고 있다. 왜 그런가? 우리의 귀가 "그들 중에서 나와서 따로 있기"(고후 6:17)보다는 세상과 함께 침대에 뛰어들 수 있게 해 주는 말만 들으려 하기 때문이다.

많은 신자가 처음 타협을 하기 시작할 때는 성령의 끌어당김을 느낀다. 하지만 내가 환상에서 보았던 것처럼 커다란 배에 탄 수많은 사람이 같은 세상 물살의 흐름을 따라 가고 있기 때문에 대부분의 사람들은 결국 성령의 음성에 귀를 닫아 버리고, 진리를 들어도 무감각해진다.

우리를 끝까지 포기하지 않으시는 하나님

그렇다면 이것이 놀랄 일일까? 우리는 이미 말세에 일어날 대대적인 배교에 대해 들어 왔다(살후 2:3 참조).

한편, 그와 같은 시대에 일어날 챔피언들에 대해서도 들어 왔다. 이 위대한 사람들 중에는 남녀노소가 다 포함된다(행 2:17-18 참조). 구약의 선지자들과 사도들은 이 영웅들을 끈질기게 믿음을 지킨 자들로 묘사했다. 어둠의 시련과 기만이 이 용사들을 위한 무대를 마련해 주었다. 그들은 뒤로 물러서지 않고, 끈질긴 믿음과 행동으로 하나님나라를 위한 큰 진보를 이룰 것이다. 참으로 이들은 어둠 가운데 강렬한 빛으로 나타날 것이다. 삶의 모든 면에서 뛰어날 것이다. 타협을 통해서가 아니라, 다니엘처럼 하나님의 지혜를 통해 높아질 것이다. 하나님의 지혜는 오로지 경건한 두려움과 능력을 주는 은혜 안에서만 발견된다.

사랑하는 형제자매들이여, 당신이 이런 챔피언들 중에 한 사람이 되기를 바란다. 진리로 사자들을 에워싸고 의의 흉패로 무장함으로써 훌륭한 사람이 되기를 기도한다. 믿음의 방패를 가지고 당신 앞에 놓인 경주를 꿋꿋하게 해 나가며, 끝까지 확신을 가지고 원수와 싸우기를 바란다. 당신은 승리자다. 가장 큰 반대와 공격을 이겨 내신 분의 씨앗을 당신이

가지고 있다. 그의 강함이 당신 안에 있
다! 그의 본성이 당신의 것이다. 당신은
포기하고, 후퇴하고, 주춤하고, 타협하
기 위해 지음 받지 않았다. 하나님의 놀
라운 은혜의 축복을 받은 자다.

나는 포기하고, 후퇴하고, 주춤
하고, 타협하기 위해 지음 받지
않았다. 나는 하나님의 놀라운
은혜의 축복을 받는 자다!

아무리 큰 시련이 닥쳐오더라도, 그
것을 통치권의 다음 단계로 나아가는 디딤돌로 여기라. 바울처럼 시련으
로부터 배우라.

> 그 시기는 우리가 헤쳐나가리라고 생각지도 못할 만큼 극심했습니
> 다. 그 시기가 계속되는 동안, 우리는 사형수가 된 것 같았고 모든 것
> 이 끝난 줄 알았습니다. 그러나 나중에 안 일이지만, 그 일은 무엇보다
> 도 좋은 결과를 가져다주었습니다. 왜냐하면 우리는 우리 자신의 힘이
> 나 지식에 의거해 거기에서 벗어나려고 하지 않고, 하나님을 전적으로
> 신뢰할 수밖에 없었기 때문입니다. 그것은 틀린 생각이 아니었습니다.
> 그분께서는 그렇게 해 주셨습니다. 피할 수 없는 죽음에서 우리를 건져
> 주셨습니다. 하나님께서는 또다시 그렇게 해 주실 것입니다. 우리가 구
> 원을 필요로 할 때면 언제든지 우리를 건져 주실 것입니다(고후 1:8-19,
> 메시지).

바울의 고난이 얼마나 극심했는지 그와 그의 일행은 살아남지 못할
것 같았다. 하지만 그는 "그 일은 무엇보다도 좋은 결과를 가져다주었습
니다"라고 말한다. 바울은 반대를 통해 더 높은 수준의 권위와 능력을 얻
었다. 하나님의 은혜(능력)는 언제나 충분하다. 하나님께서 거듭 우리를

회복시켜 주실 것이다.

우리가 할 일은 고난을 견디며 믿음을 버리지 않는 것이다. 곧 위대한 승리와 만족과 성취를 맛볼 것이기 때문이다. 야고보의 말처럼 "시험을 참는 자는 복이 있나니 이는 시련을 견디어 낸 자가 주께서 자기를 사랑하는 자들에게 약속하신 생명의 면류관을 얻을 것이기 때문이라"(약 1:12).

당신은 하나님의 능력을 주는 은혜, 본성, 본질적인 성품, 그리고 당신 안에 심겨진 충만함을 가지고 있다. 당신은 하나님과 하나다. 즉 그리스도의 몸이다. 머리(예수님)는 절대 실패하지 않으므로 그의 몸도 실패해선 안 된다. "우리가 사방으로 우겨쌈을 당하여도 싸이지 아니하며 답답한 일을 당하여도 낙심하지 아니하며"(고후 4:8)라고 바울은 말한다.

우리는 그리스도의 몸이다. 우리는 낙심하지 않는다. 포기하지 않는다! 바울은 이 말을 거듭 반복한다. "낙심하지 아니하고"(고후 4:1)라고 말하고, 또 "그러므로 우리는 포기하지 않습니다. 어찌 포기할 수 있겠습니까!"(고후 4:16, 메시지)라고 말하며 그 말을 계속 반복한다. 당신은 아름답게 성공하도록 지음 받았다.

그리고 하나님이 당신을 포기하셨다고 생각하지 말라. "여러분을 이끌어 이 영적 모험을 하게 하신 하나님께서, 자기 아들이시며 우리 주님이신 예수의 생명을 우리와 함께 나누고 계십니다. 하나님께서는 여러분을 결코 포기하지 않으실 것입니다. 그 점을 절대 잊지 마십시오"(고전 1:9, 메시지).

참으로 놀라운 약속이 아닌가? 하나님은 결코 당신을 포기하지 않으실 것이다. 또 하나님이 당신을 포기하지 않으신다면, 당신이 어떻게 하나님이나 당신 자신을 포기할 수 있겠는가? 끈질기게 믿음을 지키라.

그렇다면 포기하지 않음으로써 받는 상은 무엇인가? 바로 예수님의 입에서 나온 말씀을 들어 보자.

> 승리하는 모든 사람, 끝까지 포기하기를 거부하는 모든 사람에게 내가 줄 보상은 이것이다. 너는 민족들을 다스리게 될 것이며(계 2:26, 메시지).

얼마나 큰 상인가! 바울은 "우리가 참고 견디면, 우리도 또한 그분과 함께 다스릴 것이요"(딤후 2:12, 새번역)라고 말함으로써 예수님의 약속을 확인한다. 그리고 명심할 것은, 그것이 단지 미래에 있을 일만이 아니라 지금 현재에도 일어나는 일이라는 사실이다. "더욱 은혜와 의의 선물을 넘치게 받는 자들은 한 분 예수 그리스도를 통하여 생명 안에서 왕 노릇 하리로다"(롬 5:17).

그러므로 그리스도 안에서 사랑하는 형제자매들이여, 당신들은 분명히 끈질기게 견딜 수 있는 힘을 가지고 있다. 잘 끝마치기 위해 필요한 것을 가지고 있다. 바로 하나님의 은혜다. 그 은혜는 절대 약해지지 않는다. 믿음을 지킴으로써 오는 충만함과 풍성한 삶을 경험할 특권이 당신에게 있다. 당신은 왕의 영광을 위해 구별된 사람이 될 것이다. 참으로 매력적인 상이다. 그러므로 다음 말씀을 늘 기억하라.

> 너는 여호와를 기다릴지어다 강하고 담대하며 여호와를 기다릴지어다(시 27:14).

당신을 향한
하나님의 초청장

우리는 어떻게 하나님의 자녀가 되는가? 무엇보다도 그것은 우리가 한 일과 상관이 없고 예수 그리스도가 우리를 위해 해 주신 일이다. 완전히 죄가 없으신 예수님은 당신이 창조주 아버지 하나님께 돌아가도록 하기 위해 고귀한 생명을 바치셨다. 예수님의 십자가 죽음으로만 당신은 영원한 생명을 살 수 있다.

당신의 사회적 계층, 인종, 배경, 종교, 또는 사람들의 눈에 좋거나 나쁜 점들과 상관없이, 당신은 하나님의 자녀가 될 수 있다. 하나님은 당신이 그분의 가족이 되기를 갈망하신다. 이것은 단순히 하나님과 관계없이 살았던 죄를 회개하고 당신의 삶을 주 예수 그리스도의 주권에 맡길 때 일어나는 일이다. 그렇게 하면 말 그대로 당신은 다시 태어날 것이다. 더 이상 어두움의 종이 아니라, 하나님의 새로운 아들, 딸로 다시 태어나는 것이다.

네가 만일 네 입으로 예수를 주로 시인하며 또 하나님께서 그를 죽은 자 가운데서 살리신 것을 네 마음에 믿으면 구원을 받으리라 사람이 마음으로 믿어 의에 이르고 입으로 시인하여 구원에 이르느니라(롬 10:9-10).

예수 그리스도가 당신을 위해 죽으셨다고 믿고, 더 이상 당신 자신을 위해 살지 않고 당신의 삶을 기꺼이 주님께 드리고자 한다면, 진실한 마음으로 이 기도를 드리라. 그러면 당신은 하나님의 자녀가 될 것이다.

하늘에 계신 하나님, 저는 죄인이며 당신의 의의 기준에 한참 미치지 못했음을 고백합니다. 저는 죄로 인해 영원히 심판받아야 마땅한 사람입니다. 그런데 저를 이런 상태로 버려두지 않으셔서 감사합니다. 하나님이 독생자 예수 그리스도를 보내 주셔서 그가 동정녀 마리아에게 나셨고 십자가에서 저를 위해 죽으심으로 제가 받을 심판을 대신 담당해 주셨음을 믿습니다. 예수님이 3일 만에 다시 살아나셔서 이제는 나의 주님이자 구세주로서 하나님 우편에 앉아 계신다는 사실을 믿습니다. 그러므로 20___년 ___월 ___일, 오늘 저의 삶을 전적으로 예수님의 주권에 맡깁니다.

예수님, 당신을 저의 주님이요, 구세주요, 왕으로 고백합니다. 당신의 영을 통해 저의 삶 속에 들어오셔서 저를 하나님의 자녀로 변화시켜 주옵소서. 한때 붙잡고 있었던 어둠의 일들을 버리고, 오늘부터 더 이상 저 자신을 위해 살지 않고 제게 영원한 생명을 주시기 위해 자신을 내어 주신 주님을 위해 살겠습니다.

감사합니다, 주님. 이제 제 삶은 온전히 당신의 손 안에 있습니다. 그리고 주님의 말씀대로 결코 부끄러워하지 않겠습니다.

이제 당신은 구원받았다. 당신은 하나님의 자녀다. 지금 이 순간 온 하늘이 당신과 함께 기뻐하고 있다! 가족이 된 걸 환영한다! 지금 바로 당신에게 도움이 될 세 가지 행동을 제안하고자 한다.

1. 당신이 한 일을 이미 신앙생활을 하고 있는 사람에게 이야기하라. 성경 말씀에 의하면 우리가 어두움과 싸우는 방법 중 하나가 증언하는 것이다(계 12:11 참조).

2. 하나님의 말씀을 가르치는 좋은 교회를 찾아가라. 교인이 되어 교회 활동에 참여하라. 부모는 갓 태어난 아기를 길거리에 내려놓고 "살아남아라"라고 말하지 않는다. 당신은 지금 그리스도 안에서 아기다. 당신의 아버지 하나님께서 당신의 성장을 도와줄 가족을 예비해 놓으셨다. 바로 지역 교회다.

3. 물세례를 받으라. 당신은 이미 하나님의 자녀이지만, 세례는 당신이 예수 그리스도를 통해 하나님께 자신의 삶을 드렸다는 사실을 자연세계와 영적 세계에 공적으로 알리는 것이다. 그것은 또한 순종의 행위다. 예수님께서 새신자들에게 "아버지와 아들과 성령의 이름으로" 세례를 베풀라고 말씀하시기 때문이다(마 28:19 참조).

그리스도 안에서 새로운 삶을 잘 살아가기 바란다. 우리 선교회는 항상 당신을 위해 기도할 것이다. 이제 진리 안에서 꿋꿋하게 살아가라!

이 책에 여러 성경 번역본을
사용한 이유

1. 성경은 본래 11,000개 이상의 히브리어, 아람어, 헬라어 단어들로 쓰였다. 하지만 보통 영어 번역본들은 대략 6,000개 정도의 단어를 사용하고 있다. 이 통계자료만 보아도, 다양한 뉘앙스와 의미의 차이들이 번역 과정에서 없어져 버릴 수 있다는 결론을 내릴 수 있다. 그래서 몇 가지 번역본을 참고하면 하나님이 말씀하시려는 온전한 의미를 파악하는 데 도움이 된다.

2. 한 가지 번역본만 사용할 경우, 독자가 성경 구절을 보고 익숙한 구절이기 때문에 대충 건너뛰기 쉽다. 다양한 번역본을 사용하면 이런 현상을 줄일 수 있고, 또 독자가 성경 말씀에 계속 집중하게 할 수 있다.

3. 나는 글을 쓰면서, 선택한 성경 본문을 적어도 5가지에서 8가지의 다른 번역본으로 주의 깊게 읽어 보고 그 중에 어떤 것이 중요한 부분을 가장 잘 전달하는지 판단한다. 또 내가 의역을 하는 경우에도 그 부분이 정평 있는 성경 번역본과 크게 다르지 않다고 확신한다.

4. 내가 항상 성경 구절 전체를 인용하지 않는 이유는 장과 절이 AD 1227년에 붙여진 것이기 때문이다. 성경은 본래 그런 구분이 없이 쓰여졌다. 복음서에서 예수님도 여러 번 구약 성경의 구절들을 부분적으로 인용하셨다.

• 이 책에 실린 본문 성구는 아래의 성경 번역본을 사용했다.

개역개정판(대한성서공회) : 별도 표기가 없는 경우

메시지(복있는사람)

새번역(대한성서공회)

쉬운성경(아가페출판사)

우리말성경(두란노)

AMP = The Amplified Bible (The Lockman Foundation)

CEV = Comtemporary English Version (American Bible Society)

KJV = King James Version

NASB = New American Standard Bible (The Lockman Foundation)

NET = New English Translation (Biblical Studies Press, L.L.C.)

NIV = New International Version

NLT = New Living Bible Translation (Tyndale House Publishers)

TEV = Today's English Version (American Bible Society)

WEB = World English Bible (Rainbow Missions)

주

Part 1

4 현재의 안일한 상태를 깨고 나오라

1. 다음 성경 구절들이 그리스도의 비유를 뒷받침한다. 마 5:14-16, 눅 12:3, 요 8:12, 행 13:47, 롬 13:12, 엡 5:8, 14, 골 1:12, 빌 2:15, 살전 5:5, 요일 1:7, 2:9-10. 어두운 세상에 빛이 되는 것이 우리 신앙생활의 주제라는 것을 알 수 있을 것이다.

Part 2

3 영적 무장으로 전투에 대비하라

1. David W. Bercot, *A Dictionary of Early Christian Beliefs*(Peabody, MA: Hendrickson, 1998).

Part 4

1 하나님의 비전을 함께 품으면 완주할 수 있다

1. 하나님의 집에 대한 더 자세한 논의를 보고 싶으면 나의 책, 「구원」(*Driven By Eternity*, 두란노 역간)을 보라.

3 마지막 순간까지 집중하라

1. www.barna.org/transformation-articles/252-barna-survey-examines-changes-in-worldview-among-christians-over-the-past-13-years.